Das Absonderungsrecht in der Insolvenz

Schriften zum Verfahrensrecht

Herausgegeben von
Peter Gottwald und Ulrich Haas

Band 30

PETER LANG
Frankfurt am Main · Berlin · Bern · Bruxelles · New York · Oxford · Wien

Hengliang Shen

Das Absonderungsrecht in der Insolvenz

Erfahrungen aus Deutschland und die Praxis in China

PETER LANG
Internationaler Verlag der Wissenschaften

Bibliografische Information der Deutschen Nationalbibliothek
Die Deutsche Nationalbibliothek verzeichnet diese Publikation in der Deutschen Nationalbibliografie; detaillierte bibliografische Daten sind im Internet über <http://www.d-nb.de> abrufbar.

Zugl.: Regensburg, Univ., Diss., 2008

Gedruckt auf alterungsbeständigem,
säurefreiem Papier.

D 355
ISSN 1619-344X
ISBN 978-3-631-59280-9

Printed in Germany 1 2 3 4 5 7

www.peterlang.de

Meiner lieben Frau

Vorwort

Die vorliegende Arbeit wurde im Sommersemester 2007/2008 von der juristischen Fakultät der Universität Regensburg als Dissertation angenommen. Die Disputation fand im Juni 2008 statt.

Mein besonderer Dank gilt meinem Doktorvater, Herrn Prof. Dr. Dr. h. c. Peter Gottwald für die Betreuung der Arbeit. Ihm und meinem Zweitgutachter, Herrn Prof. Dr. Andreas Spickhoff, möchte ich weiter für die sehr zügige Begutachtung herzlich danken.

Schließlich danke ich Dr. Markus Würdinger Akad. Rat. a.Z. und Herrn Büchele Moritz für die sprachliche und wissenschaftliche Unterstützung.

Regensburg, im Januar 2009

Dr. Hengliang Shen

Inhaltverzeichnis

Einleitung

Nach einem der längsten Gesetzgebungsverfahren in der Geschichte der VR China wurde am 2. Dezember 1986 in der 18. Sitzung des Ständigen Ausschusses des 6. Nationalen Volkskongresses das Gesetz der VR China über den Unternehmenskonkurs (versuchsweise Durchführung), verabschiedet und trat am 1. November 1988 in Kraft. Dieses Gesetz wird nur auf volkseigene Unternehmen angewandt (§ 2 KoG a. F.) und ist dazu bestimmt, die Rechte der Gläubiger und Schuldner zu schützen (§ 1 KoG a. F.). In der Praxis wurde dieses sorgsam geplante Ziel leider nicht erreicht, z. B. bei der Durchsetzung der Absonderungsrechte. Im KoG a. F. sieht nur § 32 vor, dass der Gläubiger bei vor Stellung des Konkursantrags entstandenen Forderungen mit Vermögenssicherheit das Recht auf bevorzugte Befriedigung aus dem Gegenstand der Sicherheit hat. Weitere Regelungen, z. B. zu verschiedenen dinglichen Kreditsicherheiten, zur Verwertung der gesicherten Vermögen oder zur Befriedigung der Gläubiger verweisen auf das SichG und das neue SachenRG.

Nach einem zwölf Jahre andauernden Gesetzgebungsverfahren wurde am 27. August 2006 in der 23. Sitzung des Ständigen Ausschusses des 10. Nationalen Volkskongresses das Gesetz der VR China über den Unternehmenskonkurs verabschiedet. Es ist am 1. Juli 2007 in Kraft getreten. Das neue Konkursgesetz löst das KoG a. F. sowie verschiedene lokale Konkursordnungen und Verwaltungsnormen ab und wird zur wichtigsten Rechtsgrundlage für Liquidation, Sanierung (§§ 70 ff. KoG) und Vergleich (§§ 95 ff. KoG).

Trotz der zahlreicher Verbesserungen durch das Gesetz ist es jedoch sehr bedauerlich, dass die Vorschriften über das Absonderungsrecht und die Befriedigung des absonderungsberechtigten Gläubigers des KoG und SachenRG nur aus dem KoG a. F. und dem SichG übernommen wurden, aber kaum weitere Ergänzungen erfolgten.

Im Vergleich dazu sind die entsprechenden Vorschriften der deutschen Insolvenzordnung - §§ 49 ff., 165 ff. InsO und des 3. Buchs des BGB - praktikabel und vollständig.

Das Ziel dieser Arbeit besteht einerseits darin, durch eine rechtsvergleichende Betrachtung zwischen deutschem Insolvenzrecht und chinesischem Konkursrecht und unter Berücksichtigung der verschiedenen rechtlichen Traditionen die Unterschiede zwischen beiden Rechtssystemen, insbesondere im Bereich des Sachenrechts, des Kreditsicherheitsrechts und des Insolvenzrechts aufzuzeigen. Andererseits sollen einige Vorschläge zur Verbesserung des chinesischen Konkursgesetzes, vor allem des Rechtssystems des Absonderungsrechts, durch die Übernahme gewisser deutscher gesetzlicher Regelungen und praktischer Erfahrung gemacht werden. Es ist zu zeigen, dass wegen des Anwendungsbereichs des KoG und der bisherigen chinesischen Wirtschaftssituation die von dieser Arbeit betroffenen Konkursschuldner meist nur volkseigene Unternehmen und die absonderungsberechtigte Gläubiger nur volkseigene Banken sind.

Die Arbeit ist in vier Teile gegliedert.

Zunächst wird im 1. Teil ein Überblick über das Insolvenzrecht und Kreditsicherungsrecht von Deutschland und China gegeben. Es wird näher auf den strukturellen Unterschied zwischen deutschem und chinesischem Kreditsicherungsrecht eingegangen. Wegen der Einfachheit und Unpraktikabilität der chinesischen gesetzlichen Vorschriften über das Recht zur Absonderung und dessen Verwertung im KoG wird kein Vergleich zwischen beiden Insolvenzrechtssystemen gezogen.

Der 2. Teil bietet sodann einen Überblick über das Absonderungsrecht und behandelt dabei den Begriff und die Rechtsnatur des Absonderungsrechts.

Im 3. Teil geht es vom sachenrechtlichen Gesichtspunkt aus um einen umfangreichen Vergleich der dinglichen Kreditsicherheiten nach deutschem Recht und chinesischem Recht. Weil dem mit dinglichen Sicherheiten gesicherten Gläubiger im Insolvenzverfahren aufgrund der Sicherheiten eigentlich eine abgesonderte Befriedigung aus dem Verwertungserlös der Sicherheiten gewährt werden kann, handelt es sich bei diesem Teil vom insolvenzrechtlichen Standpunkt aus gesehen auch um die Rechte zur Absonderung. Systematische Vergleiche zwischen beiden Rechtssystemen und eine umfangreiche Vorstellung der Verbesserungsvorschläge zum chinesischen Recht durch die Einführung des deutschen Rechts ziehen sich durch den ganzen Teil.

Das Verwertungsrecht des Insolvenzverwalters oder des absonderungsberechtigten Gläubigers wird im 4.Teil der Arbeit dargestellt. Weil Vorschriften hinsichtlich des Verwertungsrechts im KoG oder im SachenRG nicht vorgesehen sind, ist es unmöglich, einen Vergleich zwischen chinesischem Recht und deutschem Recht zu ziehen. Daher wird nach der Diskussion über deutsche Vorschriften geprüft, ob diese Regelungen angesichts der wirtschaftlichen und sozialen Lage in China auch dort verwendet werden können. Das Ziel ist es, vom deutschen Recht zu profitieren und einige für China praktikable und systematische Vorschriften zum Verwertungsrecht entwerfen zu können.

Weil es sich bei dieser Arbeit um einen Vergleich zwischen deutschem und chinesischem Recht handelt, ist die Forschungsmethode zu erklären. Im Wege eines Rechtsvergleichs wird in dieser Arbeit gezeigt, dass anhand der Vorschriften des deutschen Insolvenz- und Zivilrechts wie auch der Ansichten in der deutschen Literatur die Probleme des chinesischen Kreditsicherungsrechts und Insolvenzrechts direkt analysiert und passende Lösungsansätze vorgebracht werden können. Angesichts des unterschiedlichen Staatsverständnisses und der differierenden Entwicklung der politischen und rechtlichen Systeme von China und Deutschland, wird an dieser Methode vielleicht Kritik geübt. Dies hat folgenden Grund.

In der letzten Phase der Qing Dynastie (1644-1911) hat die Königinmutter im Jahre 1900 entschieden, auf ein eigenes chinesisches Rechtssystem[1] zu verzichten und japanische Juristen einzuladen, um moderne chinesische Gesetze, z. B. das Bürgerliche Gesetzbuch, Handelsgesetzbuch, Strafgesetzbuch usw., zu entwerfen bzw. ein modernes Rechtssystem zu errichten.[2] Während des nachfolgenden zivilrechtlichen Gesetzgebungsverfahrens der Nationalregierung (1928-1949) wurden sogar bis zu achtzig Prozent der Vorschriften direkt aus dem deutschen BGB übernommen.[3] Dieses Gesetzbuch ist in Taiwan auch heute noch gültig.

1 Vgl. *Zweigert/Kötz*, S. 280 ff.

2 Weil das moderne Rechtssystem Japans aus Frankreich und Deutschland übernommen wurde, wurde die damalige chinesische Gesetzgebung auf jeden Fall auch durch diese beiden Staaten beeinflusst.

3 *Mei, Zhongxie*, Vorwort zur 1. Aufl. Die Wendung von japanischem Recht zu deutschem Recht ist ein kompliziertes Thema der chinesischen Rechtsgeschichte. Es kann beinahe so verstanden werden, dass die juristische Forschung und Kodifikationstechnik von Deutschland damals das höchste Niveau erreicht hatte. Und die Mängel des japanischen und französischen Rechts, welche beide als Vorbild des japanischen Rechts dienten, hatte

Seit 1949, als die Volksrepublik China gegründet wurde, wurde die chinesische juristische Ausbildung und Forschung wesentlich von der ehemaligen UdSSR beeinflusst. Seit dem Durchbruch der Reform- und Öffnungspolitik (im Jahr 1979), die darauf zielte, ein neues marktwirtschaftliches Rechtssystem zu errichten, wurde ein neuer Höhepunkt in den Bestrebungen erreicht, vom Westen ein modernes Rechtssystem einzuführen. Angesichts der Tradition und Lebenswirklichkeit von China ist es praktikabel, dem Rechtssystem des kontinentaleuropäischen, insbesondere des deutschen Rechtskreises nachzueifern. Weil das damalige Taiwan anders als das Festland schon ein entwickeltes Gebiet Chinas war und gleichzeitig die Juristen und Gesetzgeber aus Taiwan im Bereich des Zivilrechts von der deutschen Lehre und Praxis stark beeinflusst wurden und in der Gesetzgebung auch sehr erfahren waren,[4] lernten die chinesischen Juristen zunächst von Taiwan, wodurch Sprachprobleme vermieden wurden. Darüber hinaus haben auch gewisse berühmte chinesische Rechtswissenschaftler,[5] die während der Zeit der Nationalregierung die deutsche Sprache und das deutsche Rechtsystem studierten, durch ihre Lehrtätigkeit ihre Kenntnisse über das deutsche Recht verbreitet. Daher ist die deutsche juristische Lehre durch das Bemühen dieser Juristen und ihrer Schüler seit zwanzig Jahren im Wesentlichen die Hauptlehre im Bereich der chinesischen zivilrechtlichen Ausbildung und Forschung. Weil diese Juristen meistens zugleich auch am Gesetzgebungsverfahren beteiligt waren, wurden die chinesischen Gesetze, z. B. das KoG und das SachenRG, in großem Umfang vom deutschen Recht beeinflusst.

Aber wegen der Sprachprobleme und anderer Schwierigkeiten können die chinesischen Juristen und Studenten die deutschen Rechtskenntnisse nur mittelbar von Taiwan oder Japan erlernen und nur mithilfe einiger weniger Zitate in Aufsätzen auf die Meinung der deutschen Juristen schließen. Bis zum Jahre 2002 gah es nur vereinzelt deutsche Gesetzestexte in chinesischer Übersetzung. Die übrigen Lehrbücher, Kommentare oder Handbücher waren „Luxusartikel" für chinesische Juristen. Weitere und tiefgehendere Forschung wurde dadurch behindert, so z. B. auf dem Gebiet des Kreditsicherungsrechts und Insolvenzrechts. Nach einem Durchlesen des Konkursgesetzes und Sachenrechtsgesetzbuches von China kann man feststellen, dass gewisse Grundgedanken, Fachbegriffe und konkrete Vorschriften aus dem deutschen Recht übernommen wurden. Aufgrund der mittelbaren Überlieferung der Lehren wissen wir dennoch nur, dass es so ist, aber nicht, warum. Ein Beispiel betrifft das Verwertungsrecht des Insolvenzverwalters. Anders als §§ 165 ff. InsO sieht das chinesische KoG außer des inhaltslosen und abstrakten Satzes „Der Konkursverwalter hat die Konkursmasse bzw. Sicherungsgegenstände zu verwerten" leider nichts über diese wichtige Befugnis des Insolvenzverwalters vor.

Weil die chinesische Gesetzgebung einerseits dem deutschen Recht folgt und andererseits die deutschen Erfahrungen nur mittelbar übernimmt, ist der Kern der Forschungsmethode praktikabel: nach einer Überprüfung der chinesischen gesetzlichen Vorschriften über das

---

der chinesische Gesetzgeber damals schon entdeckt. Deswegen hatte er während des Gesetzgebungsverfahrens von 1929 überwiegend das deutsche und schweizerische Recht als Prototyp angesehen.

4 Während der Zeit der Nationalregierung waren die juristischen Studenten an einigen Universitäten verpflichtet, Englisch, Deutsch, Französisch und Japanisch zu lernen, um ausländische juristische Literatur zu lesen (vgl. *Mei, Zhongxie,* Vorwort von *Huaishi Xie*). Gewisse Studenten hatten auch die Gelegenheit, mithilfe eines Stipendiums in den USA, Deutschland oder Japan weiter zu studieren. In Taiwan dauert dieser Prozess immer noch an. Deshalb kann man in den Gesetzbüchern von Taiwan viel Einfluss aus den USA und Deutschland entdecken.

5 Z. B. *Huaishi Xie*, Professor des Instituts für Rechtswissenschaft der Chinesischen Akademie für Sozialwissenschaften. Zu ihren Schülern werden einige maßgeblich am Gesetzgebungsverfahren im Bereich des Zivil- und Sachenrechts Beteiligte gerechnet.

Recht zur Absonderung und Verwertung der Sicherungsgegenstände im Konkursverfahren, die sich direkt am deutschen Recht und Schrifttum orientiert, schlage ich in Anbetracht der bisherigen chinesischen Wirtschaftslage einige Verbesserungen dazu vor.

1. Teil: Aufbau des Konkursrechts und Kreditsicherungsrechts der Volksrepublik China

I. Struktur des Konkursrechts der VR China vor allem bezüglich des Absonderungsrechts

Ähnlich wie der Allgemeine Teil des BGB versuchen die Allgemeinen Grundsätze des Zivilrechts der VR China aus dem Jahre 1986 die Grundlagen der Rechts- und Geschäftsfähigkeit von natürlichen und juristischen Personen, der Rechtsgeschäftslehre, der Willenserklärungen, der Vertretung sowie Fragen der Haftung und der Verjährung zu regeln. Als Grundnorm im Bereich des chinesischen Privatrechts regelt § 45 Abs. 3 AGZR dann, dass juristische Unternehmenspersonen im Fall des Konkurses aufgelöst werden. Aufgrund dessen wird eine Reihe von Gesetzen aufgestellt.

1. Unternehmenskonkursgesetz der VR China

Das Gesetz der VR China über den Unternehmenskonkurs, verabschiedet am 27. August 2006, ist das Herzstück des chinesischen Konkursrechts. Es besteht aus 136 Paragraphen, die sich in zwölf Abschnitte unterteilen.[6] Der Anwendungsbereich erstreckt sich nach § 1 KoG auf alle Unternehmen. Anders als das neue KoG war das alte KoG vom 1986 nur auf staatseigene Unternehmen anwendbar. Im Vergleich zum KoG vom 1986 befinden sich viele Neuheiten im KoG, z. B. die Bestellung eines Konkursverwalters und die Einführung eines Sanierungs- und Vergleichsverfahrens, was im KoG a. F. überhaupt nicht vorgesehen war. Daneben werden auch die Vorschriften über die Gläubigerversammlung und die Anmeldung der Forderungen vervollständigt. Jedoch wurden die Regelungen über den Umfang des Absonderungsrechts und die Verwertung der gesicherten Sachen des Konkursgesetzes einfach aus der alten Fassung übernommen.

2. Zivilprozessgesetz

Bis 1. April 2008 stellte das ZPG a. F. mit seinem 19. Kapitel „Konkursverfahren für die Rückzahlung von Verbindlichkeiten juristischer Unternehmenspersonen" eine weitere wichtige Quelle des chinesischen Konkursrechts dar, weil nach § 206 ZPG dieses Kaptitel auf Staatsunternehmen keine Anwendung fand, sondern bei Kollektivunternehmen, Privatunternehmen sowie Unternehmen mit ausländischer Beteiligung zur Anwendung gelangte. Das Kapitel bestand jedoch nur aus acht Paragraphen und kann kaum Anspruch auf eine umfassende Regelung eines Konkursverfahrens erheben. Nach Inkrafttreten des neuen ZPG aus 2008 löst dieses das 19. Kapitel des ZPG ab (§ 268 ZPG).

---

6 1. Allgemeine Grundsätze, 2. Annahme, 3. Konkursverwalter, 4. Vermögen des Schuldners, 5. Kosten des Konkursverfahrens und Masseverbindlichkeiten, 6. Anmeldung der Forderungen, 7. Gläubigerversammlung, 8. Sanierung, 9. Vergleich, 10. Konkursliquidation, 11. Rechtliche Verantwortlichkeiten, 12. Schlussbestimmungen.

3. Verwaltungsnormen

Gemäß Art. 89 Nr. 1 Verfassung der VR China[7] i. V. m. § 56 Gesetzgebungsgesetz[8] ist der Staatsrat berechtigt, auf Grundlage der chinesischen Verfassung und der Gesetze Verwaltungsvorschriften zu erlassen. So enthalten die nationalen Gesetze der VR China häufig Vorschriften, die den Staatsrat konkret zum Erlass detaillierter Ausführungsvorschriften ermächtigen. Das KoG a. F. konnte gleich zwei derartige Bestimmungen vorweisen: § 4 berechtigt den Staatsrat, genaue Methoden für die Versorgung der Arbeitnehmer insolventer Staatsunternehmen zu verabschieden. § 43 KoG a. F. wies den Staatsrat an, die für die versuchsweise Durchführung des Gesetzes notwendigen detaillierten Maßnahmen und Verfahrensschritte im Wege von Verwaltungsvorschriften zu bestimmen. Von diesem Recht hat der Staatsrat in der Vergangenheit in zwei Fällen Gebrauch gemacht. Zwar sind diese Dokumente lediglich für den Konkurs staatlicher Industrieunternehmen relevant, doch sollen sie nicht nur der Vollständigkeit halber, sondern auch im Hinblick auf die Befriedigung des absonderungsberechtigten Gläubigers kurz vorgestellt werden.

Am 25. Oktober 1994 verabschiedete der Staatsrat das Dokument Nr. 59[9], auf dessen Grundlage in 18 ausgewählten Städten Konkursexperimente begonnen wurden. Bemerkenswert ist, dass der Erlass dieser Vorschrift auf den wesentlich engeren § 4 KoG a. F. gestützt wurde, obwohl es um viel mehr als die Versorgung der von der Insolvenz ihres Unternehmens bedrohten Arbeiter ging, nämlich um die Verbesserung der Kapitalstruktur von Staatsunternehmen.

Nr. 2 der Mitteilung von 1994 legt fest, dass Bodennutzungsrechte[10] des Unternehmens im Wege der Versteigerung oder Ausschreibung veräußert und der Erlös zuerst für die Versorgung der Arbeitnehmer verwendet werden soll. Weiter wird unter Nr. 3 bestimmt, dass nun auch alle anderen Vermögenswerte aus der Konkursmasse veräußert werden können, wenn der Erlös aus der Verwertung des Bodennutzungsrechts für die Versorgung der Arbeiter nicht ausreicht. Ungesicherte Gläubiger verlieren hierdurch ihre rechtmäßige Rangposition nach § 37 KoG a. F. und können erst nach der Versorgung der Arbeitnehmer auf Befriedigung ihrer Konkursforderungen hoffen. Glücklicherweise ist die Stellung des absonderungsberechtigten Gläubigers, der wegen der Verbindlichkeit gegen den Schuldner eine Hypothek auf das Bodennutzungsrecht und bestimmte Vermögensgegenstände bestellt hat, nicht klar geregelt, so dass dem Gläubiger aufgrund der dinglichen Kreditsicherheiten eine Vorzugsbefriedigung gewährt werden kann.

Aber die Vorzugsbefriedigung für absonderungsberechtigte Gläubiger bleibt dennoch nur ein Traum. Die nachfolgende Mitteilung von 1997 ist insoweit noch schlimmer.[11]

---

7 Verabschiedet am 15. März 1999 auf dem 2. Plenum des 9. Nationalen Volkskongresses, am selben Tag öffentlich bekannt gemacht und in Kraft getreten, in: *RDCWGB*, 1999, Nr. 2, S. 93 ff.

8 Verabschiedet am 15. März 2000 auf der 3. Sitzung des 9. Nationalen Volkskongresses und am 1. Juli desselben Jahres in Kraft getreten, in: *RDCWGB*, Nr. 2, S. 112 ff.

9 „Mitteilung des Staatsrates zu Fragen bei der versuchsweisen Durchführung von Konkursen von Staatsunternehmen in einigen Städten", verabschiedet am 25. Oktober 1994, in *Li, Guoguang* (Hrsg.) (2002), S. 302 ff. (Abk.: Mitteilung von 1994).

10 Die Nutzung des Bodens enthält nicht nur das Errichten von Gebäuden sondern auch das Pflanzen von Bäumen oder Sträuchern.

11 Ergänzende Mitteilung über Fragen hinsichtlich der versuchsweise Durchführung von Fusion, Konkurs und Wiederbeschäftigung von Arbeitnehmern in staatseigenen Unternehmen in einigen Städten, verabschiedet am 2.

In Nr. 5 der Mitteilung von 1997 wird klargestellt, dass die Bodennutzungsrechte zuerst für die Versorgung der Arbeiter zu verwerten sind. Sind die Erlöse nicht ausreichend, so sind auch die mit einer dinglichen Sicherheit belasteten Bodennutzungsrechte der Liquidation zuzuführen. Dies ist eine grobe Verletzung des Interesses von Sicherungsgläubigern, die einen gesetzlich garantierten Anspruch auf vorrangige Befriedigung aus ihren Sicherheiten haben.

Danach folgte ein neues Konkursverfahren, das sog. politische Konkursverfahren, das von der Regierung geleitet wird und während dieses Verfahrens sind beide genannten Mitteilungen vorrangig anwendbar.

Bemerkenswert ist, dass mit dem Inkrafttreten des Konkursgesetzes das politische Konkursverfahren der Vergangenheit angehört.

4. Justizauslegungen

Aufgrund eines Beschlusses des Ständigen Ausschusses des Nationalen Volkskongresses aus dem Jahre 1981 sind sowohl das Oberste Volksgericht (OVG) als auch die Oberste Volksstaatsanwaltschaft der VR China berechtigt, in der konkreten Rechtsanwendungspraxis - bei der Urteilsfindung oder Strafverfolgung - Auslegungen[12] von Gesetzesnormen herauszugeben.[13] Die für das KoG a. F. wichtige Auslegungen hat das OVG in den Jahren 1991 und 2002 verabschiedet. Zwar bildeten die Justizauslegungen nach dem Gesetzgebungsgesetz keine Quelle des chinesischen Rechts, jedoch sind hinsichtlich der zahlreichen Regelungslücken im KoG a. F. die Auslegungen wichtige Leitfäden für die tägliche Fallpraxis und erlauben die Ermittlung genauer Verfahrensabläufe. Beispielsweise sieht § 30 KoG a. F. vor, dass dem absonderungsberechtigten Gläubiger eine Vorzugsbefriedigung aus den gesicherten Sachen zu währen ist. Allerdings fehlen weitere Vorschriften darüber, auf welche Weise der Konkursverwalter die gesicherten Gegenstände verwerten kann. Hier hilft Nr. 59 AnsOVG-KoG bzw. Nr. 85 BesOVGKoG weiter: Die Insolvenzmasse ist durch öffentliche Versteigerung zu verwerten. Zwar fallen die bereits als Sicherheit dienenden Vermögensteile nicht unter das Konkursvermögen (§ 28 Abs. 2 KoG a. F.), jedoch sind in der chinesischen Praxis die Sicherungsgegenstände analog Nr. 85 BesOVGKoG durch öffentliche Versteigerung zu verwerten.[14] Außerdem sieht die BesOVGKoG auch ausführliche Vorschriften z. B. über das Antragsverfahren, den Schutz der Arbeitnehmer und die Verteilung des Erlöses vor.[15]

März 1997 und am selben Tage in Kraft getreten, in *Li, Guoguang* (Hrsg.) (2002), S. 308 ff. (Abk.: Mitteilung von 1997).

12 Nach einer Bestimmung des OVG aus dem Jahre 1997 (Einige Bestimmungen des Obersten Volksgerichts über die Arbeit mit Justizauslegungen, verabschiedet am 23. Juni 1997 und in Kraft getreten am 1. Juli 1997, in: Jahrbuch für chinesisches Recht 1998, S. 623.) dürfen Justizauslegungen nur noch in drei Formen - „Auslegung", „Bestimmung" und „Replik" - verabschiedet werden. Die als „Auslegung" titulierten Dokumente sind generell-abstrakter Natur und fast ausnahmslos ohne Bezug zu einem konkreten Anwendungsproblem in einem bestimmten Fall ergangen. Vielmehr beziehen solche Dokumente sich nur auf die Anwendung eines Gesetzes.

13 Vgl. Nr. 2 des Beschlusses des Ständigen Ausschusses des Nationalen Volkskongresses über die Verstärkung der Arbeit bei der Rechtsauslegung, verabschiedet am 10. Juni 1981 auf der 19. Sitzung des Ständigen Ausschusses des 5. Nationalen Volkskongresses, in: *RDCWGB*, 1981, Nr. 7, S. 21 ff.

14 Während der Sommerferien 2006 hat der Verfasser beim mittleren Volksgericht Stadt Dachuan (in der Provinz Sichuan) eine Untersuchung über die Durchsetzung des Konkursgesetzes a. F. durchgeführt. Eine Darstellung der praktischen Probleme entspringt dem Gespräch mit dem Vorsitzenden Richter Herrn Jin (Abk: Gespräch).

15 Vgl. Ansprach von Vizepräsident *Guoguang Li* am Pressegespräch bezüglich der Bekanntmachung der Be-

II. Struktur des Kreditsicherungsrechts der VR China

In § 89 AGZG sind vier Arten der Sicherheiten geregelt: Hypothek, Pfandrecht, Vertragsstrafe und Zurückbehaltungsrecht. Sonst bestehen jedoch keine weiteren Regelungen. Tatsächlich ist § 89 AGZG damit unpraktikabel. Aufgrund dessen hat der Gesetzgeber im Jahr 1995 endlich das SichG verabschiedet. Dieses wurde das wichtigste Gesetz im Bereich des Rechts der Sicherungsgeschäfte. Trotzdem wurde das Gesetz in Bezug auf seine Praktikabilität kritisiert. Daneben entstanden während der Errichtung der chinesischen Marktwirtschaft viele neue Probleme. Deswegen hat das OVG 1996 entschieden, eine Auslegung zum SichG zu entwerfen.[16] Im Jahre 2000 wurde die ErlOVGSichG schließlich verabschiedet. Vor kurzer Zeit wurde auch das SachenRG verabschiedet; es trat am 1. Oktober 2007 in Kraft. Danach besteht das chinesische Rechtssystem der Kreditsicherheiten aus drei Gesetzen. Grundsätzlich ist der vierte Teil des SachenRG maßgebend. Die Vorschriften des SichG und der ErlOVGSichG sind aber noch gültig, wenn sie mit dem SachenRG nicht kollidieren.

Während das SachenRG nur typische dingliche Sicherheiten, nämlich die Hypothek an unbeweglichen sowie beweglichen Sachen, das Pfandrecht an beweglichen Sachen und das Zurückbehaltungsrecht an beweglichen Sachen vorsieht, fehlen entsprechende Regelungen über Mobiliarsicherheiten. Nur in § 134 VG ist eine gesetzliche Grundlage für Gläubiger mit Eigentumsvorbehalt vorgesehen.

1. Dingliche Sicherheiten

Anders als im deutschen Recht findet sich im chinesischen SachenRG ein Teil mit allgemeinen Vorschriften über dingliche Sicherheiten (§§ 170 ff. SachenRG). Zuerst wird festgestellt, dass ein Sicherungsvertrag nach dem SachenRG geschlossen werden muss, wenn eine dingliche Sicherheit bestellt wird. Der Sicherungsvertrag ist ein Nebenvertrag zum schuldrechtlichen Hauptvertrag (z. B. Darlehensvertrag). Ist der Hauptvertrag unwirksam, so ist auch der Sicherungsvertrag unwirksam (§ 172 SachenRG). Der sachenrechtlich gesicherte Bereich umfasst die Hauptforderung und Zinsen, Vertragsstrafen, Schadensersatzbeträge und die Kosten für die Aufbewahrung des Vermögensgegenstands und die Verwertung (§ 173 SachenRG). Wird während der Sicherungsfrist der Sicherungsgegenstand beschädigt, geht er verloren oder wird er gestohlen, so treten die Versicherungsleistungen, Schadenersatz- und Ausgleichszahlungen im Wege der dinglichen Surrogation an die Stelle des Gegenstands (§ 174 SachenRG).

a. Hypothek

In § 179 SachenRG wird der Begriff der Hypothek definiert. Vor dem In-Kraft-Treten des AGZG und aufgrund des Einflusses von der Lehre der ehem. UdSSR gab es im chinesischen Recht keine Unterschiede zwischen Hypothek und Pfandrecht. Das AGZG grenzte zwar die Hypothek vom Pfandrecht ab, jedoch sind im SichG die Hypothek und das Pfandrecht erstmals deutlich definiert. Das SachenRG hat diese Definition direkt aus dem SichG übernommen. Als Hypothek bezeichnet es die Berechtigung des Gläubigers, sich aus einem Vermögensgegenstand bevorzugt zu befriedigen, wenn der Schuldner oder ein Dritter an diesem Vermögensgegenstand, um die Erfüllung einer Schuld zu sichern, dem Gläubiger eine Hypo-

---

sOVGKoG, *Li, Guoguang* (Hrsg.) (2002), S. 244, 248 ff.

16 Vgl. *Li/Qi/Jin/Cao*, S. 27.

thek bestellt, ohne den Besitz am Vermögensgegestand zu übertragen und der Schuldner die Schuld nicht erfüllt (§ 179 SachenRG). Nach dieser Definition kann auch an einer beweglichen Sache eine Hypothek bestellt werden (§§ 180 f. SachenRG). Eine Registrierung ist nicht stets erforderlich. Wenn an Produktionsgeräten, Rohmaterial, Halbfertig- und Fertigprodukten, an Schiffen und Luftfahrzeugen, die gerade im Bau sind und an Verkehrs- und Transportmitteln eine Hypothek bestellt wird, ist die Hypothek zu dem Zeitpunkt bestellt, zu dem der Hypothekenvertrag wirksam wird; unregistriert kann sie nur gutgläubigen Dritten nicht entgegengehalten werden (§ 188 SachenRG). Anders als im deutschen Recht ist im SachenRG aufgezählt, ob an verschiedenen Sachen eine Hypothek bestellt werden kann (§ 180 SachenRG, §§ 47, 49, 53 ErlOVGSichG) oder nicht (§ 184 SachenRG, §§ 48, 52, 54 ErlOVGSichG).[17] Nach § 185 Abs. 1 SachenRG ist der Hypothekenvertrag schriftlich zu schließen. Daneben ist auch der erforderliche Inhalt eines Hypothekenvertrags vorgesehen (§ 185 Abs. 2 SachenRG). Weitere Vorschriften regeln die Rechtsnatur der Hypothekeneintragung (§§ 187-189 SachenRG), die Vermietung (§ 190 SachenRG), die Veräußerung der Gegenstände (§ 191 SachenRG), die Übertragung der Hypothek (§ 192 SachenRG), die Verwertungsweise und die Verteilung des Erlöses (§§ 195 ff. SachenRG).

b. Pfandrecht

Nach § 208 SachenRG kann dem Gläubiger nur an beweglichen Sachen ein Pfandrecht zustehen (weitere Bespiele: § 85 ErlOVGSichG). Die Form des Pfandvertrags und dessen erforderlicher Inhalt sind noch einmal aufgeführt (§ 210 SachenRG). Anders als bei der Hypothek ist der Umfang der Sicherungsgegenstände des Pfandrechts nicht gesetzlich geregelt. Weitere Vorschriften regeln die Pflichten und Rechte des Gläubigers (§§ 213 ff. SachenRG), die Verwertungsweise (§§ 219 ff. SachenRG) und die Verteilung des Erlöses (§ 221 SachenRG bzw. § 71 Abs. 3 SichG).

Die Verpfändung von Rechten wird im 2. Abschnitt (§§ 223 ff. SachenRG) geregelt, insbesondere die Verpfändung von Wertpapieren (§§ 224, 225 SachenRG, § 98 ErlOVGSichG), von übertragbaren Anteilsrechten und von Vermögensrechten bei geistigen Eigentumsrechten. Daneben ist die Verpfändung einer Forderung (Verpfändung an accounts receivable)[18] erstmals vom Gesetz anerkannt.

c. Zurückbehaltungsrecht

Anders als das deutsche Recht, nämlich § 273 BGB, bezieht sich das Zurückbehaltungsrecht in China auf ein dingliches Kreditsicherungsrecht. Grundsätzlich müssen vom Gläubiger zurückbehaltene bewegliche Sachen zur gleichen Rechtsbeziehung gehören wie die Forderung, außer bei Zurückbehaltung zwischen Unternehmen (§ 231 SachenRG). Sonstige Regelungen schließen z. B. den Umfang der von den zurückbehaltenen Sachen gedeckten Forderung, Verwertungsmöglichkeit, Pflicht des Sicherungsgläubigers ein.

17 Vgl. S. 47 ff.
18 Vgl. S. 98 ff.

2. Andere Regelung: Eigentumsvorbehalt (§ 134 VG), Sicherungsübereignung und Sicherungsabtretung

Obwohl der Eigentumsvorbehalt eine wichtige dingliche Sicherungsform und die Behandlung der Interessen des Vorbehaltskäufers bzw. des Vorbehaltsverkäufers ein großes Thema im Insolvenzverfahren ist, wird darüber eine ausführliche Diskussion wegen der fehlenden Praxis und wissenschaftlichen Forschung in China in dieser Arbeit nicht geführt.

Nach § 134 VG wird zwar der Eigentumsvorbehalt im chinesischen Recht im Prinzip zugelassen, jedoch hat diese Vorschrift kaum praktische Bedeutung.

Obwohl der Eigentumsvorbehalt im deutschen Recht auch nur in einem Paragraphen, § 449 BGB geregelt ist, umfasst der Vorbehaltskauf drei verschiedene Rechtsgeschäfte[19]: einen schuldrechtlichen Kaufvertrag nach §§ 433 ff. BGB; eine bedingte sachenrechtliche Übereignung nach §§ 929 Abs. 1, 158 Abs. 1 BGB; eine Vorbehaltsabrede: bis zur vollständigen Zahlung des Kaufpreises durch den Vorbehaltskäufer bleibt der Verkäufer Eigentümer der Sache, selbst wenn vorher dem Käufer die Sache übertragen wird und er diese unmittelbar besitzt. Im Vergleich zu China ist der Eigentumsvorbehalt in der deutschen Rechtspraxis Erfahrung zweifellos schon eine etablierte Sicherungsform und die Lehre dazu auch weiter entwickelt.

Demgegenüber befinden sich Praxis und entsprechende Forschung in China erst in einem Anfangsstadium.

Nach der chinesischen Rechtsprechung und Literatur gibt es in der chinesischen Praxis nur den Eigentumsvorbehaltstyp, der dem im deutschen Recht geregelten einfachen Eigentumsvorbehalt entspricht.[20] Für diesen Typ vertreten das deutsche und chinesische Schrifttum, dass der Verkäufer erst aussondern kann, nachdem der Insolvenzverwalter des Käufers die Erfüllung des Kaufvertrages verweigert hat (§§ 103, 107 Abs. 2 InsO).[21] Es handelt sich also nicht um eine abgesonderte Befriedigung in einem Insolvenzverfahren.

Andere Eigentumsvorbehaltstypen wie der im deutschen Recht bekannte verlängerte und erweiterte Eigentumsvorbehalt werden vom chinesischen Schrifttum und der Rechtsprechung kaum behandelt, insbesondere mangels entsprechender Forschung über z. B. Unterschiede der sachenrechtlichen und schuldrechtlichen Rechtsgeschäfte, die Abtretung künftiger Forderungen und das Anwartschaftsrecht. Zugleich fehlt im chinesischen Recht auch eine für diese Sonderformen des Eigentumsvorbehalts nötige Vorschrift wie der deutsche § 185 BGB. Aufgrund dessen erweist sich die Diskussion über die große Bedeutung der Sonderformen des Eigentumsvorbehalts für China oder einige Verbesserungsvorschläge für die chinesische Gesetzgebung als leeres Gerede, obwohl der Eigentumsvorbehalt als Sicherungsform im chinesischen Recht anerkannt ist.

Ob der Sicherungsübereignung und der Sicherungsabtretung von der chinesischen Lehre und weiter von der chinesischen Gesetzgebung zugestimmt werden soll, ist bislang noch ein großer Streit zwischen chinesischen Juristen, auch während des Gesetzgebungsverfahrens zur

19 *Wieling*, S. 241.
20 Vgl. *Zou/Chang*, S. 410 ff.
21 h. M. Deutschlands vgl. BGHZ 10, 69 (72); BGHZ 54, 214 (218); *Kilger/K. Schmidt*, § 43 KO Rn. 3; *K/P/Prütting*, § 47 Rn. 32; HK/*Eickmann*, § 47 Rn. 5; FK/*Joneleit/Imberger*, § 47 Rn. 17; *Gottwald/Gottwald*, § 43 Rn.7; *Bork* Rn. 162, 238. h. M. von China vgl. *Qi/Zhang*, S. 423; *Zou/Chang*, S. 419.

Kodifizierung des Sachenrechts. Ohne Rücksicht auf den wissenschaftlichen Streit liegt wenigstens „Anjie“[22] als eine typische Sicherungsübereignung des Eigentums an einer Wohnung in China vor. Anders als die deutsche Sicherungsübereignung kann „Anjie“ nur an der Wohnung, d. h. an einer unbeweglichen Sache bestellt werden. Die englische mortgage besteht aus zwei Arten: „equitable mortgage“ und „legal mortgage”.[23] Bei der „equitable mortgage” bleibt der Kreditnehmer Eigentümer der gesicherten Sachen und dem Kreditgeber wird nur ein Verwertungsrecht gewährt. Bei der „legal mortgage” ist der Kreditgeber der Eigentümer der gesicherten Sachen, bis der Kreditnehmer den Kredit vollständig zurückbezahlt. Somit entspricht die „equitable mortgage“ der Hypothek, die „legal mortgage“ ähnelt hingegen der Sicherungsübereignung. Das chinesische „Anjie“ ist eine Art der „legal mortgage“.

Bei der Bestellung des „Anjie“ wirken drei Parteien zusammen: Käufer, Verkäufer (der Erschließer des Grundstücks) und die Bank. Käufer und Verkäufer schließen einen Vorkaufvertrag über die Wohnung. Zwischen der Bank und dem Käufer kommt es zu einem Darlehensvertrag und einem Hypothekenvertrag. Die Kreditgewährung setzt voraus, dass der Käufer bereits mit dem Verkäufer einen Kaufvertrag über die Wohnung geschlossen und schon einen Vorschuss (normalerweise 30% des gesamten Kaufpreises) bezahlt hat. In der Praxis wird zwischen Käufer und Verkäufer durch eine auflösende Bedingung vereinbart, dass der Kaufvertrag von der Kreditvalutierung abhängen soll.[24] Die Höhe des Kredits entspricht dem noch nicht bezahlten Kaufpreis der Wohnung. Die Bank überweist die Kreditsumme im Auftrag des Käufers direkt auf das Konto des Verkäufers. Wenn der Verkäufer diesen Betrag erhält, wird seine Forderung als getilgt angesehen.[25]

In der Praxis und nach Ansicht eines Teils der Literatur[26] wird der Bank die gleiche Rechtsstellung wie dem Eigentümer eingeräumt. Nach ihren AGB kann die Bank (Sicherungsnehmer) bei einer Pflichtverletzung des Sicherungsgebers über das belastete Wohnung dinglich verfügen.[27] Erst wenn der Käufer den Kredit und die Zinsen zurückgezahlt hat und das Sicherungsgut zurückgewährt wird, erwirbt er das Eigentum am Haus.[28]

Als Sicherungsübereignung ist „Anjie“ nur auf dem privaten Wohnungsmarkt, und zwar zwischen Verbraucher und Bank einsetzbar. Aufgrund dieses eingeschränkten Verwendungsbereichs wird die Diskussion über die Sicherungsübereignung im Fall des Konkurses des Kreditnehmers aus dieser Arbeit ausgeschlossen. Wenn über das Vermögen des Kreditgebers das Konkursverfahren eröffnet wird, fällt der Sicherungsgegenstand nicht in die Konkursmasse und dient somit nicht der Befriedigung der von den Gläubigern des Sicherungseigentümers angemeldeten Forderung. Dem Kreditgeber steht ein Aussonderungsrecht zu,[29] weswegen der hier interessierende Punkt auch nicht betroffen ist.

---

22 Phonetische Transkription von „mortgage“. Zunächst betraf „Anjie“ den Wohnungsmarkt der Provinz Guangdong. Weil Guangdong nahe Hongkong liegt, wurde dieses Sicherheitsmittel von Hongkong übernommen, wo das englische Rechtssystem gültig ist. In der Gegenwart ist es eine typische Sicherheit für den Kredit, der meistens zum Kauf einer Wohnung dient.

23 *Curzon*, Dictionary of law, S. 157 und 247, 6. Aufl., 2003, Beijing.

24 *Li/Qi/Jin/Cao*, S. 183.

25 *Hongliang Wang*, S. 79.

26 *Hongliang Wang*, S. 81; *Wang Chuang*, S. 121 ff.

27 *Hongliang Wang*, S. 81; § 11 II AGB der Niederlassung der China Bank für Aufbau Shenzhen und § 12 AGB der Niederlassung der China Bank für Industrie und Handel in Shenzhen.

28 *Li/Qi/Jin/Cao*, S. 183, 187.

29 *Hj. Weber*, S. 180; Gottwald/*Gottwald*, § 43 Rn. 49; MK-InsO/*Ganter*, § 47 Rn. 53; *Uhlenbruck/Uhlenbruck*, §47 Rn. 3, *Zou/Chang*, S. 407.

Wie im deutschen Recht (§ 398 BGB) können auch gemäß § 79 VG Rechte ganz oder teilweise an einen Dritten abgetreten werden. Jedoch muss der Gläubiger dies nach chinesischem Recht dem Schuldner mitteilen. Ohne Mitteilung bleibt die Übertragung dem Schuldner gegenüber wirkungslos (§ 80 VG). Infolgedessen ist die als praktisches Kreditsicherungsmittel in der deutsche Praxis eingesetzte Sicherungsabtretung in Theorie und Praxis in China kaum durchsetzbar, weil der Vorteil der Sicherungsabtretung für den Kreditnehmer darin besteht, dass im Gegensatz zur Verpfändung einer Forderung keine Anzeige an dessen Schuldner erforderlich ist, die die Kreditwürdigkeit des Kreditnehmers in Zweifel ziehen und seine geschäftliche Bonität herabsetzen kann.[30] Nun ist die Verpfändung an Forderungen als ein neu entwickeltes gesetzliches Finanzierungsmittel im SachenRG geregelt. Obwohl diese Sicherheitsform unter das Pfandrecht an Rechten fällt, ist ein schriftlicher Vertrag und eine Eintragung beim Kreditbüro erforderlich (§ 228 SachenRG).

III. Struktureller Vergleich der dinglichen Kreditsicherungsrechte von Deutschland und China

1. Hinsichtlich der Kriterien für die Unterscheidung der Realsicherheiten besteht ein großer Unterschied zwischen deutschem und chinesischem Recht.

Obgleich der chinesische Gesetzgeber des SichGs das Gesetz nicht darauf ausrichtet, dass die zur Kreditgewährung bestellten Sicherheiten in Realsicherheiten und Personalsicherheiten unterteilt werden können,[31] sind jedoch typische Realsicherheiten wie Hypothek und Pfandrecht in diesem Gesetz vorgesehen. Die Kriterien für die Unterscheidung der beiden Realsicherheiten sind nach dem chinesischen Recht anders als nach dem deutschen Recht.

Nach Ansicht eines Teils der deutschen Literatur werden Realsicherheiten nach verschiedenen Sicherungsgegenständen in Kreditsicherung an Grundstücken, an beweglichen Sachen und an Rechten eingeteilt. Obwohl nach römischem Recht auch auf beweglichen Sachen die besitzlose hypotheca bestellt werden konnte, wurde das besitzlose Pfandrecht an beweglichen Sachen vom Gesetzgeber des BGB abgelehnt.[32] Nur im Bereich der typischen Realsicherheiten ist es bei dem deutschen Recht so klar, dass am Grundstück nur eine Hypothek (§§ 1113 ff. BGB) und an beweglichen Sachen (§§ 1204 ff. BGB) und Rechten (§§ 1273 ff. BGB) nur ein Besitzpfandrecht bestellt werden kann.

Den chinesischen gesetzlichen Vorschriften kann man hingegen entnehmen, dass sich die Unterscheidung der verschiedenen Sicherheitsformen nur danach richtet, ob der Besitz der Sicherheitsgegenstände an den Kreditgeber übertragen wird oder nicht. Wenn ja, dann handelt es sich um ein Pfandrecht, wenn nein, um eine Hypothek. Das chinesische Recht erkennt die vom deutschen Recht abgelehnte verweigerte besitzlose Hypothek an beweglichen Sachen an. Infolgedessen kann an beweglichen Sachen auch eine Hypothek bestellt werden. Die Nachteile, die der deutsche Gesetzgeber während des Gesetzgebungsverfahrens zum Bürgerlichen Gesetzbuch schon bemerkt hat,[33] werden vom chinesischen Gesetzgeber teilweise dadurch vermieden, dass die Parteien, wenn sie gewisse Vermögensgegenstände mit einer Hypothek belasten, den Gegenstand der Hypothek registrieren sollen[34]. Statt durch die Besitzübergabe

30 *Schwab/Prütting*, Rn. 846, S. 327.
31 *Chen, Xiangjian* S. 18 f.
32 *Mugdan*, Bd. III, S. 447.
33 *Mugdan*, Bd. III, S. 447.
34 Das deutsche Recht kennt eine Schiffshypothek und ein Registerpfandrecht an Luftfahrzeugen, bei dessen

wird die Publizität durch die Eintragung in ein Register hergestellt. Anders als § 43 SichG – nach dem gewisse Gegenstände zu registrieren sind - empfehlen die Gesetzgeber in den §§ 188 SachenRG, dass folgende mit einer Hypothek belastete Gegenstände registriert sein sollen: Produktionsgeräte, Rohmaterial, Halbfertig- und Fertigprodukten; Schiffen und Luftfahrzeugen, die gerade im Bau sind und Verkehrs- und Transportmittel. Wenn die Hypothek unregistriert ist, kann sie gutgläubigen Dritten nicht entgegengehalten werden., Wenn aber an Gebäuden und anderen mit dem Erdboden verbundenen Sachen, an Bodennutzungsrechten und Gebäuden, die gerade im Bau sind, eine Hypothek bestellt wird, muss sie nach § 187 SachenRG registriert werden. Die Hypothek ist zum Zeitpunkt der Registrierung bestellt. Wenn der Kreditnehmer insolvent ist und ein Konkursverfahren gegen ihn eröffnet ist, kann die Bank aufgrund der Eintragung dem Schuldner bzw. dem Konkursverwalter gegenüber eine absonderungsberechtigte Befriedigung geltend machen.

2. Nur eine eine der deutschen Sicherungshypothek entsprechende Hypothek wird vom chinesischen Recht anerkannt.

Nach §§ 177, 192 SachenRG kann die Hypothek nicht von der Forderung getrennt und unabhängig von der Forderung übertragen werden und ist in ihrem Bestand von der durch sie gesicherten Forderung abhängig. Wenn die Forderung erlischt, erlischt auch die Hypothek. Nach dem deutschen Recht und der deutschen Lehre ist die Hypothek ein akzessorisches Sicherungsrecht,[35] jedoch ist die gewöhnliche Form die Verkehrshypothek, die im Gegensatz zur Sicherungshypothek nicht streng akzessorisch ist (§ 1184 BGB).[36] Vielmehr ist der Grundsatz der Akzessorietät bei der Hypothek im Interesse der Verkehrsfähigkeit in § 1138 BGB durchbrochen. Der gutgläubige Erwerber kann daher eine im Grundbuch eingetragene Hypothek erwerben, obwohl eine Forderung nicht besteht (§§ 891 f., 1138 BGB).[37] Nur bei der Bestellung einer Sicherungshypothek finden die Vorschriften über den öffentlichen Glauben nach § 1138 BGB keine Anwendung. Der Gläubiger muss seine Hypothekenforderung beweisen, wenn der Eigentümer ihr Bestehen bestreitet. Weil das chinesische Recht den Grundsatz der Akzessorietät streng behandelt, ist die Diskussion über den gutgläubigen Erwerb der Hypothek unnötig, obwohl der öffentliche Glaube des Grundbuchs in § 16 SachenRG festgestellt ist. Wenn die Forderung nicht oder nicht mehr besteht, steht die dafür eingetragene Hypothek dem Gläubiger daher nicht zu und er ist auch von der abgesonderten Befriedigung im Konkursverfahren ausgeschlossen.

3. Das Zurückbehaltungsrecht als eine Art Realsicherheit.

Außer den §§ 369 ff. HGB, nach denen das Zurückbehaltungsrecht einem Pfandrecht angenähert ist[38] und dem Gläubiger aufgrund dessen ein Absonderungsrecht gewährt wird (§ 51 Nr. 3 InsO),[39] ist dieses nach dem deutschen Recht nur ein persönliches Recht. Dagegen wird das Zurückbehaltungsrecht nach dem chinesischen Recht, §§ 230 ff. SachenRG, als Realsi-

---

Bestellen eine Eintragung erforderlich ist.

35 Vgl. *Hj. Weber*, S. 217; *Schwab/Prütting*, Rn. 628, S. 252 f.; *Wieling*, S. 415; *Baur/Stürner*, § 37 Rn. 1, S. 418

36 *Schwab/Prütting*, Rn. 630, S. 253; *M. Wolf*, Rn. 999. In der deutschen Praxis hat die Grundschuld die Hypothek weitgehend verdrängt, weil hier die Akzessorietät ganz fehlt und für eine abstrakte Sicherung im modernen Kreditgeschäft durchaus ein wirtschaftliches Bedürfnis besteht.

37 *Hj. Weber*, S. 258.

38 MK-InsO/*Ganter*, § 51 Rn. 223.

39 *Gottwald/Gottwald*, § 42 Rn. 52; HK/*Eickmann*, § 51 Rn. 8.

cherheit angesehen. Der Gläubiger erlangt keinen schuldrechtlichen Anspruch gegen den Schuldner, sondern ein dingliches Verfügungs- und Verwertungsrecht. Das heißt, wenn ein Gläubiger bewegliches Vermögen des Schuldners besitzt und der Schuldner die Verbindlichkeit nicht erfüllt, dann ist der Gläubiger berechtigt, nicht nur das Vermögen des Schuldners zurückzubehalten, sondern auch sich durch seine Verwertung aus dem Erlös bevorzugt zu befriedigen.

4. Verschiedene Typen der Mobiliarsicherheiten haben in China kaum praktische Bedeutung. Zum ersten entstand, weil in der chinesischen Rechtsordnung die besitzlose Hypothek an beweglichen Sachen geschaffen worden ist (§ 180 SachenRG), kein Bedürfnis für die Mobiliarsicherheit, insbesondere trat die Sicherungsübereignung nicht im gleichen Maße hervor wie im deutschen Recht. Man kann über die besitzlose Hypothek wirtschaftlich gleiche Effekte erzielen, wie bei z. B. über die Sicherungsübereignung von Warenlagern mit wechselndem Bestand. Zum zweiten hat sich die Sicherungsabtretung nur in sehr geringem Umfang im chinesischen Bankgeschäft durchgesetzt. Daneben ist von § 134 VG nur ein einfacher Eigentumsvorbehalt vorgesehen, während die weiteren Formen des Eigentumsvorbehalts in der Praxis kaum durchgeführt werden, was vielleicht daran liegt, dass z. B. mangels entsprechender Vorschriften wie § 185 Abs. 1 BGB, Unklarheit über die Kreditwürdigkeit des Sicherungsgebers und mangelnde Vertrautheit mit verschiedenen modernen Sicherungsmitteln herrscht.

2. Teil: Begriff des Absonderungsrechts und Arten der Absonderungsrechte

I. Begriff

1. Begriff

Aufgrund eines dinglichen Verwertungsrechts kann der Gläubiger dem Schuldner gegenüber aus einem bestimmten Sicherungsgegenstand eine Vorzugsbefriedigung verlangen, ebenso im Insolvenzverfahren des Schuldners aus einem bestimmten Massegegenstand. In diesem Fall wird dieser Gläubiger im Insolvenzverfahren anders als ein Insolvenzgläubiger aus dem Verwertungserlös des Sicherungsgegenstands gesondert befriedigt. Er ist damit ein absonderungsberechtigter Gläubiger und hat ein Absonderungsrecht.

Absonderungsrechte bilden vornehmlich[40] dingliche Verwertungs- (Sicherungs-)rechte, die sich nicht nur auf das Grundpfandrecht und Pfandrecht an beweglichen Sachen, sondern auch auf die zur Sicherung persönlicher Forderungen übertragenen Rechte, Sicherungseigentum und sicherungszedierte Forderungen beziehen.

a. Umfang des Absonderungsrechts

Wer ein Recht auf Vorzugsbefriedigung im Insolvenzverfahren aufgrund einer Realsicherheit dem Schuldner gegenüber hat, der betreffende Sicherungsgegenstand aber zur Insolvenzmasse gehören muss, ist ein absonderungsberechtigter Gläubiger. Das Absonderungsrecht besteht unabhängig davon, ob der Insolvenzschuldner auch persönlicher Schuldner ist. Sichert das Pfandrecht an einem Gegenstand der Insolvenzmasse eine fremde Schuld, so kann der Gläubiger des fremden Schuldverhältnisses auch im Insolvenzverfahren das Absonderungsrecht geltend machen. Aber hier kann ein etwaiger Ausfall nicht zur Befriedigung aus der Insolvenzmasse angemeldet, sondern nur gegenüber dem persönlichen Schuldner geltend gemacht werden.[41] Insofern ist der Gläubiger kein Insolvenzgläubiger i. S. v. § 38 InsO.

Hat hingegen der Gläubiger dem Schuldner gegenüber einen Anspruch i. S. v. § 38 InsO hat und wird ihm zur Sicherung des Anspruchs zugleich auch eine Realsicherheit gewährt, gehört aber der Sicherungsgegenstand nicht dem Insolvenzschuldner, sondern einem Dritten, so besteht im Insolvenzverfahren für die ganze Forderung nur eine Insolvenzforderung[42] und der Gläubiger ist keinesfalls Absonderungsberechtigter. Jedoch kann der Gläubiger außerhalb des Insolvenzverfahrens dem Eigentümer des Absonderungsgegenstands gegenüber ein zivilrechtliches Verwertungsrecht geltend machen.

Oft ist der Absonderungsberechtigte aber zugleich Insolvenzgläubiger.[43]

---

40 Aufgrund einer Realsicherheit hat der Gläubiger auf jeden Fall ein Absonderungsrecht. Aber es kann dem Gläubiger auch aufgrund eines Anspruchs eine abgesonderte Befriedigung gewährt werden, z. B. §§ 77, 157 WG. In der chinesischen Praxis kann dem Gläubiger z. B. aufgrund eines Schiffgläubigervorrechts (§ 21 Seehandelsgesetzbuch) ein Vorrecht als Absonderungsrecht gewährt werden. In dieser Arbeit bezeichnet das Absonderungsrecht nur dingliche Rechte und der absonderungsberechtigte Gläubiger nur Pfandgläubiger oder Sicherungseigentümer.

41 *Gottwald/Gottwald*, § 42 Rn. 64; MK-InsO/*Ganter*, vor §§ 49 bis 52 Rn. 54.

42 *Gottwald/Gottwald*, § 42 Rn. 64.

43 In diesem Fall ist das Verhältnis von persönlicher Forderung und Sicherungsrecht zu beachten. Macht der

b. Beschränkung des Absonderungsrechts auf spezielle Gegenstände

Nach dem Spezialitätsprinzip kann nur auf bestimmte individualisierte Sachen ein Absonderungsrecht angewendet werden. Dagegen gibt es keine Absonderungsrechte, die einheitlich eine Sachgesamtheit umfassen. Ferner müssen die Sachen zur Insolvenzmasse gehören.

Nach §§ 30, 109 KoG erfasst die Konkursmasse das gesamte Vermögen, das dem Schuldner zur Zeit der Annahme des Konkursantrags gehört – nicht nur von ihm betrieben oder verwaltet wird - und das er während des Verfahrens erlangt. Personen, die gegen das spezielle Vermögen oder Rechte des Konkursschuldners ein Sicherungsrecht innehaben, sind Absonderungsberechtigte – die Sicherungsgegenstände sind der Konkursmasse deswegen nicht mehr fremd.

c. Die Absonderungsrechte sind zwar insolvenzfest, jedoch wird die Verwirklichung von der InsO beeinflusst.

Ohne Rücksicht auf das Insolvenzverfahren kann der gesicherte Gläubiger aufgrund seines Sicherungs- bzw. Verwertungsrechts Vorzugsbefriedigung ohne Einschränkung verlangen. In der Insolvenz sind die Absonderungsrechte aber nur auf Befriedigung aus dem Erlös der Insolvenzmasse gerichtet, weil der Insolvenzverwalter stets die Verwertung erzwingen kann (§§ 165 ff., 173 Abs. 2 InsO).[44]

Im Fall der Sicherungsübereignung und Sicherungsabtretung ist der Gläubiger vor der Insolvenzeröffnung ein Sicherungseigentümer. Damit ist er aufgrund des Sicherungseigentums nach Eintritt des Sicherungsfalles berechtigt, den Gegenstand zu verwerten oder die Forderung einzuziehen und sich aus dem Erlös zu befriedigen. Nach § 21 Abs. 1 Nr. 5 InsO kann das Gericht aber anordnen, dass Gegenstände, die im Falle der Eröffnung des Verfahrens von § 166 InsO erfasst würden oder deren Aussonderung verlangt werden könnte, vom Gläubiger nicht verwertet oder eingezogen werden dürfen und dass solche Gegenstände zur Fortführung des Unternehmens des Schuldners eingesetzt werden können, soweit sie hierfür von erheblicher Bedeutung sind. Durch die Eröffnung des Insolvenzverfahrens geht das Verwaltungsrecht und Verfügungsrecht auf den Insolvenzverwalter über (§ 80 InsO). Daher darf nur der Insolvenzverwalter eine bewegliche Sache, an der ein Absonderungsrecht besteht, freihändig verwerten, wenn er die Sache in seinem Besitz hat (§ 166 InsO).

Nach § 21 Abs. 2 Nr. 3 InsO erstreckt sich die Einstellungsbefugnis des Insolvenzgerichts im Eröffnungsverfahren entgegen ursprünglicher Vorstellungen in § 25 Abs. 2 Nr. 3 RegE nicht auf das unbewegliche Schuldnervermögen. Diese von der InsO nicht aufgenommene Regelung erfolgt im ZVG: Ist über das Vermögen des Schuldners ein Insolvenzverfahren eröffnet, so ist auf Antrag des Insolvenzverwalters die Zwangsversteigerung einstweilen einzustellen (§ 30d Abs. 4 ZVG).

Gläubiger nur die Forderung geltend, so kann er sie in voller Höhe zur Tabelle anmelden und erhält darauf die volle Verteilungsquote.
Macht er zugleich das Absonderungsrecht geltend, so kann er die Forderung als persönliche Forderung in voller Höhe für den Ausfall zur Tabelle anmelden. Es wird dann die ganze Forderung geprüft und (nach Beseitigung eines Widerspruchs) „als Insolvenzforderung für den Ausfall" zur Tabelle festgestellt. Vgl. *Gottwald/Gottwald*, § 42 Rn. 64.

44 *Häsemeyer*, Rn. 18.03.

Solche Beschränkungen des Verwertungsrechts des Absonderungsberechtigten dienen nur dazu, die Insolvenzmasse zu erhalten und damit die allgemeinen Gläubiger zu schützen.

Ebenso bestehen auch im chinesischen Recht Beschränkungen des Absonderungsrechts zum Erhalt der Konkursmasse. Wenn das Volksgericht einen Konkursfall angenommen hat, sind nach § 11 KoG a. F. bzw. § 19 KoG andere Vollstreckungsverfahren gegen das Vermögen des Schuldners zu unterbrechen, während in der deutschen Praxis das Zwangsversteigerungsverfahren durch das Insolvenzverfarhen gerade nicht unterbrochen wird, sondern der Insolvenzverwalter seine Einstellung besonders beantragen muss. Wenn der Pfandgläubiger und der Gläubiger des Zurückbehaltungsrechts die Sicherungsgegenstände unmittelbar besitzen und zugleich ein Selbstverwertungsrecht haben, ist § 11 KoG a. F. bzw. § 19 KoG in diesem Fall nicht anwendbar.[45] Die Frage ist, ob auch die Verwertung der besitzlosen Hypothek durch Zwangsvollstreckung nach der gesetzlichen Vorschrift zu hemmen ist. In der Literatur wird vertreten,[46] dass die Durchsetzung des Absonderungsrechts von dem Konkursverfahren, insbesondere von § 11 KoG a. F., nicht beeinflusst und beschränkt wird. In der Praxis vertreten die Richter anders als die Literatur die Ansicht, dass § 11 KoG a. F. unbedingt auf Absonderungsberechtigte anzuwenden ist, insbesondere die von der Zwangvollstreckung bewirkte Verwertung des Bodennutzungsrechts zu hemmen ist.[47] Dieser Meinung ist zu folgen.

Mit Blick auf die Vermögenslage des chinesischen Schuldners ist das Bodennutzungsrecht meistens das wertvollste Vermögen des Unternehmens. Wird das Bodennutzungsrecht von dem Absonderungberechtigten ohne Einschränkung verwertet, so wird die Fortführung des Betriebs beeinträchtigt. Wenn eine Sanierungsmöglichkeit vorläge, würde sie damit zerstört. Es ist also von großer Bedeutung, dass, um das Konkurs- bzw. Sanierungsverfahren fortzuführen, dem Absonderungsberechtigten eine Beschränkung insbesondere hinsichtlicher der Verwertung des Bodennutzungsrechts durch eine Zwangsvollstreckung, aufzuerlegen.

2. Rechtsnatur

a. Abgrenzung zum Aussonderungsrecht

In der (äußeren) Systematik der Insolvenzordnung stehen die Aussonderung (§§ 47, 48 InsO) und die Absonderung (§§ 49–52 InsO) nebeneinander, und in dieser Reihenfolge werden sie nicht selten behandelt. Doch bezeichnen beide Begriffe nichts Vergleichbares: Die „Aussonderung" bestimmt die Grenzen der haftungsrechtlichen Vermögenszuweisung an alle Insolvenzgläubiger.[48] Tatsächlich gehören die ausgesonderten Dinge aufgrund eines einem Dritten zustehenden persönlichen oder dinglichen Rechts nicht zur Insolvenzmasse (§ 35 InsO; § 38 KoG)[49] und sie haften nicht für die Verbindlichkeiten des Schuldners. Damit hat die Aussonderung durch einen Dritten aufgrund seines Eigentums,[50] seiner gegenüber der Insolvenzmasse in Anspruch genommenen beschränkten dinglichen Rechte[51] und Forderun-

45 Vgl. *Obervolksgericht Shanghai*, S. 261: In der Praxis steht das Verwertungsrecht dieser Gegenstände der Liquidationsgruppe zu.

46 *Wang, Xinxin*, S. 248 ff.; *Zou*, S. 333; *Zheng, Yuanmin*, S. 106.

47 Gespräch (Vgl. Fn. 14).

48 *Häsemeyer*, Rn. 11.02.

49 *Gottwald/Gottwald*, § 40 Rn. 1, HK/*Eickmann*, § 47 Rn. 1, FK/*Joneleit/Imberger*, § 47 Rn. 3.

50 *Häsemeyer*, Rn. 11.08 ff.

51 *Häsemeyer*, Rn. 11.11.

gen[52] mit dem Insolvenzgläubiger bzw. dem Grundsatz der Gläubigergleichbehandlung nichts zu tun.[53]

Dagegen bedeutet die Absonderung nur die Zuerkennung eines Vorzugsrechts trotz haftungsrechtlicher Zuordnung zur Masse.[54] Aufgrund dieses Vorzugsrechts ist der Gläubiger berechtigt, aus dem Verwertungserlös der Sicherheitsgegenstände eine bevorzugte Befriedigung zu erlangen. Erbringt die Verwertung solcher Gegenstände einen Mehrerlös, so steht dieser nach dem Entnehmen der Kosten der Feststellung und der Verwertung des Gegenstands der Masse zu, um den Insolvenzgläubiger bzw. die Insolvenzforderung zu befriedigen. Alle Gläubiger werden durch die abgesonderte Befriedigung berührt, weil es bei der Befriedigung um die Insolvenzmasse und weiterhin um eine Ausnahme von dem Grundsatz der Gläubigergleichbehandlung geht.[55]

b. Abgrenzung der gesicherten Insolvenzforderung von der normalen Insolvenzforderung

Der Begriff „Insolvenzforderung“ wird in der Insolvenzordnung nicht definiert. Jedoch ist die Insolvenzforderung aufgrund des § 38 InsO ein zur Zeit der Eröffnung des Insolvenzverfahrens gegen den Schuldner begründeter Vermögensanspruch. Wenn der Anspruch mit einer von dem Schuldner aus seinem Vermögen gewährten Realsicherheit gesichert wird, hat der Gläubiger zugleich ein Absonderungsrecht. In der Regel ist der absonderungsberechtigte Gläubiger zugleich Insolvenzgläubiger, weil die gesicherte Forderung eine Insolvenzforderung ist.[56] In diesem Fall sind die Gläubiger nach § 52 InsO zur anteilsmäßigen Befriedigung aus der Insolvenzmasse berechtigt, soweit sie auf eine abgesonderte Befriedigung verzichten oder sie bei ihr ausgefallen ist. Damit hat der Gläubiger die Wahl, welche Rechtsstellung er geltend macht.[57]

1. Macht er nur die Forderung geltend, so kann er sie in voller Höhe zur Tabelle anmelden und erhält darauf die volle Verteilungsquote.
2. Macht er nur das Absonderungsrecht geltend und unterlässt er die Anmeldung der persönlichen Forderung, so nimmt er nicht am Insolvenzverfahren teil.[58]
3. Macht er aber, wie meist, zugleich das Absonderungsrecht und die persönliche Forderung geltend, so kann er die Forderung als persönliche Forderung in voller Höhe für den Ausfall zur Tabelle anmelden.[59] Er wird nicht doppelt befriedigt, sondern erhält nur eine anteilige Befriedigung auf die persönliche Forderung in Höhe seines Ausfalls – nicht auf die volle Forderung - bei der Absonderung oder eines Verzichts auf das Absonderungsrecht (§ 52 InsO; §§ 109, 110 KoG).[60]

---

52 *Häsemeyer,* Rn. 11.13.
53 MK-InsO/*Ganter,* § 47 Rn. 12.
54 MK-InsO/*Ganter,* § 47 Rn. 12; *Uhlenbruck/Uhlenbruck,* § 49 Rn. 2.
55 MK-InsO/*Ganter,* § 47 Rn. 12; *Häsemeyer,* Rn. 11.07.
56 Sichert das Pfandrecht an einem Gegenstand der Insolvenzmasse eine fremde Schuld, so kann es im Insolvenzverfahren weiterhin geltend gemacht werden, obwohl der Dritte kein Insolvenzgläubiger ist. Gehört der Absonderungsgegenstand nicht zur Insolvenzmasse, so besteht im Insolvenzverfahren für die ganze Forderung nur eine Insolvenzforderung.
57 *Gottwald/Gottwald,* § 42 Rn. 64.
58 MK-InsO/*Ganter,* § 47 Rn. 16.
59 *Gottwald/Gottwald,* § 42 Rn. 64.
60 *Gottwald/Gottwald,* § 42 Rn. 65, 66.

Genauso wie der deutsche § 52 InsO sieht im chinesischen Recht § 110 KoG vor, dass, wenn der Absonderungsberechtigte durch die Durchsetzung des Absonderungsrechts keine vollständige Befriedigung erlangen kann, der nicht befriedigte Forderungsteil als Konkursforderung betracht wird. Verzichten Absonderungsberechtigte auf ihr Recht auf vorzugsweise Befriedigung, machen sie so ihre Ansprüche im Liquidationsverfahren als Konkursforderung geltend.

II. Begrenzung des Absonderungsrechts

1. Gegenständliche Begrenzung

In der deutschen Praxis berechtigen nach derzeitiger Rechtslage folgende Rechte zur abgesonderten Befriedigung:[61]

- die gesetzlichen Pfandrechte und die Pfändungspfandrechte (§ 50 InsO),
- die Pfandrechte an unbeweglichen Gegenständen (§ 49 InsO),
- die Mobiliarpfandrechte (§ 50 InsO),
- das Recht auf Befriedigung aus dem Anteil des Schuldners an einer Gesellschaft oder Gemeinschaft wegen der Ansprüche aus diesem Rechtsverhältnis (§ 84 Abs. 1 Satz 2 InsO),
- das Recht auf Befriedigung aus einem Grundstück nach Erwirkung der Anordnung der Zwangsversteigerung oder Zwangsverwaltung (§§ 10 Abs. 1 Nr. 5, 11 Abs. 2 ZVG)
- der verlängerte Eigentumsvorbehalt bezüglich des von der Verlängerungsklausel erfassten Surrogats (§ 51 Nr. 1 InsO),
- der erweiterte Eigentumsvorbehalt nach Eintritt des Erweiterungsfalls (§ 51 Nr. 1 InsO),
- das Sicherungseigentum und die Inhaberschaft an Rechten (§ 51 Nr. 1 InsO),
- die Zurückbehaltungsrechte wegen Verwendungen auf eine massezugehörige Sache (§ 51 Nr. 2 InsO) oder nach dem Handelsgesetzbuch (§ 51 Nr. 3 InsO),
- die fiskalischen Sicherheiten an zoll- und steuerpflichtigen Sachen (§ 51 Nr. 4 InsO),
- die Ansprüche aus einer Versicherung für fremde Rechnung bei der Schadensversicherung (§ 77 VVG), Seeversicherung (§ 888 HGB) und Haftpflichtversicherung (§ 157 VVG),
- das Befriedigungsrecht des Kommissionärs (§ 398 HGB).

Im Zusammenhang mit dem chinesischen SachenRG und anderen Gesetzen kann der Absonderungsberechtigte hinsichtlich folgender Rechte abgesonderte Befriedigung geltend machen:

- die Hypothek an einem Bodennutzungsrecht und anderen mit diesem Grundstück verbundenen Gebäuden und Sachen (§§ 180 Abs. 1 Nr. 1 und 2, 182 SachenRG[62])
- die Hypothek an beweglichen Sachen (inkl. Schiff und Luftfahrzeuge) (§ 180 Abs. 1 Nr. 4-6 SachenRG; §§ 11 ff. SeehandelG; §§ 14 ff. ZivilluftfahrtG)
- die Pfandrechte an beweglichen Sachen (§§ 208, 209 SachenRG)
- die Pfandrechte an Rechten (§ 223 SachenRG)

---

61 MK-InsO/*Ganter*, vor §§ 49 bis 52 Rn. 16.

62 Nach § 180 Abs. 1 Nr. 1 SachenRG kann eine Hypothek an Gebäuden und anderen mit dem Land verbundenen Sachen bestellt werden. Weiterhin hat § 182 SachenRG die Vorschriften des § 43 LVG direkt übernommen. Nach § 43 LVG haben alle Organizationseinheiten und einzelnen, die für Baumaßnahmen Land brauchen, nur den Gebrauch von staatlichem Land zu beantragen, und wenn an einem Haus auf staatseigenem Land eine Hypothek bestellt wird, so wird damit gleichzeitig eine Hypothek an dem Bodennutzungsrecht an diesem staatseigenen Land bestellt. Umgekehrt muss, wenn eine Hypothek an einem Bodennutzungsrecht an staatseigenem Land bestellt wird, gleichzeitig eine Hypothek an den Gebäuden bestellt werden, die sich zur Zeit der Bestellung auf diesem Land befinden (§ 182 SachenRG).

- die Zurückbehaltungsrechte (§ 230 SachenRG)
- die Vorrechte der Schiffgläubiger (§§ 21, 22 SeehandelG) und der Eigentümer von Zivilluftfahrt (§§ 18, 19 ZivilluftfahrtG).

2. Zeitliche Begrenzung

In der deutschen und chinesischen Literatur wird die Ansicht vertreten, dass an den Gegenständen der Insolvenzmasse nach Eröffnung des Insolvenzverfahrens grundsätzlich keine Absonderungsrechte wirksam erworben werden können, auch wenn keine Verfügung des Schuldners und keine Zwangsvollstreckung für einen Insolvenzgläubiger zugrunde liegt (§ 91 InsO). Der Entstehungstatbestand muss vor Insolvenzeröffnung vollständig erfüllt sein. Ein zuvor eingeleiteter, aber erst danach vollendeter Erwerbsakt begründet kein Absonderungsrecht.[63] Daneben sind auch die Vorschriften des Anfechtungsrechts zu beachten. Anders als der deutsche gesetzliche Anfechtungszeitraum von nur drei Monaten (§§ 130, 131 InsO) ist in China das Stellen von Vermögenssicherheiten für vormals ungesicherte Verbindlichkeiten, die innerhalb von zwölf Monaten vor Annahme des Konkursfalles erfolgen, anfechtbar. Im Zusammenhang mit § 31 KoG ist das Absonderungsrecht in folgendem Zeitraum zu bestellen:
- Der Entstehungstatbestand muss vor Annahme des Konkursfalles vollständig erfüllt sein.
- Innerhalb von zwölf Monaten vor der Eröffnung kann keine Realsicherheit entweder mit Entstehen der Forderung oder danach bestellt werden.
- Innerhalb von zwölf Monaten vor der Eröffnung kann eine Realsicherheit nur zugleich mit dem Entstehen der Forderung bestellt werden. Selbst wenn die Forderung schon außerhalb des Zwölf-Monats-Zeitraums entsteht, ist ein nachfolgendes Bestellen einer Realsicherheit ausgeschlossen.

3. Umfang der Haftung

Bei diesem Punkt handelt es sich um zwei Fragen: den Umfang der gesicherten Forderungen und den Umfang, in dem diese Forderungen durch die besicherten Gegenstände gedeckt sind. Aufgrund der Unterschiede verschiedener Sicherungsmittel, insbesondere des Erfordernisses des Besitzes und Antrags, werden beide in allen Einzelheiten im folgenden Teil erklärt. Hier wird nur die Möglichkeit der Befriedigung für von nach Eröffnung des Insolvenzverfahrens bis zur Verwertung anfallenden Zinsen diskutiert.

Ob der nach der Insolvenzeröffnung entstehende Zinsanspruch auch von dem Verwertungserlös der Sicherheit gedeckt wird, ist in Deutschland seit langer Zeit sehr streitig. Der BGH[64] hat befunden, dass nach § 4 Abs. 2 KO die abgesonderte Befriedigung unabhängig vom Konkursverfahren erfolgt. Deshalb bezog sich die Norm des § 63 Nr. 1 KO, wonach die seit der Eröffnung laufenden Zinsen im Konkursverfahren nicht geltend gemacht werden können, nicht auf Absonderungsrechte. Allerdings erfolgt die abgesonderte Befriedigung nach der InsO im Rahmen des Insolvenzverfahrens (§§ 165 ff. InsO).[65] Dennoch sind die nach Insolvenzeröffnung anfallenden Zinsen noch im Verfahren zu berücksichtigen und aus § 169 S. 1 InsO folgt für die Zeit bis zum Berichtstermin kein Zinsstop für die gesicherte Forderung.[66] Anders als nach der alten KO sind diese Zinsen aber nur eine nachrangige Insolvenzforde-

---

63 MK-InsO/*Ganter*, vor §§ 49 bis 52 Rn. 17; *Gottwald/Gottwald*, § 42 Rn. 3; *Shen, Guiming* (Hrsg.), S. 170.
64 *BGHZ*, 134, 195, 197.
65 MK-InsO/*Ganter*, vor §§ 49 bis 52 Rn. 60.
66 *Gottwald/Gottwald*, § 42 Rn. 4.

rung (§ 39 Abs. 1 Nr. 1 InsO), was aber die abgesonderte Befriedigung nicht berührt. Die überwiegende Meinung in der chinesischen Literatur hinsichtlich der Befriedigung der seit Eröffnung laufenden Zinsen gleicht der des BGH.[67] Doch hat der Gesetzgeber der InsO anderes dafür vorgesehen. Anders als nach § 63 Nr. 1 KO werden die nach der Eröffnung auflaufenden Zinsen im Verfahren nicht als Konkursforderung geltend gemacht, aber auch nicht verneint, weil die Forderung im Konkursverfahren dem Schuldner gegenüber persönlich gerichtlich geltend gemacht werden kann.[68] In China, werden die Zinsen nach Nr. 64 AnsOVGKoG bzw. § 46 KoG Abs. 2 für Konkursforderungen nur bis zum Tag der Konkurseröffnung berechnet.

Weil eine Begründung zum chinesischen Gesetz fehlt, ist der Grundgedanke des Gesetzgebers bei § 46 Abs. 2 KoG unklar; aber er ähnelt wohl der Meinung des deutschen Gesetzgebers der KO: „Praktisch würde die Berücksichtigung der laufenden Zinsen die Verteilung der Masse unnötig erschweren, während bei Nichtberücksichtung derselben kein Gläubiger dem anderen gegenüber schlechter gestellt wird."[69] Obwohl diese Begründung praktisch ist, ist jedoch die Begründung von § 39 InsO zufriedenstellend. Einerseits wird es bei der Verteilung eines im Insolvenzverfahren liquidierten Vermögens an die Gläubiger in den meisten Fällen ohne praktische Bedeutung sein, ob die Gläubiger der in der Vorschrift aufgeführten Forderung ein Recht auf nachrangige Befriedigung haben oder ob sie ganz von der Verfahrensteilnahme ausgeschlossen sind. Denn ein Unterschied ergibt sich nur in den seltenen Fällen, in denen das Insolvenzverfahren zur vollständigen Befriedigung aller übrigen Gläubiger führt und dann noch ein Überschuss verbleibt. Also kommt es nur selten zu dieser vom Gesetzgeber der InsO festgelegten Erschwernis. Andererseits erscheint es in diesen Fällen jedoch sachgerecht, den verbliebenen Überschuss nicht an den Schuldner herauszugeben, bevor nicht z. B. die im Verfahren aufgelaufenen Zins- und Kostenforderungen der Insolvenzgläubiger getilgt sind.[70]

Aufgrund dieser Begründung ist § 39 InsO zu folgen, was nicht nur praktisch, sondern auch sachgerecht ist. Im Vergleich dazu ist § 46 Abs. 2 KoG zu verbessern.

4. Erlöschen des Absonderungsrechts

Bei akzessorischen Sicherheiten kann das Absonderungsrecht durch Leistung auf das zur Absonderung berechtigende Sicherungsrecht oder durch Tilgung der gesicherten Forderungen erlöschen. Die Leistungen können dadurch erbracht werden, dass die Zahlung entweder auf die gesicherte Forderung oder auf das Sicherungsrecht geleistet wird. Damit wird die akzessorische Sicherheit gelöscht, was weitere zum Erlöschen des Absonderungsrechts führt.[71]

Einzelheiten folgen im Zusammenhang mit den verschiedenen Sicherungsmitteln, insbesondere Hypothek und Pfandrecht, im folgenden Teil.

---

67 *Li, Yongjun*, S. 319; *Zou*, S. 342; a. A. *Qi/Zhang*, S. 432: Erreicht es der Erlös nicht, die gesamte Forderung zu decken, so sind die nach Insolvenzeröffnung anfallenden Zinsen ausgeschlossen.

68 *Kilger/K. Schmidt*, S. 325; *Kuhn/Uhlenbruck*, § 63 Rn. 1.

69 *Hahn*, S. 252.

70 BT-Drucks. 12/2443, S. 123.

71 MK-InsO/*Ganter*, vor §§ 49 bis 52 Rn. 112 ff. Nach § 172 SachenRG werden nur akzessorische Sicherheiten vom chinsischen Recht anerkannt. In diesem Fall wird die Darstellung in dieser Arbeit daher auf akzessorische Sicherheiten beschränkt.

5. Rang der Absonderungsrechte: Prioritätsprinzip

Bestehen an demselben Gegenstand mehrere Absonderungsrechte, so stehen sie in einem Konkurrenzverhältnis, auch wenn die Rechte, welche die Absonderungsberechtigung begründen, ganz verschiedenartig sind.[72] Der Rang der Absonderungsrechte ist maßgeblich für die Reihenfolge, in der die Absonderungsberechtigten Befriedigung aus dem Gegenstand verlangen können. Hat ein Gläubiger den Vorrang, so wird er vor dem nachfolgenden Gläubiger voll befriedigt. Bei Gleichrang wird der Erlös im Verhältnis der einzelnen Forderungen verteilt.

Grundsätzlich gilt bei Feststellung des Rangs das Prioritätsprinzip. Die früher bestellte Sicherheit geht der später bestellten vor. Gleichzeitig entstandene Sicherheiten haben grundsätzlich gleichen Rang.

Anders als in der deutschen Praxis, in der dieser Grundsatz durch die Rechtsordnung oder Rechtsprechung durchbrochen wird,[73] wird dieses Prinzip in der chinesischen Praxis und Literatur[74] streng durchhalten. Zu Einzelheiten siehe insb. 3. Teil I 5.

Exkurs: Rechtsstellung der Forderung aus Personalsicherheit

Die vom SichG vorgesehene Bürgschaft als eine Art persönlicher Sicherheit wird in der Praxis allgemein verwendet. Aber die wissenschaftliche Forschung dazu ist eher pessimistisch, insbesondere besteht Zweifel an der Erlaubnis der Anmeldung der gesicherten Forderung. Der emeritierte Vizepräsident des OVG *Guoguang Li* hat in der *Erklärung der Bestimmungen des Obersten Volksgerichts zu einigen Fragen der Behandlung von Unternehmenskonkursfällen* sieben praktische Fragen genannt, wobei die sechste die *Bürgschaft im Konkursverfahren* betrifft. Weil der gesicherte Forderungsbetrag in der Praxis meistens sehr gross und die Verbindlichkeit zugleich in der Unternehmensbilanz keine reale Belastung ist, erwägt er, ob der Bürge trotz seiner Zahlungsunfähigkeit auch für die Bürgschaft haftet und wenn ja, ob der Gläubiger diese Forderung während des Konkursverfahrens anmelden kann. Dies ist ein großes Problem des Konkursrechts.[75] Auch *Shibing Cao*, der Richter des OVG, hat diese Frage in seinem Werk erwähnt. Er erwähnt, die Literatur oder Rechtsordnungen des Konkursrechts von verschiedenen Staaten gelesen zu haben, aber zu keinem Ergebnis gelangt zu sein. Erst nach der Diskussion mit ausländischen Juristen hat er entschieden, dass die Bürgschaftsverbindlichkeit als Konkursforderung angemeldet und festgestellt werden kann.[76] Die BesOVGKoG bestimmt jetzt, dass die vom Schuldner für den Bürgen vor der Konkurserklärung in einer wirksamen Rechtsurkunde festgestellte übernommene Haftung aus der Bürgschaft eine Konkursforderung ist (§ 55 Nr. 10 BesOVGKoG).

Obwohl dieses Thema nicht unter den Oberbegriff der Absonderungsrechte fällt, es aber die Sicherungsrechte bezüglich des Konkursverfahrens betrifft und auch für die chinesische Praxis von großer Bedeutung ist, möchte ich es hier ein wenig diskutieren. Es geht bei folgender Diskussion über die Behandlung der Bürgschaftsverbindlichkeit im Konkursverfahren allein um das Vermögen des Bürgen (Sicherungsgeber). Diese Verbindlichkeit entsteht vor

---

72 BGH KTS 1981, 193, 195; MK-InsO/*Ganter*, vor §§ 49 bis 52 Rn. 73.

73 MK-InsO/*Ganter*, vor §§ 49 bis 52 Rn. 76 ff.

74 *Chen,Xiao* (2002), S. 320 ff.

75 *Li,Guoguang* (Hrsg.) (2002), S. 236.

76 *Cao, Shibing*, S. 176.

der Konkurserklärung und ist danach nicht fällig, weil unter diesem Umstand ein Streit besteht, ob dem Bürgen die Einrede der Vorausklage zusteht[77].

Im Fall der Insolvenz des Bürgen ist nach deutscher InsO § 43 anwendbar, jedoch ist bei der Anwendbarkeit zu differenzieren. Steht dem Bürgen die Einrede der Vorausklage (§ 771 BGB) zu, dann haftet er nicht neben, sondern nach dem Hauptschuldner. Die Bürgerschaftsverbindlichkeit kann in der Insolvenz des Bürgen nur als aufschiebend bedingte Forderung (§ 191 InsO) angemeldet werden, nämlich bedingt durch den Ausfall beim Hauptschuldner[78] und eine Quote wird nur auf den Ausfallbetrag berechnet. Anderes gilt demgegenüber, wenn für den Bürgen die Einrede der Vorausklage entfällt (§ 773 BGB, § 349 HGB). Hier gilt trotz der Akzessorietät der Bürgschaft eine Haftung nebeneinander (Wegfall der Subsidiarität).[79]

Dagegen ist ein Teil der chinesischen Literatur (in Übereinstimmung mit der japanischem Gesetzeslage[80]) der Ansicht,[81] dass im Fall des gewöhnlichen Bürgen[82] (ähnlich wie bei der Bürgschaft i. S. v. § 765 BGB; bei der dem Bürgen die Einrede der Vorausklage zusteht) die Einrede der Vorausklage des Bürgen jedenfalls zu entfallen hat. Die Bürgen dürften für eine gesamtschuldnerische Bürgschaft zur Haftung gezogen werden.

Meiner Meinung nach ist die deutsche Behandlungsweise sachgerecht. Dagegen ist der Meinung im chinesischen Schrifttum zwar nicht zu folgen, jedoch hat sie ihre eigene Begründung.

Ein Teil der chinesischen Literatur vertritt,[83] dass, wenn dem Bürgen die Einrede der Vorausklage zusteht, dem Gläubiger möglicherweise keine Befriedigung von dem Bürgen eingeräumt wird, obwohl er die Bürgschaftsverbindlichkeit als Insolvenzforderung angemeldet hat (§ 16 AnsOVGKoG). Dies wird damit begründet, dass das Verteilungsverfahren vielleicht schon abgeschlossen ist, wenn der Gläubiger eine Befriedigung zuerst dem Hauptschuldner gegenüber und dann aufgrund seines Ausfalls dem Bürgen gegenüber geltend macht. Deshalb habe die Einrede der Vorausklage des Bürgen zu entfallen.

Diese Auffassung ist zutreffend, weil es ohne eine entsprechende Vorschrift (wie z. B. §§ 191, 198, 203 InsO) über die Hinterlegung einer aufschiebend bedingten Forderung bis zum Bedingungseintritt, sinnlos ist, eine Bürgschaftsverbindlichkeit trotzdem als aufschiebend bedingte Insolvenzforderung anzumelden und festzustellen. Denn aufgrund der Einrede der Vorausklage ist der Bürge (Schuldner) nicht verpflichtet, die Bürgschaftsverbindlichkeit

77 In der deutschen Praxis erfolgt häufig selbstschuldnerische Bürgerschaft. Dem Bürgen, der häufig Banken sind, steht daher keine Vorausklage zu.

78 *Uhlenbruck/Uhlenbruck*, § 43 Rn. 6; *Obermüller* NZI 2001, 225, 228.

79 MK-InsO/*Ganter*, § 43 Rn. 11; *Uhlenbruck/Uhlenbruck*, § 43 Rn. 6.

80 *Shichuanmin*, S. 97.

81 *Li, Yongjun*, S. 186; *Wang, Xinxin*, S. 224; ehemalige a. A. *Gu, Peidong* (Hrsg.), S. 178; *Chai, Fabang* (Hrsg.), S. 164.

82 § 17 SichG: Wenn die Parteien im Bürgschaftsvertrag vereinbaren, dass der Bürge dann haftet, wenn der Schuldner die Verbindlichkeit nicht erfüllen kann, handelt es sich um eine gewöhnliche Bürgschaft.
§ 18 SichG: Wenn die Parteien im Bürgschaftsvertrag vereinbaren, dass der Bürge und der Schuldner für die Verbindlichkeit als Gesamtschuldner haften, handelt es sich um eine gesamtschuldnerische Bürgschaft.
§ 19 SichG: Wenn die Parteien keine oder keine klare Vereinbarung über die Bürgschaftsform getroffen haben, wird für eine gesamtschuldnerische Bürgschaft gehaftet.

83 *Li, Yongjun*, S. 186; *Wang, Xinxin*, S. 224; a. A. *Shen, Guiming* (Hrsg.), S. 138 ff.; *Obervolksgericht Shanghai*, S. 94 f.: Es ist der deutschen Lehre und Praxis zu folgen.

zu tilgen, wenn sie noch nicht fällig ist und noch vom Hauptschuldner befriedigt werden kann. In diesem Fall ist es möglich, dass wenn die Bedingung eintritt, das Verteilungsverfahren schon abgeschlossen ist.

Mit Inkrafttreten des neuen KoG wurde dieses Problem womöglich gelöst. Der Grundgedanke dazu ist ähnlich wie im deutschen Recht. Nach § 47 KoG kann eine aufschiebend bedingte Forderung als Insolvenzforderung angemeldet werden. Und nach § 117 KoG Abs. 1 wird der auf die aufschiebend oder auflösend bedingte Forderung entfallende Anteil von dem Konkursverwalter bei der Verteilung hinterlegt. Wenn der Konkursverwalter Beträge zur Verteilung nach § 117 Abs. 1 KoG hinterlegt hat, und am Tag der letzten Verteilung die aufschiebende Bedingung noch nicht eingetreten oder die auflösende Bedingung eingetreten ist, muss er diese Beträge an die anderen Gläubiger verteilen; wenn am Tag der letzten Verteilung die aufschiebende Bedingung eingetreten oder die auflösende Bedingung nicht eingetreten ist, muss er diese Beträge an die betreffenden Gläubiger auszahlen. (§ 117 Abs. 2 KoG). Es ist noch zu erklären, dass die Bürgschaftsverbindlichkeit eine aufschiebend bedingte Forderung ist, weil in der chinesischen Literatur dieser Punkt nicht erwähnt wird, obwohl nicht nur die Behandlung der Bürgschaftsverbindlichkeit im Konkursverfahren des Bürgern, sondern auch die Behandlung der aufschiebend bedingten Forderung im Konkursverfahren erörtert werden.

3. Teil. Das Recht zur Absonderung in der chinesischen Praxis

I. Hypothek

1. Entstehen der Hypothek

a. Hypothek an Bodennutzungsrecht im Zusammenhang mit verbundenen Gebäuden

aa. Deutsches Recht

Nach dem BGB setzt die Bestellung einer Hypothek Einigung und Eintragung voraus (§ 873 BGB). Grundsätzlich sind diese beiden Entstehungstatbestände vor der Eröffnung des Insolvenzverfahrens vorzunehmen. Wenn einer davon erst nach der Eröffnungserklärung durchgesetzt wird, ist das Verfügungsgeschäft unwirksam (§ 81 InsO); damit werden keine Absonderungsrechte wirksam erworben. Außerdem können Rechte an den Gegenständen der Insolvenzmasse nach der Insolvenzeröffnung nicht wirksam erworben werden, auch wenn keine Verfügung des Schuldners und keine Zwangsvollstreckung für einen Insolvenzgläubiger zugrunde liegt (§ 91 Abs. 1 InsO).

1. Schuldrechtliche Sicherungsabrede

Zur Bestellung einer Hypothek sind nach der deutschen Lehre verschiedene Verträge zu unterscheiden.

Durch das Grundgeschäft entsteht die Forderung, um deren Sicherung (z. B. durch Hypothek) es geht. Dies kann z. B. die Forderung des Darlehensgebers aufgrund eines abgeschlossenen Darlehensvertrags auf Rückerstattung des zur Verfügung gestellten Darlehens durch den Darlehensnehmer nach § 488 Abs. 1 S. 2 BGB sein. Der Darlehensvertrag enthält keine Verpflichtung des Darlehensnehmers zur Sicherung des Rückerstattungsanspruchs. Vom Grundgeschäft getrennt und davon unabhängig, allenfalls durch das Teilnichtigkeitskonzept von § 139 BGB miteinander verbunden,[84] ist vielmehr ein weiterer Vertrag abzuschließen, durch den die Pflicht des Darlehensnehmers begründet wird, eine Hypothek zu bestellen, um das Darlehen zu sichern. Dieser obligatorische Vertrag wird als Sicherungsvertrag (Sicherungsabrede) bezeichnet, der die schuldrechtliche Grundlage für die Beziehungen zwischen Sicherungsgeber und Sicherungsnehmer ist und weiterhin die Rechte und Pflichten der Beteiligten regelt.[85] Durch den Sicherungsvertrag wird das Grundverhältnis um ein Sicherungsschuldverhältnis ergänzt.[86] In der Sicherungsabrede verpflichtet sich der Sicherungsgeber dem Gläubiger gegenüber zur Hypothekenbestellung.[87] Das Vollzugsgeschäft findet seinen Rechtsgrund im Sicherungsvertrag, nicht etwa im Grundverhältnis.[88]

Diese Sicherungsabrede ist weiterhin causa des dinglichen Verfügungsgeschäfts aus § 873

---

84 Ist der Kreditvertrag nichtig, wird im Allgemeinen Gesamtnichtigkeit anzunehmen sein, so dass auch der Sicherungsvertrag nichtig ist; ist dagegen der Sicherungsvertrag nichtig, dürfte der gem. § 139 BGB zu ermittelnde hypothetische Parteiwille meist dahin gehen, dass Restgültigkeit in Bezug auf den Kreditvertrag anzunehmen ist. Vgl. *Bülow*, Rn. 51.

85 *M. Wolf*, Rn. 775.

86 *Bülow*, Rn. 26a.

87 *Hj. Weber*, S. 221.

88 *Bülow*, Rn. 26a.

BGB; im konkreten Fall ist sie causa der Bestellung einer Hypothek. Die beiden sind infolge des geltenden Abstraktionsprinzips voneinander getrennte und in ihrem unmittelbaren Bestand unabhängig. Ist die Sicherungsabrede nichtig, bleibt die Hypothekenbestellung davon unberührt. Der Eigentümer kann aber gem. § 812 Abs. 1 Fall 1 BGB Befreiung von dieser Belastung verlangen, da der Hypothekengläubiger ohne Rechtsgrund um sie bereichert ist.

2. Dingliche Einigung

Die Änderung der dinglichen Rechtslage setzt ein Rechtsgeschäft, nämlich ein dingliches Rechtsgeschäft unter den Beteiligten voraus.[89] Die Bestellung einer Hypothek richtet sich auf eine unmittelbare Veränderung der dinglichen Rechtslage, wozu ein dingliches Rechtsgeschäft erforderlich ist. Allerdings genügt eine dingliche Einigung allein nicht zur Rechtsänderung. Dazu muss ein äußerlich sichtbarer Vorgang kommen; bei der Bestellung einer Hypothek richtet sich dieser Vorgang auf die Eintragung im Grundbuch (§ 873 BGB).

3. Inhalt der Sicherungsabrede und dingliche Einigung

Der wichtige Inhalt der Sicherungsabrede, die sich auf die Verpflichtung der Schuldner bezieht, enthält nach der deutschen Literatur:[90]

(1) Sicherungszweck, nämlich Sicherung der im Grundgeschäft benannten Forderung, aber nicht Bestellung der Sicherheit;
(2) Zeitablauf der Sicherung, die der Dauer des Kreditverhältnisses, in dem die gesicherte Forderung begründet ist, folgt;
(3) Sicherungsfall, der eingetreten ist, wenn der Schuldner die gesicherte Forderung soweit nicht leistet;
(4) Vertragspflichten der Beteiligten.

Dagegen muss die dingliche Einigung, deren Zweck vor allem die Verfügung über den Gegenstand ist, angesichts des sachenrechtlichen Bestimmtheitsgrundsatzes andere Inhalte umfassen:[91]

(1) Art und Umfang des dinglichen Rechts (z. B. Briefhypothek zu 10.000,- Euro);
(2) Art des Rechtsaktes (z. B. Bestellung, Übertragung des Rechts);
(3) Person des bisherigen und des neuen Berechtigten (Subjekt) und das Gemeinschaftsverhältnis mehrerer Erwerber;
(4) von der dinglichen Rechtsänderung betroffenes Grundstück oder Recht (Objekt);
(5) Inhalt des Rechts, sofern dieser noch nicht vom Gesetzgeber abschließend festgelegt ist.

bb. Chinesisches Recht

Nach §§ 38, 41 SichG sind bei der Bestellung einer Hypothek ein Hypothekenvertrag sowie eine Eintragung erforderlich und der Hypothekenvertrag wird mit dem Tag der Eintragung wirksam. Mit Einführung des Trennungs- und Abstraktionsprinzips[92] aus Deutschland

89 *Baur/Stürner*, § 5 Rn. 1, S. 36; *Schwab/Prütting*, Rn. 33, S. 14.
90 *Bülow*, Rn. 58 ff.
91 Staudinger/*Gursky*, § 873 Rn. 54.
92 Vgl. Erforschung des dinglichen Rechtsgeschäfts von *Shiyong Tian*. Dieser hat an der Universität Frankfurt am Main zwei Jahre studiert und aufgrund zahlreicher deutscher und chinesischer Literatur im Zusammenhang

wird in Teilen der Literatur[93] bemerkt, dass der Hypothekenvertrag (§ 5 SichG) als Sicherungsabrede von dem Verfügungsgeschäft zu trennen ist. Die Wirksamkeit des Hypothekenvertrags beruht auf dem Schuldrecht bzw. VG der VR China. Die Rechtsgrundlage für die Bestellung einer Hypothek findet sich im Sachenrechtsgesetzbuch. Um eine Hypothek zu bestellen, ist daher auch ein dingliches Verfügungsgeschäft neben dem Hypothekenvertrag erforderlich.[94]

Um die Lücke des § 41 SichG zu schließen, sieht das neue SachenRG vor, dass der Sicherungsvertrag ein Nebenvertrag des schuldrechtlichen Hauptvertrags (z. B. eines Darlehensvertrags) ist. Ist der Hauptvertrag unwirksam, so ist auch der Sicherungsvertrag unwirksam (§ 172 SachenRG). Die Hypothek (nicht der Hypothekenvertrag) wird im Zeitpunkt der Registrierung wirksam (§ 187 S. 2 SachenRG). Der Gesetzgeber sieht vor, dass der Hypothekenvertrag als Sicherungsabrede zum einen die causa der Bestellung einer Hypothek ist, zum anderen aber von der Bestellung der Hypothek zu trennen ist. Außer einem wirksamen Hypothekenvertrag ist auch die Eintragung bei der Bestellung der Hypothek erforderlich. [95] Auffällig ist, dass die dingliche Einigung weiterhin nicht im SachenRG vorgesehen ist.

Trotzdem werden die in der deutschen Praxis von der Sicherungsabrede und der dinglichen Einigung umfassten Inhalte nach dem gesetzlichen Inhalt eines Hypothekenvertrags und dem verschiedenen Hypothekenmusterverträgen[96] fast komplett von dem chinesischen Hypothekenvertrag erfasst.

Nach § 185 Abs. 2 SachenRG muss der Hypothekenvertrag folgenden Inhalt haben:

(1) Art und Betrag der gesicherten Hauptforderung,
(2) Frist, innerhalb derer der Schuldner die Verbindlichkeit erfüllen muss,
(3) Bezeichnung, Menge, Qualität, Umstände, Ort des Gegenstands der Hypothek und Zugehörigkeit des Eigentums oder des Gebrauchsrechts daran,
(4) Umfang der hypothekarischen Sicherung.

Zusätzlich sind in der Praxis folgende Paragraphen als wichtiger Inhalt vom offiziellen Hypothekenmustervertrag empfohlen:

(1) Sicherungszweck: Der Paragraph kann z. B. so verfasst werden, dass der Sicherungsgeber eine Hypothek an ihm gehörenden Vermögen bestellt, die die Forderung aus Darlehenvertrag Nr. * sichert. Nach der Prüfung wird die Hypothek vom Sicherungsnehmer angenommen.
(2) Vertragspflichten der Beteiligten: Der Schuldner hat die Pflicht, bei der Behörde die Bestellung einer Hypothek einzutragen; nach Wegfall des Sicherungszwecks ist der Hypothe-

---

mit der Praxis einen umfangreichen Vergleich zwischen dem Eigentumserwerb im chinesischen und deutschen Recht angestellt. Er kommt zu dem Ergebnis, dass das Trennungs- und Abstraktionsprinzip als Vorbild die chinesische Kodifikation dienen soll. Das Einheitsprinzip und Traditionsprinzip eigne sich nicht für China.

93 *Xu, Mingyue*, S. 125; *Zou/Chan*, S. 127; *Wang, Liming* (Hrsg.), S. 136.

94 *Liang, Huixing* (Hrsg.), S. 312, *Wang, Liming*, Entwurf, S. 426.; a. A. vgl. *Chen, Xiao* (2002), S. 51: Das Trennungs- und Abstraktionsprinzip gelte nur bei folgenden Geschäften: Kauf, Schenkung und Tausch. Damit sei es sinnlos, bei Bestellung einer Hypothek, eine schuldrechtliche Sicherungsabrede und eine dingliche Einigung voneinander zu unterscheiden. Dem ist aber wegen des Missverständnisses des deutschen Rechts nicht zu folgen.

95 *Wang, Shengming* (Hrsg.), S. 404.

96 *Wang, Liming* (Hrsg.), S. 140 ff.

kar verpflichtet, die Eintragung abzuschreiben und die entsprechende Dokumentation dem Schuldner zurückzugeben.

Somit ist der Hypothekenvertrag in der chinesischen Rechtspraxis wenigstens hinsichtlich seines Inhalts eine Mischung aus Sicherungsabrede und dinglicher Einigung.

b. Hypothek an beweglichen Sachen

Nach dem chinesischen Recht kann die Hypothek nicht nur an Bodennutzungsrechten im Zusammenhang mit Gebäuden, sondern auch an beweglichen Sachen, insbesondere an Maschinen, Anlagen, Rohstoffen, Verkehrs- und Transportmitteln und anderen Vermögensgegenständen, die dem Besteller gehören, bestellt werden (§ 180 SachenRG). Nach § 188 SachenRG ist eine Registrierung nicht erforderlich, wenn ein Unternehmen eine Hypothek an Maschinen, Anlagen, Rohstoffen, Fertig- und Halbfertigprodukten sowie Verkehrs- und Transportmitteln bestellt.[97] Die Hypothek ist zu dem Zeitpunkt bestellt, zu dem der Hypothekenvertrag wirksam wird. Eine unregistrierte Hypothek kann einem gutgläubigen Dritten nicht entgegengehalten werden.

Da es sich um für den Betrieb des Unternehmens wichtiges Vermögen handelt ist es empfehlenswert, die Bestellung einer Hypothek an Maschinen sowie Verkehrs- und Transportmitteln einzutragen. Dadurch wird eine verdeckte Mobiliarhypothek verhindert und das Interesse der Gläubiger durch die Publizität der Hypothek geschützt. Wenn der Sicherungsgeber insolvent ist, sind die Absonderungsrechte der Banken aufgrund der Registrierung nicht beeinträchtigt (§ 188 SachenRG).

c. Form des Hypothekenvertrags

Nach § 185 S. 1 SachenRG müssen der Besteller und der Hypothekar einen schriftlichen Hypothekenvertrag schließen, wenn sie beide eine Hypothek bestellen möchten. Dagegen sind die Sicherungsabrede als auch die dingliche Einigung nach deutschem Recht gem. § 873 BGB formlos gültig.[98] Aber die zwingende Regelung der §§ 19, 29 GBO und die Vertragspraxis der Banken verlangen für die Eintragung im Grundbuch die öffentliche Beglaubigung der Erklärung des Bestellers. Aufgrund der zwingenden Vorschrift des chinesischen Rechts sind die folgenden Punkte zu diskutieren:
- Begründung der Gesetzgebung;
- Wirksamkeit eines Hypothekenvertrags, der ohne Schriftform abgeschlossen ist;
- Verhältnis zwischen § 36 VG[99] und § 185 S. 1 SachenRG, d.h. die Frage nach der Wirksamkeit der Hypothekenbestellung, wenn die Parteien trotz Sicherungsabrede und Einigung die Schriftform nicht verwendet haben, eine Partei aber bereits die Hypothekenbestellung eingetragen und die andere sie angenommen hat.. Und weiter ist zu bestimmen, ob die Hypothekenbestellung der Schriftform bedarf.

97 Das in der deutschen Praxis erforderliche Prinzip der Bestimmtheit fehlt jedoch im chinesischen Gesetztext sowie in der Praxis.

98 *Hj. Weber*, S. 11, 220; *Bülow*, Rn. 141; *M. Wolf*, Rn. 426; Staudinger/*Gursky*, § 873 Rn. 50.

99 § 36 VG: Wenn bei einem Vertrag, für den Gesetze, verwaltungsrechtliche Bestimmungen oder eine Vereinbarung der Parteien die Schriftform vorschreiben, die Parteien nicht die Schriftform verwandt, aber eine Partei bereits die Hauptpflicht erfüllt und die andere sie angenommen hat, ist der Vertrag wirksam zustandegekommen.

aa. Begründung des § 185 S. 1 SachenRG

Nach der deutschen Literatur[100] gilt im Privatrecht die Regel der Formfreiheit: Für eine wirksame Willenserklärung braucht der Wille nur irgendwie nach außen sichtbar gemacht zu werden. Dafür genügt das gesprochene, geschriebene Wort oder eine konkludente Willenserklärung, sofern es nur eine erkennbare Bedeutung hat. Dieses Prinzip wird auch von der chinesischen Gesetzgebung anerkannt. § 10 VG sieht vor, dass die Parteien für die Errichtung von Verträgen die Schriftform, die mündliche Form und andere Formen zur Verfügung haben. Wenn gesetzliche oder verwaltungsrechtliche Bestimmungen die Verwendung der Schriftform vorschreiben, muss[101] die Schriftform verwendet werden (§ 10 Abs. 1, Abs. 2 S. 1 VG). Dabei lassen sich die Formzwecke etwa wie folgt gliedern: Die Form kann den Parteien des Rechtsgeschäfts zur Beweiserleichterung für den Vertragsabschluss und den Geschäftinhalt dienen[102]. Zugleich lässt sich die unterschiedliche Haftung der Parteien aufgrund eines schriftlichen Vertrags im Fall des Streits leichter ermitteln. Infolgedessen ist die schriftliche Form beim Abschluss gewisser Verträge, die komplizierte Rechtsverhältnisse betreffen, von großer Bedeutung. Diesen Grundgedanken begründet der Gesetzgeber des SichG wie folgt:

„Mündlicher und schriftlicher Vertrag sind die beiden Formen eines Vertrags. Ein mündlicher Vertrag wird bei solchen Rechtsgeschäften verwendet, deren Gegenstände nicht wertvoll sind oder die typischerweise in kurzer Zeit erfüllt sind. Die Schriftform soll hingegen bei solchen Rechtsgeschäften verwendet werden, die sich auf Dauerschuldverhältnisse oder wertvolle Gegenstände beziehen. Beim Hypothekenvertrag handelt es sich um wertvolle Gegenstände (z. B. Gebäude, Bodennutzungsrecht) und komplizierte Schuldverhältnisse, daneben besteht die gesicherte Forderung auch lange Zeit. Deshalb sieht § 185 S. 1 SachenRG vor, dass der Hypothekenvertrag in schriftlicher Form abzuschließen ist."[103]

bb. Folgen des Formmangels

In der chinesischen Praxis stimmen die Richter folgender Auffassung zu, nach der der Hypothekenvertrag, weil er in schriftliche Form abgeschlossen werden „muss", bei Fehlen der schriftlichen Form nach § 185 S. 1 SachenRG nichtig ist.[104] Im Schrifttum ist hingegen die Meinung verbreitet, dass ein Vertrag trotz des Formmangels nicht nichtig ist.[105] Die allgemeine Begründung der Gegenmeinung besteht darin, dass fast nach jedem Gesetz und den Verwaltungsnormen der Abschluss eines Vertrags der schriftlichen Form bedarf.[106] Wenn ein Vertrag demnach ohne schriftliche Form abgeschlossen ist, ist er nichtig. Diesem Ergebnis sei aber nicht zu folgen, weil die Förderung des Geschäftsverkehrs und der Wirtschaftsentwicklung dadurch beeinträchtigt werde.[107]

---

100 *Medicus*, Rn. 609.

101 Auf Chinesisch „Yingdang". Dies lässt sich wortwörtlich mit „sollen" übersetzen. Aber normalerweise bedeutet dieses „Yingdang" im chinesische Gesetztext „Bixu" (auf Deutsch „müssen"). Deswegen ist die Übersetzung von *Frank Münzel* korrekt.

102 *Medicus*, Rn. 614; *Chen Xiao* (2002), S. 154.

103 *Chen, Xiao* (2002), S. 154.

104 *Chen, Xiao* (2002), S. 158; *Tang, Dehua* (Hrsg.) (2000), S. 77; *Han, Shiyuan*, S. 134.

105 *Chen, Xiao* (2002), S. 159 ff.

106 *Wang, Liming*, Vertragrecht, S. 463.

107 *Yang, Lixin*, S. 70; *Wang, Liming*, Vertragrecht, S. 467.

In den Motiven zum deutschen BGB[108] wird hinsichtlich des Umfangs, in dem ein Formzwang vorgesehen werden sollte, Folgendes erwogen. Für einen Formzwang spreche:

„Die Notwendigkeit der Beobachtung einer Form ruft bei den Beteiligten eine geschäftsmäßige Stimmung hervor, weckt das juristische Bewusstsein, fordert zur besonnenen Überlegung heraus und gewährleistet die Ernstlichkeit der gefassten Entschließung. Die beobachtete Form stellt ferner den rechtlichen Charakter der Handlung klar, dient, gleich dem Gepräge einer Münze, als Stempel des fertigen juristischen Willens und setzt die Vollendung des Rechtsaktes außer Zweifel. Die beobachtete Form sichert endlich den Beweis des Rechtsgeschäftes seinem Bestande und Inhalte nach für alle Zeit; sie führt auch zur Verminderung oder doch zur Abkürzung und Vereinfachung der Prozesse."

Die Begründung der chinesischen Lehre für den Formzwang gleicht der deutschen.[109] Darüber hinaus sollte zugleich das chinesische Wirtschaftssystem in Betracht gezogen werden: Zahlreiche Gesetze und Ordnungen sehen vor, dass die schriftliche Form beim Abschließen eines Vertrags erforderlich ist. Sie wurden während der Zeit der Planwirtschaft verabschiedet und ihr Ziel besteht darin, dass die Vorgesetzten durch schriftliche Verträge den Betrieb des Unternehmens überwachen und verwalten können.[110] Auch wenn man den Einfluss des Wirtschaftssystems außer Betracht lässt und nur von der vom chinesischen und deutschen Gesetzgeber anerkannten Begründung ausgeht, so führt mangelnde gesetzliche Form zur Nichtigkeit oder Unwirksamkeit des Vertrags. Wenn insoweit das Gesetz das Prinzip der Formfreiheit eingeschränkt ist, verfolgt dies unterschiedliche Zwecke, z. B. Warnfunktion, Klarstellungs- und Beweisfunktion oder Beratungsfunktion.[111] Wenn dennoch ein Formmangel erfolgt, wird die Wirksamkeit des Vertrags aufgrund dieser zwingenden Vorschrift verneint.

Noch zu bemerken ist, dass die von der Gegenmeinung vorgebrachten Sorgen eigentlich nicht auf den gesetzlichen Vorschriften, sondern auf dem Wirtschafts- oder Verwaltungssystem Chinas beruht. Mit einer Wirtschaftsreform lassen sich diese Phänomene, insbesondere das übermäßige Eingreifen in die Formfreiheit eines Rechtgeschäfts, beseitigt.

Aufgrund dessen ist der ohne Einhaltung der Schriftform abgeschlossene Hypothekenvertrag daher nach § 185 S. 1 SachenRG nichtig oder unwirksam.

cc. Heilung des Formmangels

Grundsätzlich ist ein Hypothekenvertrag mangels Schriftform aufgrund vorgenannter Begründung unwirksam. Eventuell könnte aber eine Heilung möglich sein.

Ein Teil der chinesischen Literatur meint[112], dass § 36 VG[113] als eine Sondervorschrift für die Folgen des Formmangels angesehen werden kann. Diese Vorschrift hat eine ähnliche

108 *Mugdan*, Bd. I, S. 451 f.

109 *Chen, Xiao* (2002), S. 165; *Wang, Liming*, Vertragrecht, S. 463.

110 *Li, Rongsheng*, S. 52; *Wang, Liming*, Vertragrecht, S. 463; Allerdings wird mit Errichtung der Marktwirtschaft und Verbesserung der Gesetzgebung die Regel der Formfreiheit ein grundsätzliches Prinzip des Privatrechts sein. § 10 VG hat dieses Prinzip schon aufgenommen.

111 Palandt/*Heinrichs*, § 125 Rn. 2-2c.

112 Vgl. *Chen, Xiao* (2002), S. 169 ff.

113 Gesetzestext, vgl. Fn. 99.

Wirkung hat wie der deutsche § 311b Abs. 1 S. 2 BGB. Aber § 36 VG ist auf den Hypothekenvertrag nicht anwendbar. Der chinesische Hypothekenvertrag ist ein gemischter Vertrag: er ist nicht nur eine Sicherungsabrede, sondern auch eine dingliche Einigung. Nach dem Wortlaut von § 311b Abs. 1 S. 2 BGB sowie auch § 36 VG sind beide Normen nur auf das Verpflichtungsgeschäft bzw. schuldrechtliche Verträge anwendbar. Das Kriterium für die Bestellung einer wirksamen Hypothek besteht nicht darin, dass eine Partei bereits die Hauptpflicht erfüllt und die andere sie angenommen hat, sondern dass eine Einigung das Verfügungsgeschäft betreffend und eine Eintragung der Rechtsänderung, die sich inhaltlich mit der Einigung decken muss,[114] ins Grundbuch .erfolgt. Deswegen ist § 36 VG bei der Hypothekenbestellung nicht anwendbar.

Somit ist eine Heilung unmöglich.

2. Gegenstand des Hypothekenvertrags

Der Gegenstand des Hypothekenvertrags bezeichnet das Vermögen, an dem eine Hypothek bestellt werden kann. Im Vergleich von BGB sowie anderen zivilrechtlichen Gesetzbüchern (z. B. dem Code Civil oder dem japanischen Bürgerlichen Gesetzbuch) sind nur im BGB die Gegenstände, auf welche sich die Hypothek erstreckt, angeführt (§§ 1120 ff. BGB). Auch im chinesischen SichG bzw. SachenRG hat der Gesetzgeber die Gegenstände, an denen eine Hypothek bestellt werden kann bzw. nicht bestellt werden kann, enumeriert. Die offizielle „Erklärung des Entwurfs des Sicherungsgesetzes der VR China" begründet, dass es beim Kernstück der Hypothek um deren Umfang geht, nämlich an welchen Gegenständen eine Hypothek bestellt werden kann. Die Hypothekengegenstände müssen übertragbar sein, damit der Zweck der Hypothekenbestellung realisiert werden kann. Nur an Gegenständen, welche die folgenden Voraussetzungen erfüllen, kann eine Hypothek bestellt werden:

1. Das Eigentum oder Verfügungsrecht steht dem Besteller zu.
2. Die Übertragung des Gegenstands ist von Rechts wegen erlaubt.
3. Die Gegenstände sind leicht verwaltbar und eine Hypothekenbestellung an diesen Gegenständen ist auch leicht durchführbar. [115]

a. Vermögen, an dem eine Hypothekenbestellung zulässig ist

Nach dem SachenRG können Sachen, die wie im deutschen § 90 BGB definiert sind, und auch Rechte, Gegenstand der Hypothek sein. Ein Oberbegriff für beides bildet im chinesischen Recht das Vermögen. Zudem umfassen Sachen unbewegliche und bewegliche Sachen. Nach § 180 SachenRG kann an folgenden Vermögensgegenständen eine Hypothek bestellt werden:

1. an Gebäuden und anderen mit dem Land verbundenen Sachen;
2. an Bodennutzungsrechten für Gebäude;
3. an Maschinen und Anlagen, Rohstoff, Fertig- und Halbfertigprodukten;
4. an Gebäuden, Schiffen und Luftfahrzeugen, die gerade im Bau sind[116];

---

114 *M. Wolf*, Rn. 435.

115 www.npc.gov.cn/zgrdw/common/zw.jsp?label=WXZLK&id=3381. AlsAusdruck eines typischen chinesischen offiziellen Stils sind die Begriffe „leicht verwaltbar" und „leicht durchführbar" für die Gesetzgebung und die Praxis ohne Bedeutung. Nur die im Gesetzestext aufgelisteten Gegenstände sind „leicht verwaltbar" und „leicht durchführbar" und somit für die Praxis von Bedeutung.

116 Nach den Begründungen des Gesetzgebers dient das Bestellen einer Hypothek an Gebäuden, Schiffen und Luftfahrzeugen, die gerade im Bau sind, dazu, das Bauprojekt dadurch zu finanzieren. Vgl. *Wang, Shengming*

5. an Verkehrs- und Transportmitteln.

In der Theorie kann eine Hypothek an Gebäuden und Bodennutzungsrechten, Maschinen und Anlagen, Verkehrsmitteln bestellt werden, jedoch weisen Gebäude, Werkzeuge und Verkehrsmittel im Laufe der Zeit einen erheblichen Verschleiß auf. Darüber hinaus sind Werkzeuge womöglich aufgrund der Entwicklung der Technik zum Verwertungszeitpunkt fast wertlos. Daher sind Bodennutzungsrechte der wichtigste Hypothekengegenstand bzw. das wichtigste Vermögen des Unternehmens des Schuldners, soweit das Eigentum dem Staat zusteht und damit nicht übertragbar und belastbar ist.

b. Erklärung zu § 182 SachenRG

Gem. § 182 SachenRG bzw. § 36 SichG kann in China an dem Bodennutzungsrecht nur zusammen mit den Gebäuden, die sich zur Zeit der Bestellung auf diesem Land befinden, eine Hypothek bestellt werden.

Die Rechtsquelle dieser Paragraphen wurde schon im vergangenen Teil erwähnt[117]. Hier wird über die Motive dieser Vorschrift diskutiert, insbesondere über das Verhältnis zwischen Grundstück und Gebäude.

Von den chinesischen Juristen wird § 36 SichG unterschiedlich begründet. Eine Meinung vertritt, dass das chinesische SichG die Vorschriften des deutschen Rechts, d. h. insbesondere § 94 BGB, übernommen habe. Danach wird das Verhältnis zwischen Grundstück und Gebäude als das Verhältnis zwischen Hauptsache und Zubehör angesehen. Wenn das Grundstück verpfändet ist, erstrecke sich die Haftung auf das Zubehör.[118] Ob diese Meinung richtig ist, ist zurzeit noch offen. Was in diesem Zusammenhang zu erklären ist, was das BGB regelt.

Zuerst ist festzustellen, dass die Gebäude, die fest mit dem Erdboden verbunden sind, nach § 97 BGB keinesfalls Zubehör des Grundstücks sind. Zubehör können nur bewegliche Sachen sein. Die mit dem Grund fest verbundenen Gebäude gehören zu den wesentlichen Bestandteilen eines Grundstücks (§ 94 BGB), wenn das Eigentum der Gebäude auch dem Eigentümer des Grundstücks zusteht. Wenn an dem Grundstück eine Hypothek bestellt wird, erstreckt sich die Hypothek nach § 1120 BGB auf den wesentlichen Bestandteil.[119]

Zum zweiten ist, wenn dem Sicherungsgeber nur das Bodennutzungsrecht bzw. Erbbaurecht zusteht, für das Verhältnis zwischen Grundstück und Gebäude nach deutschem Recht § 95 Abs. 1 S. 2 BGB maßgebend.[120] Die Grundlage des § 95 Abs. 1 S. 2 BGB findet sich im römischen Recht. Dort galten die aufgrund einer Dienstbarkeit mit dem Grundstück verbundenen Sachen nicht als Bestandteile des dienenden Grundstücks.[121] Es wird davon ausgegangen, dass ein Gebäude oder anderes Werk, wenn es in Ausübung eines Rechts an einem

(Hrsg.), S. 386.

117 Vgl. Fn. 62

118 *Sun, Peng/Xiao, Houguo*, S. 164; *Guan Tao*, S. 153.

119 Palandt/*Bassenge*, § 1120 Rn. 3.

120 Vgl. MK-BGB/*Holch*, § 95 Rn. 21: Der Regelung des § 95 Abs. 1 S. 2 BGB vergleichbar ist das Rechtsverhältnis, das für ein Gebäude oder für eine andere mit dem Grund und Boden fest verbundene Sache aufgrund eines Nutzungsrechts an dem Grundstück nach den §§ 287, 291 und 296 ZGB DDR besteht. Die Regelungen des ZGB DDR gleichen denen des chinesischen Rechts.

121 Staudinger/*Habermann*, § 95 Rn. 1; *Mugdan*, Bd. III, S. 26.

fremden Grundstück von dem Berechtigten mit dem Grundstück verbunden worden ist, nicht zu den Bestandteilen des Grundstücks, sondern des Rechts gehört. Nach § 12 ErbbauG gehört es in der Tat zum wesentlichen Bestandteil des Erbbaurechts. Weiterhin erstreckt sich die Haftung, wenn an dem Erbbaurecht eine Hypothek bestellt ist, auch auf das Gebäude.

Aufgrund der obigen Analyse kann der Schluss gezogen werden, dass die Ansicht eines Teils der chinesischen Literatur[122] völlig falsch ist. Zunächst ist das Gebäude nicht Zubehör des Grundstücks. § 94 BGB ist auch keine Rechtsgrundlage zum Zubehör. Zum zweiten ist aber jedenfalls auch die Rechtsgrundlage falsch, falls damit aufgrund des Verhältnisses zwischen Hauptsache und deren wesentlichem Bestandteil § 36 SichG erklärt werden soll. Die richtigen Rechtsquellen anstatt des § 94 BGB sind § 95 Abs. 1 S. 2 BGB und § 12 ErbbauVO, soweit es um das Verhältnis zwischen Erbbaurecht und dessen wesentlichem Bestandteil geht.

Tatsächlich ergibt sich die Begründung des § 36 SichG sich nicht aus der Theorie, sondern aus der wirtschaftlichen Praxis. Deshalb erfassen die verschiedenen wissenschaftlichen Auffassungen, nach denen § 36 SichG von ausländischen gesetzlichen Vorschriften beeinflusst ist, keinesfalls den eigentlichen Leitgedanken des § 36 SichG. Die praktische Bedeutung des § 36 SichG entspricht also der des deutschen § 12 ErbbauG und auch die amtlichen Begründungen für beide sind ähnlich.

Die Begründung, dass sich die Haftung eines Grundstücks oder Erbbaurechts auf die mit dem Grund und Boden fest verbundenen Gebäude erstreckt, ergibt sich im deutschen Recht aus § 93 BGB, und zwar daraus, dass wesentliche Bestandteile nicht Gegenstand besonderer Rechte sein können. Deswegen sind Erbbaurecht und Gebäude nur als Einheit zu belasten. Weiterhin besteht die Begründung in der Eigenschaft des wesentlichen Bestandteils, denn er kann nicht Gegenstand besonderer Rechte sein.

Schon das römische Recht unterschied die einheitliche Sache mit nicht individualisierbaren Teilen von anderen Sachen, die durch Zusammenfügung von Teilen entstanden. In letztere Gruppe gehörten vor allem die Grundstücksbestandteile, die nach Regeln beurteilt wurden, die etwa den heutigen §§ 94 und 946 BGB entsprachen.[123]

Aber für die Frage, ob die Bestandteile einer Sache Gegenstand besonderer Rechte sein können, finden sich im römischen Recht keine dem § 93 BGB vergleichbaren Regeln. In diesem Fall wollten die Verfasser des BGB die Frage nach dem Schutz der Sacheinheit unter dem Gesichtspunkt praktischer Zweckmäßigkeit lösen. Sie gingen bei der Schaffung des § 93 BGB von dem Gedanken aus, dass wirtschaftliche Werte, die durch Zusammenfügung mehrerer Sachen geschaffen wurden, geschützt werden sollen.[124]

Der chinesische Gesetzgeber hat zwar bezüglich § 36 SichG nichts begründet, jedoch können in einer vom Gesetzgeber des „Gesetzes der VR China über die Lenkung städtischer Immobilien“[125] zu diesem Gesetz gegebenen Erklärung[126] gewisse Anhaltspunkte gefunden werden: „Immobilien sollen aus dem Grundstück und dem mit dem Grund und Boden ver-

122 *Sun, Peng/Xiao, Houguo*, S. 164; *Guan Tao*, S. 153.
123 Staudinger/*Habermann*, § 95 Rn. 2.
124 Staudinger/*Habermann*, § 95 Rn. 3.
125 Verabschiedet am 5. Juli, 1994 auf der 8. Sitzung des Ständigen Ausschusses des 8. Nationalen Volkskongresses, am 1. Januar, 1995 in Kraft getreten, in: *Ji, Ming*, Immobilienrecht, S. 1 ff.
126 *Chen, Xiao* (2002), S. 139 f.

bundenen Gebäude bestehen.... Das Grundstück ist der Grund zur Errichtung der Gebäude und zugleich ist das Errichten der Gebäude eine Art von Nutzung des Grundstücks. Ohne Erschließung des Grundstücks ist das Errichten der Gebäude unmöglich. Dagegen ist auch unbedeutsam, dass das Grundstück zwar schon erschlossen ist, aber brach liegt und keine Gebäude darauf errichtet werden.... Der Betrieb der Immobilien enthält Kauf und Verkauf des Grundstücks sowie auch der Gebäude. Der Verkaufspreis der Gebäude besteht aus dem Preis der Gebäude und des Bodennutzungsrechts. Aufgrund dessen wird ein Grundstück im Zusammenhang mit dem Gebäude als Immobilie bezeichnet.“ Da das Grundstück und die Gebäude von dem Gesetzgeber als eine Einheit vorgesehen sind, kann eine Hypothek nur an dieser Einheit bestellt werden.[127]

c. Vermögen, an dem eine Hypothekenbestellung unzulässig ist

Gem. § 184 SachenRG darf an folgendem Vermögen keine Hypothek bestellt werden:
1. an Grundstückseigentum;
2. an Bodennutzungsrechten an Ackerland und anderen kollektiveigenen Grundstücken, soweit nicht nach gesetzlichen Vorschriften eine Hypothek daran bestellt werden kann;
3. an Ausbildungseinrichtungen, medizinischen Einrichtungen und anderen öffentlichen Interessen dienenden Einrichtungen wie Schulen, Kindergärten, Krankenhäuser und anderen auf öffentliche Interessen gerichteten Institutionseinheiten und gesellschaftlichen Körperschaften;
4. an Vermögensgegenständen, an denen das Eigentum oder Nutzungsrecht unklar oder im Streit ist;
5. an Vermögensgegenständen, die nach dem Gesetz versiegelt, gepfändet oder unter Verwaltung gestellt sind.

Nr. 5 bedarf der Erklärung. Die in Nr. 5 genannte Versiegelung oder Pfändung der Vermögensgegenstände muss vor der Hypothekenbestellung erfolgt sein. Sind die Gegenstände erst nach der Bestellung der Hypothek versiegelt oder gepfändet oder vollstreckt worden, so wird die Hypothek nicht davon berührt (§ 55 ErlOVGSichG). Werden diese Gegenstände verwertet, so wird dem Hypothekar aus dem Verwertungserlös aufgrund der Hypothek eine Vorzugsbefriedigung eingeräumt. Der restliche Erlös dient zur Befriedigung der Antragsteller (§ 40 BesOVGVoll).

3. Umfang der von der Hypothek gedeckten Forderung

Der Umfang der von der Hypothek gedeckten Forderung ist in China gesetzlich geregelt. Nach § 173 SachenRG umfasst der sachenrechtlich gesicherte Bereich die Hauptforderung sowie Zinsen, Vertragsstrafen, Schadenersatzbeträge und die Kosten der Aufbewahrung des als Sicherheit dienenden Vermögensgegenstands sowie der Realisierung des Sicherungssachenrechts. Wenn aber im Sicherungsvertrag etwas anderes vereinbart ist, gilt die vertragliche Vereinbarung. In vergleichbarer Weise wird der Umfang der gesicherten Forderung im deutschen Recht grundsätzlich auch vorgesehen (§§ 1115, 1118 f., 1146 BGB).

---

127 *Xu, Mingyue*, S. 239; *Chen, Xiao* (2002), S. 140.

a. Zinsen

Die Zinsen nach deutschem Recht bestehen aus rechtsgeschäftlichen Zinsen und gesetzlichen Zinsen. Das Eintragungserfordernis gilt nur für rechtsgeschäftliche Zinsen (§ 1115 Abs. 1 BGB).[128] Bei gesetzlichen Zinsen besteht kraft Gesetzes eine Ausnahme vom Eintragungs- und Bestimmtheitsgrundsatz.[129] Insbesondere Verzugszinsen und Prozesszinsen (§§ 288-291, 1146 BGB) werden nicht in das Grundbuch eingetragen, weil für sie gemäß § 1118 BGB das Grundstück bereits kraft der Hypothekeneintragung haftet.[130] Jedoch wird die Anwendung des § 1118 BGB nicht dadurch ausgeschlossen, dass die Zahlung der gesetzlichen Zinsen noch besonders vereinbart und diese Vereinbarung - ordnungswidrig - eingetragen wurde.[131] Wenn für den Fall des Verzugs bei gesetzlichen Zinsen eine Erhöhung des Zinssatzes rechtsgeschäftlich vereinbart ist, ist diese Vereinbarung in das Grundbuch einzutragen.[132] Im Zwangsversteigerungsverfahren sind die Zinsen in ihrer jeweiligen konkreten Höhe anzumelden.[133] Alle Beteiligten, insbesondere nachstehend Berechtigte, müssen daher mit dieser gesetzlich begründeten Erweiterung der Haftung rechnen.[134]

Anders als im deutschen § 1115 Abs. 1 BGB sind die Zinsen der Hypothek im chinesischen Recht nach § 173 SachenRG zwar gesichert, jedoch ist das Eintragungserfordernis im Gesetz nicht ausdrücklich geregelt. Damit stellt sich die Frage, ob der absonderungsberechtigte Gläubiger im Insolvenzverfahren eine abgesonderte Befriedigung auch für nicht eingetragene Zinsen geltend machen kann. Um diese Frage zu antworten, sollte das Bestellungsverfahren einer Hypothek berücksichtigt werden. Wenn der Hypothekar eine Hypothek bestellen möchte, hat er im Grundbuch nachzuschlagen, aus dem er die Belastung bzw. den Haftungsumfang des Gegenstands ersehen kann. Aber wegen der uneingetragenen und verdeckten Zinsen werden die Sicherungsgegenstände mitunter so stark belastet, dass der nachfolgende Hypothekar aufgrund des nicht eingetragenen Zinsbetrags den Wert falsch errechnet. Das Sicherungsinteresse des nachfolgenden Hypothekars wird dadurch schwer beeinträchtigt. Infolgedessen wird, um die Interessen des nachfolgenden Hypothekars zu schützen, keine bevorzugte Befriedigung hinsichtlich der uneingetragenen und verdeckten Zinsen aus dem Verwertungserlös der Hypothek eingeräumt, sondern können diese nur als normale ungesicherte persönliche Forderung dem Schuldner gegenüber geltend gemacht werden.

Nach chinesischem Recht sind Verzugszinsen nur die Zinsen wegen Verzugs des Schuldners. Verzugszinsen bestimmen sich entweder nach den Parteivereinbarungen oder den einschlägigen gesetzlichen Bestimmungen[135] (§ 207 VG). Der nach den einschlägigen gesetzlichen Bestimmungen bestimmte Verzugszins ist eine Art von gesetzlichen Zinsen.[136] Die herrschende Meinung[137] in der chinesischen Literatur vertritt, dass die Zinsen im Gesetz als gesetzlicher Umfang der gesicherten Forderung geregelt sind. Daher fielen die Zinsen auch

128 Staudinger/*Wolfsteiner*, § 1115 Rn. 20.

129 *Mugdan*, Band III. S. 361, MK-BGB/*Eickmann*, § 1118 Rn. 4.

130 Staudinger/*Wolfsteiner*, § 1115 Rn. 24; Palandt/*Bassenge*, § 1115 Rn. 1. a. A. MK-BGB/*Eickmann*, § 1118 Rn. 5: Diese Zinsen bedürfen der Eintragung.

131 Staudinger/*Wolfsteiner*, § 1118 Rn. 2.

132 Staudinger/*Wolfsteiner*, § 1115 Rn. 24

133 MK-BGB/*Eickmann*, § 1118 Rn. 5, jurisPK-BGB/*Reischl*, § 1118 Rn. 6; Staudinger/*Wolfsteiner*, § 1115 Rn. 24.

134 Staudinger/*Wolfsteiner*, § 1118 Rn. 1.

135 Vgl. *Yang, Zhenshan,/Liang, Shuwen/Huang, Chidong*, S. 352.

136 Der Zinssatz beträgt 0.04-0.06% pro Tag.

137 *Liang*, Erörterung, S. 838; *Zou/Chang*, S. 146.

ohne Eintragung unter die gesicherte Forderung. Allerdings darf der Berechtigte das Recht auf vorzugsweise Befriedigung nur im Rahmen der gesetzlichen Zinsen geltend machen.

b. Schadensersatzbeträge

Nach der Rechtsprechung zum deutschen Recht haftet das Grundstück kraft der Hypothek nicht für Schadenersatzansprüche, die bei Verzug über die gesetzlichen Verzugszinsen hinaus geltend gemacht werden.[138]

Aber die Schadensersatzforderungen werden nach dem chinesischen Recht weiter in den gesetzlichen Umfang der gesicherten Forderung einbezogen. Die Geltendmachung einer Schadensersatzforderung setzt voraus, dass diese schon im Grundbuch eingetragen ist. Die Frage dabei ist, wie hoch die Schadenersatzforderung ist. Weil die Schadenersatzbeträge anders als eine Vertragsstrafe, die nach der Vereinbarung der Parteien schon mit Abschluss des Vertrags bestimmt wird, erst nach der Verletzung der jeweiligen Pflicht durch den Richter festgelegt werden, steht ihre Höhe zum Eintragungszeitpunkt noch keinesfalls fest. Der nachrangige Gläubiger kann jedenfalls der Eintragung nicht entnehmen, wie hoch die vorrangig gesicherte Forderung ist. Die Begründung der Vorschrift ist bis jetzt unklar. Womöglich besteht der Zweck dieser Vorschrift im Schutz des Gläubigerinteresses. So lässt sich vielleicht in der nun ungültigen Erläuterung des OVG zum Gesetz des wirtschaftlichen Vertrags [139] die ursprüngliche Intention der Gesetzgeber finden:

„Schadensersatzbeträge sind die von der vertragswidrig handelnden Partei der anderen gegenüber zu tragende wirtschaftliche Entschädigung. Wenn die Vertragsstrafe im Vertrag festgelegt wird, ist der nicht von der Vertragsstrafe gedeckte Teil vom Schadensersatz umfasst. Liegt keine Vereinbarung über eine Vertragsstrafe vor, ist für den Schaden Ersatz zu leisten."

Trotzdem übersieht der Gesetzgeber des SichG und SachenRG die Voraussetzung für die Geltendmachung der Schadensersatzforderungen in Bezug auf das Sicherheitsrecht. Damit ist die eigentliche Intention nicht durchsetzbar.

c. Kosten

Die Kosten der Verwirklichung der Hypothek sind im chinesischen Recht ebenfalls durch die Hypothek gesichert. Sie enthalten die Kosten der Versteigerung und Verwertung, des Verfahrens vor Gericht und der Zwangsvollstreckung. Die Eintragung solcher Kosten scheint nicht möglich. Das Grundstück haftet auch im deutschen Recht ohne Eintragung für die Kosten der Kündigung und der Rechtsverfolgung einschließlich der Kosten für die Zwangsvollstreckung (§ 1118 BGB). So werden im chinesischen Recht alle diejenigen Verfahrenskosten, die bei Verwertung des Schuldnervermögens entstehen, ebenso von den Grundpfandrechten gedeckt wie im deutschen Recht.

Ein typisches Beispiel ist die Verwertung von staatseigenem Vermögen, weil während eines solchen Verwertungsverfahrens fast jede Art der von der Hypothek gedeckten Kosten entsteht:

- Kosten der Bewertung des staatseigenen Vermögens;
- Verfahrenskosten, wenn der Gläubiger beim Gericht eine Zwangsvollsteckung beantragt;
- Rechtsanwaltskosten;

---

138 Staudinger/*Wolfsteiner*, § 1118 Rn. 2.

139 *Chen, Xiao* (2002), S. 291.

- Kosten für die Beweisaufnahme vor Gericht;
- Verwertungskosten.

Wenn die Handlungen des Bestellers dazu führen, dass sich der Wert des Hypothekengegenstands verringert, hat der Hypothekar das Recht, vom Besteller zu verlangen, diese Handlungen einzustellen (§ 193 SachenRG). Der Hypothekar kann vor Gericht auch das Gewährleistungsverfahren eröffnen. Ob die dadurch entstehenden Kosten unter den Haftungsumfang der Hypothek fallen, wird zwar im SichG bzw. SachenRG nicht vorgesehen, jedoch vertritt die Lehre nach dem Vorbild des Schweizerischen Zivilgesetzbuchs (Art. 808 Abs. 3) und des taiwanesischen Zivilgesetzbuches (§§ 871 Abs. 1, 872) die Ansicht, dass die zum Erhalt des Sicherungsgegenstands anfallenden Kosten auch von der Hypothek gesichert werden.[140] Weiterhin setzt das Entstehen der Haftung voraus, dass der Eigentümer für die Verringerung des Werts des Hypothekengegenstands verantwortlich ist.[141]

Im deutschen Recht erstreckt sich die Haftung nicht auf die Erhaltungskosten und die Kosten einer Unterlassungsklage. Die im chinesischen § 193 SachenRG vorgeschriebenen Fälle gleichen den von § 1134 BGB erfassten. Nach h. M.[142] fallen die Kosten, die dem Gläubiger dadurch entstehen, dass er „gem. § 1134 Abs. 2 BGB Maßregeln ergreift, um eine drohende Verschlechterung des Grundstücks abzuwenden, nicht unter die in § 1118 BGB genannten Kosten der Rechtsverfolgung". Da die „Maßnahmen des § 1134 Abs. 2 BGB gerade nicht die Vorbereitung der Befriedigung bezwecke, sondern eine Erhaltung des Pfands, damit eine vorzeitige Realisierung der Pfandhaftung vermieden werden kann. Das Gleiche gilt für die Kosten einer Unterlassungsklage nach § 1134 Abs. 1 BGB."

4. Von der (Immobilien-) Hypothek belastete Gegenstände

Die Gegenstände des Vertrags bezeichnen nur die Sachen, an denen eine Hypothek bestellt werden kann. Der absonderungsberechtigte Gläubiger kann aber nicht nur hinsichtlich der Gegenstände des Hypothekenvertrags eine abgesonderte Befriedigung geltend machen, sondern aus wirtschaftlichen Gründen erstreckt sich der Umfang der Hypothek auch auf andere Dinge, die nach dem Gesetz im Zusammenhang mit den Gegenständen des Vertrags für die Sicherheit haften.

a. Bestandteil und Zubehöre

aa. Wesentliche Bestandteile

Als wesentlicher Bestandteil des Grundstücks kann z. B. ein Gebäude nach § 94 BGB nicht Gegenstand besonderer Rechte sein. Damit werden die Gebäude sowie die Erzeugnisse des Grundstücks, solange sie mit dem Boden verbunden sind, als wesentliche Bestandteile des Grundstücks gemeinsam mit diesem belastet. Dagegen ist der Begriff des „wesentlichen Bestandteils" dem chinesischen Gesetz fremd. Zwar sind das Bodennutzungsrecht und die mit dem Erdboden fest verbundenen Gebäude nur zusammen zu belasten, jedoch sind die Gebäude isoliert zu betrachten und nicht wesentlicher Bestandteil des Grundstücks. Nach Bestel-

140 *Liang*, Erörterung, S. 841.
141 *Liang*, Erörterung, S. 841; *Chen, Xiao* (2002), S. 293.
142 MK-BGB/*Eickmann*, § 1118 Rn. 18 f.; Palandt/*Bassenge* § 1118, Rn 2; Staudinger/*Wolfsteiner*, § 1118 Rn. 11.

lung einer Hypothek an dem Bodennutzungsrecht auf dem Grundstück neu errichtete Gebäude sind nicht Gegenstände der Hypothek. Wenn die Hypothek an diesem Recht realisiert wird, müssen auf dem Grundstück neu errichtete Gebäude zusammen mit dem Recht versteigert werden, aber der Hypothekar ist nicht berechtigt, sich aus dem aus ihrer Versteigerung erzielten Preis bevorzugt zu befriedigen. (§ 200 SachenRG).

bb. Erzeugnisse und sonstige Bestandteile

1. Deutsches Recht

Gemäß § 1120 BGB erstreckt sich die Hypothek auf die von dem Grundstück getrennten Erzeugnisse und sonstigen Bestandteile, soweit sie nicht mit der Trennung nach den §§ 954-957 BGB in das Eigentum eines anderen als des Eigentümers oder Eigenbesitzers des Grundstücks gelangt sind. Die nicht getrennten Erzeugnisse - typische Bespiele dafür sind Bäume[143] - sind wesentliche Grundstücksbestandteile und unterliegen damit dem Haftungsverband der Hypothek (§ 94 Abs. 1 BGB), es sei denn, es handelt sich um unwesentliche Bestandteile, die im Eigentum Dritter stehen.[144] Die Haftung ungetrennter Bestandteile besteht unabhängig davon, ob sie vor oder nach der Hypothekenbestellung entstanden sind. Getrennte Bestandteile haften nicht, wenn die Trennung vor der Hypothekenbestellung erfolgt ist. Werden die Bestandteile erst danach getrennt, besteht die Haftung jedenfalls zunächst (vgl. §§ 949 Satz 1, 950 Abs. 2, 1121, 1122 BGB) fort, wenn der Eigentümer (§ 953 BGB) oder Eigenbesitzer (§ 955 Abs. 1 BGB) des Grundstücks das Eigentum an den getrennten Bestandteilen erwirbt. Trennt der Pächter die Früchte vom Grundstück, so erwirbt er das Eigentum daran (§ 956 BGB); damit werden die Früchte von der Hypothekenhaftung frei.[145]

2. Chinesisches Recht

Die im deutschen Recht genannten „Erzeugnisse und sonstigen Bestandteile“ werden im chinesischen Recht als „natürliche Früchte“ bezeichnet. Der Begriff „natürliche Früchte“ ist bisher im chinesischen Recht nicht definiert, sondern aus § 69 des taiwanesischen Zivilgesetzbuches übernommen worden. Danach beziehen sich „natürliche Früchte“ bei der Hypothek insbesondere auf die Früchte von Pflanzen.[146] Unter der Voraussetzung, dass die Frist für die Erfüllung der Verbindlichkeit abgelaufen ist und der Schuldner nicht erfüllt hat, so dass der Gegenstand der Hypothek vom Volksgericht gepfändet worden ist, hat der Hypothekar vom Tag der Pfändung an gem. § 197 SachenRG das Recht, die vom Gegenstand der Hypothek getrennten natürlichen Früchte zu erhalten, welche der Besteller vom Gegenstand erlangen kann. Das bedeutet, dass vor der Pfändung die getrennten „natürlichen Früchte“ Eigentum des Hypothekengebers bleiben und nicht von der Haftung erfasst werden. Die Rechtsstellung der nicht getrennten „natürlichen Früchte“ ist im chinesischen Recht zwar nicht vorgesehen, jedoch stimmt die überwiegende Meinung dem Prinzip aus § 94 Abs. 1 BGB zu.[147]

143 Staudinger/*Habermann* § 99 Rn. 7.
144 *Baur/Stürner*, § 39 Rn. 24, S. 411.
145 MK-InsO/*Ganter*, § 49 Rn. 13.
146 *Xie, Zaiquan*, S. 589 f.; *Chen, Xiao* (2002), S. 304.
147 Chen, Xiao (2002), S. 305; Chen, Huabin, S. 493; Chen, Xiangjian, S. 102.

3. Rechtsvergleich

In beiden Ländern ist es unerheblich, ob die Erzeugnisse und sonstigen Bestandteile erst nach der Bestellung der Hypothek entstanden sind. Ungetrennte Bestandteile werden in beiden Rechtsordnungen stets von der Hypothekenhaftung erfasst.

Sind die Bestandteile vor der Hypothekenbestellung vom Grundstück getrennt worden, haften sie nicht weiter für die Hypothek.[148] Nach der Bestellung erstreckt sich die Haftung der Hypothek sogar auf getrennte Bestandteile, soweit die Voraussetzungen der §§ 1121, 1122 BGB nicht gegeben sind und sie nicht mit der Trennung nach den §§ 954-957 BGB in das Eigentum eines anderen als des Eigentümers oder Eigenbesitzers des Grundstücks gelangt sind (§ 1120 BGB). Die nach § 1120 BGB mithaftenden Gegenstände werden durch Veräußerung und Entfernung von dem Grundstück frei, wenn beides geschehen ist, bevor zugunsten des Grundpfandgläubigers die Beschlagnahme erfolgt ist (§ 1121 Abs. 1 BGB). Gem. § 1121 BGB muss die Entfernung mit der Veräußerung im Zusammenhang stehen[149]. Die Gegenstände verbleiben trotz der Veräußerung in der Haftung, wenn sie nicht von dem Grundstück entfernt werden. Die Veräußerung und Entfernung kann zuerst durch den Schuldner und danach durch den Insolvenzverwalter vorgenommen werden. Mit der Anordnung von Sicherungsmaßnahmen (§ 21 InsO Abs. 1 Nr. 2 und 3) bzw. der Eröffnung des Insolvenzverfahrens (§ 80 InsO) ist der Schuldner nicht mehr berechtigt, über die Insolvenzmasse zu verfügen. In diesem Fall kann sich der Schuldner nur vor dem Eröffnungsverfahren oder dem Erlassen des Verfügungsverbots nach § 21 Abs. 2 Nr. 2 InsO mithaftende Gegenstände nach §§ 1121 ff. BGB aus dem Haftungsverbund lösen. Diese Gegenstände fallen dann nicht in die Insolvenzmasse. [150]

Streitig ist, ob der vom Insolvenzverwalter erzielte Erlös dann in die Insolvenzmasse fällt oder weiter dem Hypothekar als Surrogat des veräußerten Gegenstandes haftet. Nach der Rechtssprechung des BGH[151] ist der Erlös massezugehörig, wenn die Veräußerung im Rahmen einer Betriebsfortführung erfolgt. Wenn die Veräußerung aber nur im Zuge der Zerschlagung des Betriebes stattfindet, gebühre der Erlös dem Hypothekar, dem der veräußerte Gegenstand bis zur Veräußerung haftete.

Aus wirtschaftlichen Gründen werden Erzeugnisse oder Bestandteile nach § 1122 Abs. 1 BGB auch ohne Veräußerung von der Haftung frei, wenn sie innerhalb der Grenzen einer ordnungsgemäßen Wirtschaft und nicht nur zu einem vorübergehenden Zweck von dem Grundstück getrennt werden, bevor die Beschlagnahme erfolgt.

Nach Beschlagnahme ist grundsätzlich eine Enthaftung im Wege der Veräußerung unwirksam, außer bei Gutgläubigkeit des Erwerbers gem. §§ 135 Abs. 2, 136 BGB. Der gute Glaube ist im Allgemeinen aber schwer nachzuweisen, weil die Beschlagnahme bei Kenntnis des Antrags auf Vollstreckung und bei Eintragung des Vollstreckungsvermerks im Grundbuch als bekannt gilt (§ 23 Abs. 2 ZVG).[152] Nach § 23 Abs. 1 ZVG kann der Schuldner jedoch, wenn sich die Beschlagnahme auf bewegliche Sachen erstreckt, über einzelne Stücke innerhalb der

148 *Hj. Weber*, S. 238; *RGZ* 135, 201.
149 MK-InsO/*Ganter*, § 49 Rn. 15; MK-BGB/*Eickmann*, § 1120 Rn. 21.
150 MK-InsO/*Ganter*, § 49 Rn. 16.
151 MK-BGB/*Eickmann*, § 1121 Rn. 16.
152 MK-InsO/*Ganter*, § 49 Rn. 21.

Grenzen einer ordnungsmäßigen Wirtschaft auch dem Gläubiger gegenüber wirksam verfügen.

Im Vergleich zum deutschen Recht erscheint § 197 SachenRG einfach. Nur bezüglich der Erzeugnisse und sonstigen Bestandteile weisen die praktischen Ergebnisse in beiden Systemen einen unerheblichen Unterschied auf. In beiden Rechtssystemen haften die mit dem Boden verbundenen Erzeugnisse und sonstigen Bestandteile nach der Beschlagnahme für die Hypothek. Selbst wenn diese Dinge vom Grundstück getrennt werden, werden sie nicht von der Haftung frei, soweit sie nicht veräußert und von dem Grundstück entfernt werden (§ 1121 BGB) bzw. innerhalb der Grenzen einer ordnungsmäßigen Wirtschaft von dem Grundstück getrennt, aber nicht veräußert werden (§ 1122 BGB). Dagegen sieht § 197 SachenRG nur vor, dass der Hypothekar nach der Beschlagnahme berechtigt ist, die vom Gegenstand der Hypothek getrennten natürlichen Früchte zu erhalten. Die Rechtsstellung beider Arten von Gegenständen, die schon vor der Beschlagnahme von dem Grundstück entfernt und veräußert wurden und auch derjenigen, die zwar von dem Grundstück getrennt, aber noch nicht veräußert wurden, ist unklar.

Glücklicherweise hat die Regelung über natürliche Früchte in § 197 SachenRG in der Praxis kaum Bedeutung. Soweit nur auf das Bodennutzungsrecht eine Hypothek bestellt werden kann, haften die natürlichen Früchte bzw. die Erzeugnisse des Grundstücks, z. B. Bäume oder Tiere[153], zwar für die Hypothek an dem Grundstück[154], jedoch ist diese Bestellung in der Konkurspraxis sehr selten, weil die Unternehmen meistens Produktionsunternehmen sind.[155]

cc. Zubehör

1. Der Begriff des Zubehörs im deutschen Recht

Im deutschen Recht sind Zubehör diejenigen beweglichen Sachen, die dem wirtschaftlichen Zweck der Hauptsache dienen und zu ihr in einem dieser Bestimmung entsprechenden räumlichen Verhältnis stehen, ohne Bestandteil der Hauptsache selbst zu sein (§ 97 BGB). § 97 Abs. 2 BGB verlangt eine auf Dauer bestehende Bindung des Zubehörstücks an die Hauptsache, wobei maßgebend hierfür die Verkehrsanschauung im konkreten Fall ist. Der deutsche Zubehörbegriff erfasst einen größeren Kreis von zugeordneten Gegenständen. Einerseits wird dadurch die Bodenkreditfähigkeit von Industriegrundstücken erheblich erweitert, weil ein großer Teil der Unternehmenssubstanz in die Realsicherheit miteinbezogen werden kann; andererseits gibt es eine Tendenz der Rechtsprechung, den Zubehörbegriff einzu-

---

153 Vgl. *Li/Qi/Jin/Cao,* S. 249. Beide sind typische Beispiel für natürliche Früchte des chinesischen Rechts.

154 Wem das Eigentum des Erzeugens zusteht, ist im chinesischen Recht nicht vorgegeben. In der Praxis steht dem Bodennutzungsberechtigten das Eigentum an den natürlichen Früchten aufgrund des Nutzungsrechts zu. vgl. *Liang/Chen,* S. 33; *Sun, Xiaozhong,* S. 138.

155 Nach § 4 LVG stellt der Staat eine Gesamtleitplanung der Landnutzung auf, bestimmt den Nutzungszweck von Land und unterteilt dazu das Land in landwirtschaftliches Land, Bauland und ungenutztes Land. Zu landwirtschaftlichem Land gehören Ackerland, Waldland, Grasland. Zu Bauland gehören für Wohnbauten und für öffentliche Einrichtungen in Städten und Dörfern genutztes Land, für Fabriken und Bergwerke genutztes Land, für den Verkehr und die Nutzung von Wasser genutztes Land, für militärische Bauten genutztes Land. Für ein landwirtschaftliches Unternehmen, er kann nach der Regelung dann nur auf dem Bodennutzungsrecht des Baulands eine Hypothek bestellen, weil nach § 184 SachenRG keine Hypothek auf dem Ackerland bestellt werden kann. Nach der Aussage von den Banken ist es in der Praxis kaum möglich, auf dem Bodennutzungsrecht des Waldlands und Graslands einer Hypothek zu bestellen, weil der Wert solches Lands schwierig geschätzt werden kann.

schränken.[156] Auch fremde Sachen können Zubehör sein, aber deren Haftung wird bei der Hypothek durch §§ 1120 ff. BGB dahingehend eingeschränkt, dass sich die Haftung der Hypothek nur auf das Zubehör, das im Eigentum des Eigentümers der Hauptsache steht.

Grundstückszubehör können nach deutschem Recht auch unter Eigentumsvorbehalt erworbene Gegenstände sein. Der überwiegende Teil des Schrifttums sowie die Rechtsprechung erstrecken die Grundpfandrechte auch auf das Anwartschaftsrecht des Grundstückseigentümers.[157]

2. Der Begriff des Zubehörs im chinesischen Recht

In China ist der Begriff des Zubehörs zwar nicht gesetzlich vorgegeben, jedoch erstreckt sich die Rechtswirkung der Hypothek allein auf das Zubehör des Hypothekengegenstands, das vor der Bestellung der Hypothek bestand (§ 63 ErlOVGSichG). In der Literatur unterscheidet man Zubehör und Bestandteil dadurch, dass ersteres eine selbständige Sache ist und funktionell der Hauptsache dient.[158] Außerdem müssen das Zubehör und die Hauptsache derselben Person gehören,[159] weil das Zubehör funktionell der Hauptsache dient. Wenn es verschiedenen Personen gehört und Streit darüber besteht, wird die Funktion der Hauptsache beeinträchtigt.[160] Wenn der Hypothekengegenstand und das Zubehör getrennt zwei oder mehreren Personen gehören, erstreckt sich die Rechtswirkung der Hypothek nicht auf das Zubehör des Hypothekengegenstandes (§ 63 ErlOVGSichG).

3. Rechtsvergleich

Weil eine entsprechende Regelung wie § 1120 BGB in China fehlt, ist es in der chinesischen Literatur sehr umstritten, ob sich die Hypothek auf Gegenstände, die erst nach der Hypothekenbestellung Zubehör werden, erstrecken kann.[161]

Die chinesische h.M. besagt, dass sich die Rechtswirkung der Hypothek immer auf das Zubehör des Hypothekengegenstands erstreckt.[162] Indessen vertritt die Gegenmeinung, dass die Zubehöreigenschaft schon bei der Hypothekenbestellung existieren muss.[163] Nach § 63 ErlOVGSichG erstreckt die Rechtswirkung der Hypothek sich allein auf das Zubehör des Hypothekengegenstands, das vor der Bestellung der Hypothek bestand.

Dieser Unterschied hat seinen Grund in dem gerechten Ausgleich der Interessen des Hypothekars und anderer – nicht hypothekarisch gesicherter – Gläubiger des Eigentümers.[164] Der Hypothekar findet in einer Haftung nicht nur des Grundstücks, sondern auch der „wirtschaftlichen Einheit“ des Grundstücks und seiner Bestandteile nebst Zubehör erhöhte Sicherheit,

---

156 *Hongliang Wang*, S. 192.

157 *Hongliang Wang*, S. 194 f.

158 *Chen, Xiao* (2002), S. 295; *Liang/Chen*, S. 32.

159 § 68 Abs. 1 des taiwanesischen Zivilgesetzbuches: Das Zubehör ist nicht Bestandteil der Hauptsache, dient funktionell der Hauptsache und gehört dem Eigentümer der Hauptsache.

160 *Chen, Xiao* (2002), S. 295; *Liang/Chen*, S. 32.

161 Diese Auffassung, dass die Gegenstände, die vor der Hypothekenbestellung Zubehör werden, für die Hypothek haften, ist anerkannt. Vgl. *Chen, Xiao* (2002), S. 296.

162 *Zou/Chang*, S. 151; *Liang*, Erörterung, S. 844; *Chen, Huabin*, S. 492.

163 *Hongliang Wang*, S. 194.

164 *Wang, Zejian*, S. 368 f.

weil die Chance eines höheren Erlöses gleichzeitig seine Befriedigungschance steigert.[165] Aber auch das Interesse anderer Gläubiger des Eigentümers darf nicht völlig außer Acht gelassen werden, denn je umfassender und unabänderlicher der Haftungsverband ausgestaltet ist, desto geringer sind die Zugriffsmöglichkeiten dieser anderen Gläubiger.[166] Verschiedene Auffassungen sind deswegen nur eine Ausprägung dieser verschiedenen Grundgedanken.

Die in der chinesischen Literatur entstehenden Probleme bestehen auch in Deutschland, wo sie durch §§ 1120 ff. BGB gelöst werden. Der Gesetzgeber hat durch eine differenzierende Regelung eine insgesamt ausgewogene Lösung dieses schwierigen Regelungsproblems gefunden, um zwischen den widerstreitenden Interessen verschiedenster Beteiligter einen gerechten Ausgleich zu finden.[167] Nach § 1120 BGB ist es für die Zugehörigkeit zum Haftungsverband unwesentlich, ob das Zubehör vor oder nach dem Entstehen der Hypothek zu Eigentum erworben wurde. Wichtig ist, dass es im Zeitpunkt der Realisierung der Hypothekenhaftung immer noch im Eigentum des Grundstückseigentümers steht.[168] Hinsichtlich rechtlichen Zubehörs erlischt dessen Haftung dann wegen Veräußerung und Entfernen (§ 1121 BGB) oder Aufheben der Zubehöreigenschaft innerhalb der Grenzen einer ordnungsmäßigen Wirtschaft vor der Beschlagnahme (§ 1122 BGB).

Die praktische Bedeutung der Diskussion über Zubehör im chinesischen Recht ist aber fragwürdig.

Einerseits ist das Zubehör im chinesischen Recht nur ein rechtswissenschaftlicher Begriff und in der Rechtsprechung ist es niemals relevant, welche Sache Hauptsache ist und welche Zubehör. Dagegen ist das Zubehör im deutschen Recht im Gesetzbuch als gesetzlicher Begriff festgelegt und zugleich ist die Zubehöreigenschaft bestimmter Sachen von der Rechtsprechung festgelegt.[169]

Andererseits hat ein Teil der typischen Arten von Zubehör i. S. d. deutschen Rechts in der chinesischen Praxis keine Bedeutung, weil auf bewegliche Sachen nach dem chinesischen Recht auch eine Hypothek bestellt werden kann. So sind z. B. nach deutscher Rechtsprechung die Kraftfahrzeuge eines Fuhrgeschäfts Zubehör des jeweiligen Grundstücks, auf dem das Geschäft betrieben wird[170] und für Maschinen, die als Ersatz auf ein Fabrikgrundstück gebracht werden,[171] gilt dasselbe. Nach dem chinesischen Recht werden aber beide als selbständige Sachen angesehen und an beiden kann jeweils eine Hypothek bestellt werden.

Dadurch ist die praktische Bedeutung des § 63 ErlOVGSichG wenigstens im Fall der Hypothek sehr gering.

Obwohl das Rechtsinstitut des Eigentumsvorbehalts in China geregelt ist (§§ 133, 134 VG), fehlen jedoch weitere Regelungen über die Typen des Eigentumsvorbehalts und das Anwartschaftsrecht. Aufgrund der geringen praktischen Bedeutung der Vorschriften über Zubehör

165 MK-BGB/*Eickmann*, § 1121 Rn. 4.
166 MK-BGB/*Eickmann*, § 1121 Rn. 6.
167 MK-BGB/*Eickmann*, § 1121 Rn. 7.
168 MK-BGB/*Eickmann*, § 1120 Rn. 30; *RGZ* 53, 352; BGH NJW 1979, 2514.
169 Vgl. MK-BGB/*Holch*, § 97 Rn. 33 ff.
170 MK-BGB/*Holch*, § 97 Rn. 35.
171 MK-BGB/*Holch*, § 97 Rn. 36.

sind §§ 133, 134 VG in der Praxis unwichtig, selbst wenn die Hypothek am Anwartschaftsrecht des Grundstückseigentümers sich auf das Zubehör erstrecken würde.

b. Dingliche Surrogation

1. Deutsches Recht

Wird der einer Absonderung unterliegende Gegenstand vernichtet, geht auch das Absonderungsrecht unter. Eine dingliche Surrogation findet im deutschen Recht insoweit grundsätzlich nicht statt, d. h. das Absonderungsrecht setzt sich nicht an etwaigen Ersatz- oder Versicherungsansprüchen fort, die dem Sicherungsgeber wegen der Zerstörung des Sicherungsmittels zustehen. Eine Ausnahme gilt für die Hypothekenhaftung (§ 1127 BGB).[172]

Wenn die Gegenstände, unter die nicht nur die Versicherung des Grundstücks, sondern auch von Erzeugnissen, Bestandteilen und Zubehör, die nach den näheren Bestimmungen der §§ 1120 ff. BGB für die Hypothek haften, fällt, der Hypothek unterliegen, so erstreckt sich die Hypothek grundsätzlich auch auf die Forderung gegen den Versicherer (§ 1127 Abs. 1 BGB). Diese Forderungen sind bei einem Untergang des Haftungsgegenstandes als dessen Surrogate anzusehen.[173] Die Hypothek erfasst aber nicht Schadensersatzansprüche des Eigentümers wegen Beschädigung des Grundstücks.[174] Diese auf die besonderen Bedürfnisse des Grundstücksverkehrs zugeschnittene Regelung stellt indes eine Ausnahme dar und kann deshalb auf das Pfandrecht an beweglichen Sachen nicht entsprechend angewendet werden.[175]

Weiterhin entscheiden die §§ 1128-1130 BGB die Frage, ob der Versicherte in der Verfügung über die Versicherungsforderung, also insbesondere in der Einziehung der Forderung, deshalb beschränkt ist, weil diese Forderung für die Hypothek haftet. Die Antwort ist unterschiedlich, je nachdem, ob es sich um die Versicherung eines Gebäudes und dessen Zubehör, sofern letzteres in die Gebäudeversicherung mit einbezogen wurde[176] (§ 1128 BGB), oder eines anderen Gegenstandes handelt, der nicht unter § 1128 BGB fällt, also z. B. Zubehörstücke (soweit sie nicht mit dem Gebäude, sondern selbständig versichert sind) oder Früchte (§ 1129 BGB)[177].[178]

Bei der Gebäudeversicherung hat der Hypothekengläubiger bereits mit Erwerb des Grundpfandrechts und ohne Beschlagnahme[179] in Bezug auf die Versicherungsforderung die Stellung eines Pfandgläubigers (§ 1128 Abs. 3, §§ 1279 ff. BGB)[180]; er darf also die Forderung selbst einziehen. Soweit eine Leistung vor Fälligkeit in Betracht kommt, hat diese an den Grundpfandgläubiger und Versicherungsnehmer gemeinsam zu erfolgen (§ 1281 BGB). Nach Fälligkeit ist allein der Grundpfandgläubiger zum Einzug berechtigt (§ 1282 Abs. 1 S .1 BGB).

172 MK-InsO/*Ganter*, vor §§ 49 bis 52 Rn. 67.
173 MK-BGB/*Eickmann*, § 1127 Rn. 1.
174 *BGHZ*, 107, 255, 256; MK-InsO/*Ganter*, § 49 Rn. 32.
175 Staudinger/*Wolfsteiner*, § 1127 Rn. 2.
176 MK-BGB/*Eickmann*, § 1128 Rn. 4.
177 MK-BGB/*Eickmann*, § 1129 Rn. 1.
178 Staudinger/*Wolfsteiner*, § 1127 Rn. 8.
179 MK-BGB/*Eickmann*, § 1128 Rn. 17; Staudinger/*Wolfsteiner*, § 1128 Rn. 8.
180 MK-InsO/*Ganter*, § 49 Rn. 34.

§ 1129 BGB betrifft das Zubehör und verweist zur Bestimmung des Haftungsumfangs auf die Regeln zur Miet- und Pachtzinsforderung (§ 1129 i. V. m. §§ 1123 Abs. 2 S. 1, 1124 Abs. 1, 3 BGB). Hier kann der Versicherungsnehmer bis zu einer Beschlagnahme zum Nachteil des Grundpfandgläubigers über die Versicherungsforderung verfügen.[181]

Die Verwertung durch den Insolvenzverwalter führt zum Untergang des Absonderungsrechts des Grundpfandgläubigers. Eine dingliche Surrogation findet in diesem Fall, abgesehen von gesetzlichen Vorschriften (§ 1247 BGB), nicht statt.[182] Bei der Ersatzabsonderung kann es nur um die haftungsrechtliche Surrogation gehen mit der Folge, dass die ausstehende Forderung bzw. der in die Masse gelangte Gegenwert herausgegeben werden muss.

2. Chinesisches Recht

Grundsätzlich erkennt das chinesische Recht an, dass die Hypothek mit dem Verlust des Gegenstandes der Hypothek erlischt. Ein für den Verlust erlangter Ersatzbetrag muss aber als mit der Hypothek belastetes Vermögen behandelt werden (§ 174 SachenRG). Nach der Rechtslehre bezieht der „Verlust" sich nicht nur auf den abstrakten Verlust, d.h. komplette Vernichtung, Sachbeschädigung und Enteignung, sondern auch auf den relativen Verlust, d.h. Veräußerung der Hypothekengegenstände. Gleich wie im deutschen Recht ist die Versicherungsforderung nur bei einem abstrakten Verlust, nämlich bei Untergang bzw. Enteignung des Haftungsgegenstandes, als dessen dingliches Surrogat anzusehen. Bei relativem Verlust findet die Surrogation an dem Verwertungs- und Veräußerungserlös nicht statt.[183] Daneben kann der Drittschuldner nicht in einer gegenüber dem Hypothekar wirksamen Weise an den Hypothekengeber zahlen. Wenn die Forderung noch nicht fällig ist, kann der Hypothekar die Hinterlegung der Entschädigungsbeträge verlangen.[184] Aufgrund der Rechtslehre hat § 80 ErlOVGSichG, der von § 174 SachenRG übernommen wird, den Anwendungsbereich von § 58 SichG erweitert. Auch kann der Hypothekar vom Volksgericht verlangen, für die Versicherungsleistungen, Schadensersatzbeträge und Entschädigungsbeträge Sicherstellungsmaßnahmen zu treffen. Bei Fälligkeit darf der Hypothekar aus den Versicherungsleistungen, Schadensersatzbeträgen und Entschädigungsbeträgen bevorzugt befriedigt werden.

Nach deutschem Recht kann, wer infolge einer Verbindungs-, Verarbeitungs- und Vorausabtretungsklausel einen Rechtsverlust erleidet, von demjenigen, zu dessen Gunsten die Rechtsänderung eintritt, Vergütung in Geld nach Maßgabe des § 812 BGB fordern (§ 951 Abs. 1 S. 1 BGB), wenn keine weitere Vereinbarung zwischen den Beteiligten getroffen ist. Eine dingliche Surrogation findet hier nicht statt. Allerdings kann der Sicherungsnehmer, wenn er damit unzufrieden ist, sich im Voraus das Alleineigentum oder einen Miteigentumsanteil an der verbundenen bzw. verarbeiteten Sache übertragen lassen.[185] Es ist zu beachten, dass §§ 947 ff. BGB im deutschen Recht nur auf bewegliche Sachen Anwendung finden. Damit sind §§ 947 ff. BGB beim Grundpfandrecht nicht anwendbar.

Dagegen sieht § 62 S. 1 ErlOVGSichG vor, dass das Eigentum der Hypothekengegenstände infolge Verbindung, Vermischung oder Verarbeitung dem Dritten zusteht, falls sich die

181 MK-InsO/*Ganter,* § 49 Rn. 35.

182 Uhlenbruck/*Uhlenbruck*, § 49 Rn. 17.

183 *Chen, Xiao* (2002), S. 314; *Li/Qi/Jin/Cao,* S. 290; *Zou/Chang,* S. 155. In diesem Fall kann der Hypothekar die Hypothek verwirklichen, wenn die Gegenstände schon registriert waren (§ 67 Abs. 1 ErlOVGSichG).

184 *Liang,* Erörterung, S. 850 f.

185 MK-InsO/*Ganter,* vor §§ 49 bis 52 Rn. 69, 70.

Hypothek auf die Entschädigungsbeträge erstreckt. Diese Vorschrift ist bei der Hypothek an einer beweglichen Sache von Bedeutung.

5. Der Rang der absonderungsberechtigten Gläubiger bei der (Immobilien-) Hypothek

a. Prioritätsprinzip

Grundsätzlich ist das Prioritätsprinzip nach dem deutschen Recht beim Festlegen des Rangs der Hypothekengläubiger maßgeblich. Unter mehreren, von verschiedenen Eigentümern bestellten Sicherheiten richtet sich der Rang nach der zeitlichen Priorität. Das Rangverhältnis unter mehreren Rechten, mit denen ein Grundstück belastet ist, bestimmt sich, wenn die Rechte in derselben Abteilung des Grundbuchs eingetragen sind, nach der räumlichen Reihenfolge der Eintragung, die der zeitlichen normalerweise entspricht. Sind die Rechte in verschiedenen Abteilungen eingetragen, so hat das unter Angabe eines früheren Tages eingetragene Recht den Vorrang; Rechte, die unter Angabe desselben Tages eingetragen sind, haben gleichen Rang (§ 879 BGB).

Bezüglich der nicht eingetragenen Hypothek wirkt das chinesische Recht etwas komplizierter. Wenn der gleiche Vermögensgegenstand für mehrere Gläubiger mit Hypotheken belastet wird, werden sie aus dem Erlös der Versteigerung oder des freihändigen Verkaufs nach Maßgabe der folgenden Vorschriften befriedigt: 1. eingetragene Hypotheken nach ihrer Rangfolge; haben sie gleichen Rang, im Verhältnis der Forderungen zueinander; 2. sind Hypotheken teils eingetragen, teils nicht, so werden eingetragene vor nicht eingetragenenen Hypotheken befriedigt; 3. nicht eingetragene Hypotheken im Verhältnis der Forderungen zueinander (§ 199 SachenRG).

b. Prinzip der festen Rangstelle und der gleitenden Rangordnung

In der chinesischen Literatur wird überwiegend vertreten, dass im deutschen Recht das Prinzip der festen Rangstelle maßgeblich ist.[186] Diese Auffassung ist aber nicht exakt. Das BGB führt weder das eine noch das andere Prinzip streng durch. Es findet vielmehr dadurch einen Interessenausgleich, dass es grundsätzlich die gleitende Rangordnung wählt (§ 1179a BGB),[187] aber davon in zwei Fällen aus Billigkeitsgründen Ausnahmen anordnet, die dann insoweit eine feste Rangordnung bewirken[188]:

- Keine Konsolidation bei Vereinigung von Eigentum und beschränkt dinglichem Recht § 889 BGB;
- Eigentümergrundpfandrecht bei fehlender Forderung § 1163 Abs. 1 i. V. m. § 1177 BGB

Das Prinzip der festen Rangstelle entspricht dem Interesse des Eigentümers. Bei Vereinigung von Eigentum und beschränktem dinglichem Recht geht das beschränkte dingliche Recht nicht unter, sondern bleibt als solches bestehen (§ 889 BGB), hindert also im Rang nachfolgende Rechte am Aufrücken. Bei der gleitenden Rangordnung dagegen lässt der Wegfall vorgehender Rechte alle nachstehenden aufsteigen.[189] Eine ausdrückliche gesetzliche Regelung fehlt im chinesischen Recht. Herrschende Meinung und Rechtspraxis folgen dem

186 *Chen, Xiao* (2002), S. 324; *Liang*, Erörterung, S. 866: *Zou/Chang*, S. 203.
187 *Baur/Stürner*, § 17 Rn. 8, S. 179; *Westermann*, S. 609 f.
188 *Baur/Stürner*, § 17 Rn. 9, S. 179.
189 *Westermann*, S. 609.

Prinzip der beweglichen Rangstelle.[190] Allerdings ist eine nachträgliche Eigentümerhypothek in § 77 ErlOVGSichG geregelt.

Grundsätzlich ging das gemeine Recht für den Regelfall davon aus, dass die Vereinigung von Eigentum und beschränkt dinglichen Rechten an derselben Sache in einer Person zum Erlöschen der beschränkt dinglichen Rechte führt (sog. „Konsolidation"), weil niemand ein sonstiges Recht an seiner eigenen Sache haben könne. Nach den schon damals allgemein anerkannten Ausnahmen schließt § 889 BGB (ebenso §§ 1196, 1009 und §§ 1163, 1177 f. BGB) für Grundstücke die Konsolidation hingegen aus und bestimmt den Fortbestand des beschränkt dinglichen (Eigentümer-)Rechts.[191] Nach dem chinesischen Recht wird dieses Prinzip weder vom SachenRG noch SichG anerkannt. Nach der chinesischen h. M.[192] führt die Vereinigung von Eigentum und beschränkt dinglichen Rechten an derselben Sache in einer Person zum Erlöschen der letzteren.

c. Feststellung des Rangs

Der Rang richtet sich im chinesischen Recht nach dem Tag des Eingangs des Antrags der Parteien beim Land- und Ressourcenverwaltungsamt (§ 58 ErlOVGSichG). Mehrere Hypotheken, deren Eintragung am selben Tag beantragt wird, werden in der Reihenfolge ihres Eingangs mit fortlaufenden Nummern eingetragen.[193] Im deutschen Recht wird der eingehende Antrag beim Grundbuchamt sofort mit Tag, Stunde und Minute vermerkt (Präsentationsstempel, § 13 Abs. 2 S. 1 GBO). Dieser Ausgangpunkt ist somit in beiden Ländern gleich. In der Praxis besteht in China jedoch die Gefahr, dass die Eintragung nicht in der Reihenfolge der Anträge geschieht, weil die Verfahren und die Bürokratie bei der Registrierungsbehörde viel Zeit kosten. Daher sieht das Oberste Volksgericht vor, dass sich der Rang und der Gültigkeitszeitpunkt nach dem Antragszeitpunkt bestimmen.[194] Im deutschen Recht hat das Grundbuchamt die Anträge in der Reihenfolge des Eingangs zu erledigen (§ 17 S. 1 GBO). Bei einer Verletzung des formellen Prioritätsgrundsatzes des § 17 GBO durch das Grundbuchamt wird das Grundbuch nicht unrichtig, weil die GBO nur das formelle Recht bestimmt, d. h. in welcher Reihenfolge die Rechte einzutragen sind. Dagegen bestimmt das BGB den materiellen Rang der Rechte (§ 879 BGB), nämlich welchen Rang die Rechte aufgrund ihrer Eintragung erhalten. Daher hat der benachteiligte Gläubiger keinen Grundbuchberichtigungsanspruch (§ 894 BGB) und keinen Anspruch auf Eintragung eines Widerspruchs (§ 899 BGB). Eine Beschwerde nach §§ 71 Abs. 2, 53 Abs. 2 GBO ist ebenfalls ausgeschlossen. Der benachteiligte Gläubiger kann nur aufgrund einer Bewilligung des zu Unrecht Begünstigten (§ 880 BGB) bzw. eines gerichtlichen Urteils (§ 894 ZPO) den Rang verändern.[195] Im geltenden chinesischen Recht kann der benachteiligte Gläubiger eine Beschwerde erheben. Meinen materiell betroffene, im Register unbeweglicher Sachen sei etwas Falsches eingetragen, können sie die Korrektur des Eintrags beantragen. Wird bewiesen, dass der Eintrag tatsächlich falsch ist, muss das Registerorgan ihn korrigieren (§ 19 Abs. 1 SachenRG).

190 *Chen, Xiao* (2002), S. 325; *Xu, Mingyue*, S. 273 f.
191 jurisPK-BGB/*Toussaint*, § 889 Rn. 1; Vgl. MK-BGB/*Wache*, § 889 Rn. 1.
192 *Liang/Chen*, S. 92.
193 *Hongliang, Wang*, S. 213.
194 *Li/Qi/Jin/Cao*, S. 219.
195 *Hongliang, Wang*, S. 213.

d. Die Rangfolge der absonderungsberechtigten Gläubiger

Der Verwertungserlös dient zur Befriedigung der Forderung und anderer Verbindlichkeiten.

Wenn die Parteien nichts Abweichendes vereinbart haben, erfolgt gem. § 74 ErlOVGSichG die Befriedigung aus dem Erlös, der durch Anrechnung des Wertes, Versteigerung oder freihändigen Verkauf des Hypothekengegenstandes entstand, nach folgender Reihenfolge: 1. Kosten der Realisierung der Hypothek; 2. Zinsen der Hauptforderung; 3. Hauptforderung.

Zwar scheint es, dass nach dem chinesischen Recht die Rangfolge der Befriedigung durch Vereinbarung festgelegt werden könne, während §§ 10-14 ZVG den Rang gesetzlich bestimmen, jedoch ist in der Tat die Vereinbarung nur bei der Hypothek an beweglichen Sachen durchsetzbar. Bei der Hypothek an unbeweglichen Sachen ist der Rang gesetzlich festgelegt.

1. Deutsches Recht

Wer ein Befriedigungsrecht aus unbeweglichen Gegenständen hat, ist in den §§ 10-14 ZVG bestimmt. Diese Vorschriften regeln zugleich, welchen Inhalt das Absonderungsrecht hat und in welcher Rangfolge mehrere Berechtigte zu befriedigen sind. Nach Deckung der allgemeinen Verfahrenskosten kommen in der Zwangsversteigerung die Absonderungsberechtigten in „acht Klassen" zum Zuge. Die Ansprüche der vorhergehenden Klasse müssen immer vollständig gedeckt sein, ehe Ansprüche der folgenden Klasse berücksichtigt werden dürfen. Verschiedene Ansprüche aus demselben Recht kommen zuerst mit den Sonderkosten (i. S. v. § 10 Abs. 2 ZVG), dann mit den Nebenleistungen, zuletzt mit dem Hauptanspruch in Ansatz (§ 12 ZVG).[196]

In der 1. Rangklasse werden die Ansprüche eines die Zwangsverwaltung betreibenden Gläubigers auf Ersatz seiner Ausgaben zur Erhaltung oder nötigen Verbesserung des Grundstücks befriedigt. Voraussetzung ist, dass die Verwaltung bis zum Zuschlag in der Zwangsversteigerung fortgedauert hat und die Ausgaben nicht aus den Nutzungen des Grundstücks erstattet werden können (§ 10 Abs. 1 Nr. 1 ZVG). Ob die Auslagen freiwillig oder auf Veranlassung des Gerichts gem. § 161 Abs. 3 ZVG erbracht wurden, ist unerheblich.[197] Die Insolvenzverwaltung als solche (§ 148 Abs. 1 InsO) ist keine Zwangsverwaltung im Sinne des § 10 Abs. 1 Nr. 1 ZVG. Hat der Insolvenzverwalter aber nach § 165 InsO i. V. m. § 172 ZVG die Zwangsverwaltung betrieben und dabei mit Massemitteln Aufwendungen i. S. v. § 10 Abs. 1 Nr. 1 ZVG gemacht, so fällt er mit seinem Ersatzanspruch in die Klasse 1.[198] Mehrere gleichrangige Rechte sind verhältnismäßig zu befriedigen, § 10 Abs. 1 ZVG. Die Ansprüche sind bei der Zwangsversteigerung spätestens im Versteigerungstermin vor der Aufforderung zur Abgabe von Geboten anzumelden, §§ 37 Nr. 4, 45 Abs. 1, 110, 114 ZVG.[199]

Bei einer Zwangsversteigerung nach Eröffnung des Insolvenzverfahrens über das Vermögen des Schuldners sind die Ansprüche der Insolvenzmasse auf Ersatz der Kosten für die Feststellung beweglicher Gegenstände, auf die sich die Versteigerung erstreckt, zu berücksichtigen. Diese Kosten sind mit 4% des Wertes anzusetzen, der für diese beweglichen Ge-

196 MK-InsO/*Ganter*, § 49 Rn. 45.

197 *Gottwald/Gottwald*, § 42 Rn. 15; MK-InsO/*Ganter*, § 49 Rn. 47.

198 MK-InsO/*Ganter*, § 49 Rn. 47.

199 *Gottwald/Gottwald*, § 42 Rn. 17.

genstände gem. § 74a Abs. 5 S. 2 ZVG festgesetzt worden ist. Grundstückszubehör ist insoweit gegenüber anderen beweglichen Sachen privilegiert, bei denen auch Verwertungskosten (grundsätzlich 5%) anfallen.[200]

Rangklasse 3 nehmen die Ansprüche auf Entrichtung der öffentlichen Grundstückslasten ein. Ein Recht zur abgesonderten Befriedigung geben diese Ansprüche sowohl im Zwangsversteigerungs- als auch Zwangsverwaltungsverfahren (§ 155 Abs. 2 ZVG). Einmalige Leistungen fallen mit den aus den letzten vier Jahren rückständigen Beträgen in die Rangklasse 3 (§ 10 Abs. 1 Nr. 3 S. 1 ZVG). Wiederkehrende Leistungen genießen das Vorrecht nur für die laufenden Beträge und für die Rückstände aus den letzten zwei Jahren (§ 10 Abs. 1 Nr. 3 S. 1 ZVG). Alle öffentlichen Grundstückslasten haben gleichen Rang (§ 10 Abs. 1 Nr. 3 S. 2 ZVG).

In Rangklasse 4 gehören alle dinglichen Rechte an dem Grundstück, insbesondere Hypotheken (§ 1113 BGB) und das Erbbaurecht (§ 1 ErbbauG).

„Ein Grundpfandrecht muss allerdings wirksam bestellt, ein Sicherungsvertrag gültig sein.“[201] Innerhalb der Ranggruppe werden die Hauptansprüche ohne Beschränkung berücksichtigt.[202] Wiederkehrende Leistungen werden dagegen nur mit den laufenden Beträgen und mit Rückständen bis zu zwei Jahren beachtet. Nicht in Rangklasse 4 gehören schließlich die Rechte, die infolge der Beschlagnahme dem Gläubiger gegenüber unwirksam sind.

2. Chinesisches Recht

Die Verwertung des Bodennutzungsrechts und der verbundenen Gebäude und die Befriedigung der Hypothekengläubiger aus dem Erlös werden durch § 47 der Lenkungsmethode für städtische Immobilienhypotheken [203] geregelt. Zuerst werden die Kosten der Verfügung über die mit Hypotheken belasteten Immobilien bezahlt. Darunter fallen z. B. die Kosten, die auf der Bewertung des Bodennutzungsrechts beruhen, Vollstreckungsantragskosten, Kosten der Durchführung der Versteigerung und sonstige Prozessgebühren.[204] Nach dem Abzug der für die mit Hypotheken belasteten Immobilien abzuführenden Steuern werden die Forderung des Hypothekars, die dazugehörigen Zinsen und etwaige Vertragsstrafen bezahlt. Dann werden Schäden, die der Schuldner dem Hypothekar durch Vertragsverletzungen zugefügt hat, erstattet. Ein verbleibender Restbetrag wird dem Besteller übergeben.

Bei der Hypothek an zugeteiltem staatseigenem Land ist § 56 SichG zu beachten, nach dem aus dem Erlös der Versteigerung des Bodennutzungsrechtes an den Hypothekar ein Betrag zu zahlen ist, der der zu zahlenden Überlassungsgebühr für das Bodennutzungsrecht entspricht. Diese Vorschrift beruht auf § 47 ÜÜG. Die chinesischen Bodennutzungsrechte bestehen aus zwei Arten: unentgeltlich zugeteilte Bodennutzungsrechte (§§ 43 ff. ÜÜG) und ent-

200 MK-InsO/*Ganter*, § 49 Rn. 49; *Gottwald/Gottwald*, § 42 Rn. 18.

201 MK-InsO/*Ganter*, § 49 Rn. 49; *Gottwald/Gottwald*, § 42 Rn. 21; *Stöber*, § 10 Anm. 8. 1

202 *Stöber*, § 10 Anm. 8. 3.

203 Verabschiedet am 9. Mai 1997 vom Bauministerium auf 56. Anordnung, zuletzt geändert am 15. August 2001, in: *Ji, ming*, S. 141 ff. (Quelle: Fn. 125)

204 Normaleweise wird die Verwirklichung der Hypothek in China durch Gerichtsprozess durchgeführt (§ 195 Abs. 2 SachenRG). Allerdings kann der Gläubiger mit dem Besteller vereinbaren, dass er mit dem Gegenstand der Hypothek zu dessen angerechnetem Wert oder mit dem durch dessen Versteigerung oder freihändigen Verkauf erzielten Erlös befriedigt wird.

geltlich übertragene Bodennutzungsrechte (§§ 8 ff. ÜÜG). Das zugeteilte Bodennutzungsrecht ist ein Nutzungsrecht, das der Berechtigte in irgendeiner Form legal unentgeltlich erlangt hat (§ 43 ÜÜG). Sofern Gebühren für die Überlassung des Bodennutzungsrechts gezahlt werden, kann mit Genehmigung der Regierung ein zugeteiltes Bodennutzungsrecht und das Eigentum an Gebäuden auf dem Land und sonstigen Bestandteilen übertragen, verpachtet und verpfändet werden (§ 45 ÜÜG).

3. Rechtsvergleich

Im Vergleich zum deutschen Recht liegt im chinesischen Recht keine den deutschen Rangklasse n1. und 1a. entsprechende Klasse vor.

Die Zwangsverwaltung ist dem chinesischen Gesetz fremd und hat auch in der chinesischen Praxis kaum Bedeutung. Die Zwangsverwaltung ist ein gerichtliches Verfahren mit dem Ziel der Verwertung der Grundstücksnutzungen zum Zwecke der Befriedigung des vollstreckenden Gläubigers aus dem Verwertungserlös. Bei ihr erfolgt also die Befriedigung nicht aus dem Stammwert, sondern nur aus den Erträgen des Grundstücks.[205] Im Allgemeinen kann die Zwangsverwaltung „dadurch ersetzt werden, dass Grundpfandgläubiger und Verwalter vereinbaren, dass dieser den Grundbesitz für die Grundpfandgläubiger bewirtschaftet und Miet- und Pachtzinsforderung einzieht und an jene unter Anrechnung auf deren Forderungen (bei Gewährung einer prozentualen Vergütung) abführt.“[206] In diesem Fall können die Gläubiger nur Schritt für Schritt befriedigt werden. Weil die Zwangsverwaltung weder im chinesischen Recht vorgesehen ist, noch in der Praxis eine Rolle spielt, ist sie für das chinesische Konkursverfahren irrelevant und ein der 1. Rangklasse im ZVG entsprechender Anspruch muss im chinesischen Recht auch nicht vorgesehen werden.

Die in der Rangklasse 1a. des § 10 ZVG betroffenen beweglichen Sachen sind beschlagnahmte Gegenstände (§ 55 Abs. 1 ZVG), demnach sind sie mithaftendes Zubehör, getrennte Erzeugnisse und sonstige Bestandteile (§§ 20 Abs. 2, 21 ZVG i. V. m. §§ 1120-1122 BGB).[207] Weil Zubehör, getrennte Erzeugnisse und sonstige Bestandteile zwar im chinesischen Recht auch von der Hypothek umfasst werden, jedoch diese Sachen in der Praxis kaum eine Rolle spielen, findet die Vorschrift zu Rangklasse 1a. keine entsprechende Regelung im chinesischen Gesetz. In dem Fall, dass Kosten für die Feststellung des Zubehörs usw. o. ä. oder die Bewertung von Sicherheitsgegenständen entstehen, fallen diese unter die Kosten der Verfügung über die mit der Hypotheken belasteten Immobilien, die im deutschen Recht zu den Kosten des Verfahrens (§ 109 ZVG) gehören.

Entsprechend den Rangklassen 3 und 4 in § 10 ZVG sind nach § 47 der Lenkungsmethode für städtische Immobilienhypotheken die Steuern und Ansprüche durch den Hypothekar zu befriedigen.

205 MK-InsO/*Lwowski*, § 165 Rn. 29.
206 *Gottwald/Gottwald*, § 42 Rn. 87.
207 *Stöber*, § 10 Anm. 3. 2.

e. Erlöschen der Hypothek und des Absonderungsrechts

Nach dem chinesischen und deutschen Recht gibt es verschiedene Wege, die Hypothek zu löschen, was zum Erlöschen des Absonderungsrechts führt. Nach beiden Rechtsordnungen kann die Hypothek auf folgende Weise gelöscht werden:

1. Leistung auf das zur Absonderung berechtigende Sicherungsrecht.[208] Wird auf das Sicherungsrecht gezahlt, so dass dieses erlischt, erlischt auch das Absonderungsrecht. In beiden Ländern wird die Leistung durch Zwangsvollstreckung durchgesetzt.
2. Aufhebung.[209] Wenn die Hypothek vom Hypothekar durch eine Erklärung aufgehoben und daraufhin im Grundbuch gelöscht wird (§ 875 BGB), erlischt die Hypothek. Von der Aufhebungserklärung des Gläubigers ist seine Verzichtserklärung streng zu unterscheiden. Die Verzichtserklärung führt nicht zur Beseitigung der Hypothek, sondern lässt die Hypothek als Eigentümergrundschuld auf den Eigentümer übergehen (§ 1168 BGB).[210] Allerdings verzichtet der Hypothekar dadurch auch auf das Absonderungsrecht.

Andererseits bestehen beim Erlöschen der Hypothek zwischen chinesischem und deutschem Recht auch einige Unterschiede:

1. Konsolidation

Nach der chinesischen Lehre erlischt die Hypothek im Fall der Konsolidation von Hypothek und Eigentum sowie auch Bodennutzungsrecht und Immobilien- Hypothek.[211] Es scheint, dass der Ursprung der chinesischen Lehre im Römischen Recht (nulli res sua servit) bzw. gemeinem Recht[212] liegt. Ohne eine Forderung scheitert auch die Begründung bzw. Weiterexistenz des dinglichen Rechts.

Dagegen erlischt ein Recht an einem fremden Grundstück im deutschen Recht nicht dadurch, dass der Eigentümer des Grundstücks das Recht oder der Berechtigte das Eigentum an dem Grundstück erwirbt (§ 889 BGB).[213] Dementsprechend erkennt das BGB Eigentümergrundschuld und Eigentümerhypothek (§ 1177 BGB) an. Die praktischen Vorzüge dieser Vorschrift sind einleuchtend: Der Fortbestand des beschränkten dinglichen Rechts in der Hand des Eigentümers (also als sog. „Eigenrecht" oder „Eigentümerrecht") sichert dem Eigentümer die Rangstelle, verhindert also, dass die nachfolgenden Berechtigten im Rang aufrücken, was häufig nicht angemessen wäre. Bei einem Erlöschen durch Konsolidation würde häufig ohnehin eine Neubestellung des konfundierten Rechts erforderlich werden. Infolgedessen erspart der Ausschluss der Konsolidationswirkung hier unnötige Kosten. Sofern das beschränkte dingliche Recht, das mit dem Eigentum in einer Person zusammentrifft, wiederum mit dem Pfandrecht oder Nießbrauch eines Dritten belastet war, verhindert § 889 BGB darüber hinaus auf einfachste Weise eine Beeinträchtigung der Rechtsposition dieses Dritten.[214]

---

208 MK-InsO/*Ganter,* vor §§ 49 bis 52 Rn. 112; *Liang/Chen,* S. 328; *Liang,* Erörterung, S. 879.
209 *Hj. Weber,* S. 252; *Chen, Xiao* (2002), S. 417; *Chen, Huabin,* S. 517; *Liang,* Erörterung, S. 222, 880.
210 *Baur/Stürner,* § 41 Rn. 4, S. 488.
211 *Chen, Xiao* (2002), S. 415; *Chen, Huabin,* S. 517; *Liang,* Erörterung, S. 221.
212 Staudinger/*Gursky,* § 889 Rn. 1.
213 Hinsichtlich des gesetzlichen Löschungsanspruchs (§ 1179 a BGB) tritt aber wirtschaftlich derselbe Effekt wie in China ein.
214 Staudinger/*Gursky,* § 889 Rn. 3.

Die deutsche Vorschrift ist grundsätzlich zu begrüßen, weil die chinesische Lehre das Problem in der Praxis, das entsteht, wenn das Behalten solcher Rechte zugunsten des Eigentümers oder eines Dritten wäre, nicht zufrieden stellend lösen kann. Nach dem chinesischen Recht erlischt das Recht aufgrund der Konsolidation und wird der Eigentümer oder Dritte beeinträchtigt, der aufgrund dieses Rechts gesichert ist oder einen Vorteil gewährt erhielte. Leider wird die Vorschrift über die Konsolidation der verschiedenen dinglichen Rechte außer in § 77 ErlOVGSichG im SachenRG nicht berücksichtigt.

2. Leistung auf die gesicherte Forderung.

Wenn nach dem deutschen Recht der Gläubiger aufgrund einer Zwangsvollstreckung aus dem Grundstück oder aus den Gegenständen befriedigt wird, auf die sich die Hypothek erstreckt, so erlischt die Hypothek (§ 1181 BGB). Soweit ein Dritter oder der persönliche Schuldner den Gläubiger außerhalb der Zwangsvollstreckung befriedigt, geht die Forderung auf ihn über (§ 268 Abs. 3 BGB) und die Hypothek besteht weiter; allerdings steht sie dann nicht mehr dem befriedigten Gläubiger zu,[215] sondern entweder dem zahlenden Eigentümer-Schuldner zu oder dem zahlenden Eigentümer zu, der nicht auch persönlicher Schuldner ist (§ 1153 f. BGB) oder gem. § 1164 BGB dem zahlenden persönlichen Schuldner zu, soweit dieser vom Eigentümer Ersatz für seine Zahlung verlangen kann oder schließlich einem ablösungsberechtigten (nachrangigen) Hypothekar, der den Gläubiger befriedigt hat.[216]

Dagegen behandelt § 177 SachenRG in der chinesischen Praxis die Erlöschensakzessorietät. Die Hypothek besteht nur mit der von ihr gesicherten Forderung. Wenn die Forderung beglichen wird und damit erlischt, erlischt auch die Hypothek. Selbst wenn ein Dritter die Forderung begleicht, steht ihm nur ein schuldrechtlicher Anspruch auf Ausgleich gegen den Schuldner zu (§ 176 S. 2 SachenRG). Eine von § 77 ErlOVGSichG vorgesehene Ausnahme ist hier womöglich ausgeschlossen, denn dem SachenRG fehlen den deutschen §§ 1143, 1153 BGB ähnliche Vorschriften. Diese führen dazu, dass die Forderung auf den Leistenden übergeht, soweit er den Gläubiger befriedigt, und zugleich mit der Übertragung der Forderung die Hypothek auf den neuen Gläubiger übergeht, wenn der Eigentümer nicht der persönliche Schuldner ist. Wenn die gesetzliche Mitübertragung der Sicherheit vom Gesetz anerkannt ist, kann der Dritte daher nicht nur einen schuldrechtlichen Anspruch gegen den Schuldner, sondern auch eine Befriedigung aus der Hypothek geltend machen.

Wenn ein Teil der Forderung erlischt, erlischt die Hypothek nicht ganz (§ 71 Abs. 1 ErlOVGSichG). §§ 71, 72 ErlOVGSichG statuieren ein Untrennbarkeitsprinzip, das China dem japanischen Recht (§§ 296, 305, 350 Japanische BGB) nachgebildet hat. Ursprünglich kommt das Prinzip aus Frankreich. Nach französischem Recht bleibt die Hypothek wegen ihrer grundsätzlichen Unteilbarkeit in vollem Umfang bis zum völligen Erlöschen der gesicherten Forderung bestehen. Wenn ein Teil des belasteten Gegenstandes der Hypothek untergeht, sichert der verbleibende Teil die gesamte Forderung.[217]

3. Einzelheiten des Erlöschens der Hypothek an beweglichen Sachen

Weil das chinesische Recht auch die Hypothek an beweglichen Sachen anerkennt, wird das

---

215 *Hj. Weber*, S. 251; *Bau/Stürner*, § 41 Rn. 1 S. 487: Der Tatbestand der Befriedigung des Gläubigers bewikt kein Erlöschen der Hypothek, sondern deren Übergang auf einen anderen.
216 *Hj. Weber*, S. 252.
217 *Hongliang, Wang*, S. 126 f.

Behalten der Hypothek durch Untergang und Veräußerung des Sicherungsgegenstands beeinflusst.

Bei Untergang der beweglichen Sachen kann der Hypothekar bei Fälligkeit statt aus der Hypothek aus den Versicherungsleistungen, Schadensersatzbeträgen und Entschädigungsbeträgen, die als dingliche Surrogation der Hypothek angesehen werden, befriedigt werden (§ 174 S. 1 SachenRG). Vor der Fälligkeit kann der Hypothekar vom Volksgericht verlangen, für die Versicherungsleistungen, Schadenersatzbeträge und Entschädigungsbeträge Sicherstellungsmaßnahmen zu treffen (§ 174 S. 2 SachenRG).

Sind die beweglichen Sachen veräußert worden, so sind verschiedene Fälle voneinander zu unterscheiden:
Wenn der Besteller die Veräußerung dem Hypothekar nicht mitteilt oder dem Übertragungsempfänger nicht zur Kenntnis bringt, ist die Übertragung eines eingetragenen Gegenstands nicht unwirksam (§ 191 Abs. 2 SachenRG). Die daran bestellte Hypothek bleibt aber unberührt. Der Hypothekar kann trotzdem aus der Hypothek befriedigt werden (§ 67 Abs. 1 ErlOVGSichG).
Fehlt es jedoch an einer Eintragung der Hypothek, erlangt der Erwerber einen unbelasteten Gegenstand; die Hypothek wirkt nicht gegen den Erwerber. Der Hypothekar kann dem Hypothekenbesteller gegenüber nur schuldrechtliche Ansprüche bzw. Schadensersatz geltend machen (§ 67 Abs. 2 ErlOVGSichG).

II. Pfandrecht an beweglichen Sachen

Nach deutschem Recht sind Gläubiger, die an einem Gegenstand der Insolvenzmasse ein rechtsgeschäftliches Pfandrecht, ein durch Pfändung erlangtes Pfandrecht oder ein gesetzliches Pfandrecht haben, nach §§ 166-173 InsO für Hauptforderung, Zinsen und Kosten zur abgesonderten Befriedigung aus dem Pfand berechtigt (§ 50 Abs. 1 InsO). Wie im chinesischen Recht ist der Pfandrechtsinhaber berechtigt, sich aus den beweglichen Sachen bevorzugt zu befriedigen, wenn als Sicherheit für eine Schuld der Schuldner oder ein Dritter seine beweglichen Sachen als Pfand in den Besitz des Gläubigers gibt und der Schuldner diese Schuld nicht erfüllt (§ 208 Abs. 1 SachenRG).

Hinsichtlich der Begründungsakt kann man drei Arten des Fahrnispfandrechts nach deutschem Recht unterscheiden: das gesetzliche Pfandrecht (z. B. §§ 233, 562, 578, 581 Abs. 2, 583, 585 Abs. 2, 592, 647, 704, 1204-1256, 1257 BGB; §§ 410, 421, 440, 623, 674 HGB), das vertragliche Pfandrecht (§§ 1204-1256 BGB) und das Pfändungspfandrecht (in den §§ 803 ff. ZPO nur lückenhaft behandelt). Im Vergleich dazu ist im chinesischen Recht nur das vertragliche Pfandrecht geregelt (§ 210 Abs. 1 SachenRG). Zugleich beziehen die chinesische Lehre und Rechtsprechung sich nicht auf das gesetzliche Pfandrecht und Pfändungspfandrecht. Infolgedessen bezeichnet Pfandrecht in dieser Arbeit grundsätzlich nur das vertragliche Pfandrecht.

In der deutschen Praxis für Kreditsicherungszwecke ist die wirtschaftliche Bedeutung des Vertragspfandrechts gering. Da das Gesetz nur das Besitzpfandrecht an beweglichen Sachen anerkennt, versagt dieses Rechtsinstitut, wenn der Sicherungsgeber als Sicherungsgegenstand lediglich Sachen anbieten kann, deren Besitz - man denke an Betriebseinrichtungen, Warenvorräte und dergleichen - er nicht entbehren kann, wenn er wirtschaftlich weiter tätig sein will.[218] Aus den gleichen Gründen spielt auch in der chinesischen Praxis das Pfandrecht an beweglichen Sachen kaum eine Rolle. Demgegenüber hat das Pfandrecht an Rechten im chinesischen und deutschen Bankverkehr eine erheblich größere Bedeutung als die Verpfändung von beweglichen Sachen.[219]

1. Entstehen des Pfandrechts

Zur Absonderung berechtigt ein Pfandrecht nur dann, wenn es wirksam bestellt ist. Zur Bestellung eines Pfandrechts gehört die Einigung zwischen dem Verpfänder und dem Pfandgläubiger über die Verpfändung und die Übertragung des Besitzes auf den Pfandgläubiger mit dem Willen, dass dieser Pfandbesitz haben soll (§ 1205 BGB; § 208 Abs. 1 SachenRG)[220].

An der im Zuge der Verpfändung übergebenen Sache kann der Gläubiger nach dem deutschen Recht das Pfandrecht gutgläubig erwerben (§ 1207 i. V. m. §§ 932, 934, 935 BGB). Nach § 1208 BGB kann der Vorrang gutgläubig erworben werden, wenn das Pfand mit einem Drittrecht belastet ist. Auf dem Pfand lastende Rechte sind alle dinglichen Rechte wie Pfandrecht, Nießbrauch, Hypothek und Grundschuld und zwar unabhängig davon, ob diese Rechte durch Rechtsgeschäft, kraft Gesetzes oder durch Zwangsvollstreckung begründet wurden.[221] Die Vorschrift durchbricht das Prioritätsprinzip,[222] indem sie bewirkt, dass bereits bestehende (ältere) und dem Gläubiger unbekannte[223] dingliche Rechte dem Pfandrecht des Erwerbers gegenüber nachrangig werden.[224] Bestanden an dem Pfand mehrere dingliche Rechte und kannte der Pfandgläubiger beim Erwerb des Pfandrechts nur einen Teil dieser Rechte, so schiebt sich das Pfandrecht zwischen die bekannten und unbekannten Rechte.[225]

Auch nach chinesischem Recht kann der Gläubiger das Pfandrecht gutgläubig erwerben (§ 84 ErlOVGSichG), wenn der Verpfänder nicht berechtig ist, über den Gegenstand zu verfügen. Das setzt voraus,[226] dass
- eine bewegliche Sache durch Rechtsgeschäft von dem Gläubiger verpfändet wird;
- der Verpfänder nicht berechtigt ist, über den Gegenstand zu verfügen,[227]
- der Gläubiger schon den Pfandbesitz (ein Besitzkostitut reicht nicht aus) hat;
- der Gläubiger gutgläubig ist, also weder weiss, noch aufgrund grober Fahrlässigkeit nicht weiss, dass der Veräußerer nicht Eigentümer ist. Die Bedeutung von „gutem Glauben" im chinesischen Recht gleicht derjenigen in § 932 Abs. 2 BGB.

---

218 MK-InsO/*Ganter*, § 50 Rn. 4.
219 *Hj. Weber*, S. 288; *Zhao, Yiping*, S. 203 ff.
220 Uhlenbruck/*Uhlenbruck*, § 50 Rn. 5.
221 jurisPK-BGB/*Protz*, § 1208 Rn. 3; MK-BGB/*Damrau*, § 1208 Rn. 2.
222 jurisPK-BGB/*Protz*, § 1208 Rn. 1.
223 Ist die Pfandsache mit dinglichen Rechten verschiedenen Ranges belastet und kennt der Pfandgläubiger nur das im Rang schlechtere Recht, so führt dies nicht dazu, dass das ältere bekannte nachgehende Recht dem neuen Pfandrecht im Rang vorgeht und das ältere unbekannte vorgehende Recht diesem nachgeht. Denn das Rangverhältnis der bereits an der Pfandsache bestehenden (älteren) Rechte wird durch § 1208 nicht berührt. Vgl. jurisPK-BGB/*Protz*, § 1208 Rn. 8.
224 Palandt/*Bassenge*, § 1208 Rn. 2.
225 jurisPK-BGB/*Protz*, § 1208 Rn. 7.
226 *Li/Qi/Jin/Cao*, S. 311 ff.
227 Nach § 191 Abs. 2 SachenRG darf der Besteller während der Frist der Hypothek ohne das Einverständnis des Hypothekars den Gegenstand der Hypothek nicht übertragen. Daher ist jede Verfügung des Bestellers während der Frist unberechtigt, auch wenn die Sache nach der Bestellung der Hypothek mit einem Pfandrecht belastet wird. Damit muss jeder Pfandgläubiger in gutem Glauben sein.

Zudem sieht § 79 ErlOVGSichG vor, dass dem Hypothekar, wenn eine eingetragene Hypothek und ein Pfandrecht gleichzeitig an einem Gegenstand bestehen, die bevorzugte Befriedigung gewährt wird.

Unklar ist dabei die Rechtsstellung des gutgläubigen Gläubigers, d.h. die Frage, ob das gutgläubig erworbene Pfandrecht dem anderen Recht vorgeht. Falls nach § 79 ErlOVGSichG in keinem Fall ein Vorrang gegenüber einer eingetragenen Hypothek gewährt würde (allerdings ist diese Auffassung keinesfalls richtig), bleibt die Frage, ob nach der gleichen Vorschrift gegenüber einer nicht eingetragenen Hypothek auch kein Vorrang gewährt wird.

§ 79 ErlOVGSichG ist das Grundprinzip zur Feststellung des Befriedigungsrangs der verschiedenen Sicherheiten an einem Gegenstand.[228] Obwohl der Gesetzgeber davon ausgeht, dass das Pfandrecht der nicht eingetragenen Hypothek vorgeht,[229] besteht jedoch auf jeden Fall eine Lücke im Gesetz, weil diese Auffassung darin nicht ausdrücklich umgesetzt ist. Hinsichtlich des Verhältnisses zwischen eingetragener Hypothek und gutgläubigem Pfandrecht fehlt eine entsprechende Vorschrift. Obwohl das Gesetz an dem Prinzip festhält, dass die eingetragene Hypothek Vorrang hat, ist es auf die Kollision des gutgläubig erworbenen Pfandrechts mit der eingetragenen Hypothek nicht anwendbar, weil in diesem Fall das Vertrauen des gutgläubigen Gläubigers zu schützen ist.

Das neue SachenRG regelt nicht nur den gutgläubigen Erwerb des dinglichen Rechts (§ 106 SachenRG), sondern auch das Verhältnis zwischen gutgläubig erworbenen Pfandrechten und bereits bestehenden dinglichen Rechten (§ 108 SachenRG). Wenn ein gutgläubiger Übertragungsempfänger eine bewegliche Sache erlangt hat, erlöschen die ursprünglichen Rechte an dieser beweglichen Sache, soweit nicht der gutgläubige Übertragungsempfänger diese Rechte im Zeitpunkt der Übertragung kannte oder kennen musste.

Wenn ein Nichtverfügungsberechtigter eine bewegliche Sache einem Übertragungsempfänger übergibt, um ein Pfandrecht daran zu bestellen, hat der Eigentümer gem. § 106 SachenRG das Recht, sie herauszuverlangen. Jedoch erwirbt der Übertragungsempfänger sogleich das Pfandrecht an dieser Sache, wenn er die folgenden Voraussetzungen erfüllt:

1. Er weiß zur Zeit der Übertragung nicht, dass der Übertragende nicht verfügungsberechtigt ist und muss das [auch] nicht wissen.
2. Die Übertragung geschieht entgeltlich zu einem vernünftigen Preis.
3. Bei einer übertragenen Sache, deren Übertragung nach den gesetzlichen Bestimmungen registriert werden muss, ist die Registrierung erfolgt. Wenn jedoch nicht registriert werden muss, reicht es aus, wenn die Sache dem Übertragungsempfänger übergeben worden ist.

Nach der Aussage des Gesetzgebers hat § 108 SachenRG den Grundsatz des deutschen § 936 BGB übernommen.[230] Nach deutschem Recht ist für den gutgläubigen Erwerb des Pfandrechts § 1208 BGB maßgeblich. Allerdings beruht § 1208 BGB auf der gleichen Überlegung wie § 936 BGB[231]: Er regelt den lastenfreien Erwerb einer mit dem Recht eines Dritten belasteten Sache. Wer vom Besitzer erwirbt, soll darauf vertrauen können, dass diesem unbelastetes Eigentum zusteht.[232] Unter dem Gesichtspunkt des Schutzes dieses Vertrauens

---

228 *Li/Qi/Jin/Cao*, S. 283.

229 *Li/Qi/Jin/Cao*, S. 284.

230 *Wang, Shengming* (Hrsg.), S. 233

231 Staudinger/*Wiegand*, § 1208 Rn. 1.

232 Staudinger/*Gursky*, § 936 Rn. 1.

erlangt der gutgläubige Pfandgläubiger in diesem Fall ein Pfandrecht an dem aus seiner Sicht lastenfreien Gegenstand, obwohl der Gegenstand unter Umständen belastet ist. Weiterhin geht das Pfandrecht aufgrund der unbelasteten Verpfändung dem Recht eines Dritten vor. Angesichts dieser Überlegung ist die Regelung über die Feststellung des Rangs zwischen dem gutgläubigen Pfandgläubiger und einem anderen Gläubiger, dem ein dingliches Recht zusteht, ganz anders als die über die Feststellung des Rangs zwischen normalen dinglichen Sicherheitsgläubigern, nach der entweder das Prioritätsprinzip oder gewisse besondere Regelungen maßgeblich sind.

2. Publizität

Um ein Pfandrecht zu bestellen, ist nach beiden Rechtssystemen die Übertragung des Besitzes an dem Pfand auf den Pfandgläubiger erforderlich. Der Besitz ist das äußere Kennzeichen der Verpfändung, wobei sich der Übergang des Besitzes auf unterschiedliche Weise vollziehen kann:

- Im Regelfall ist zur Bestellung des Pfandrechts erforderlich, dass der Eigentümer die Sache dem Gläubiger übergibt und beide darüber einig sind, dass dem Gläubiger das Pfandrecht zustehen soll. (§ 1205 Abs. 1 S. 1 BGB; § 208 Abs. 1 SachenRG). Die Besitzeinräumung durch Vereinbarung eines Besitzkonstitus ist nach deutschem Recht nicht möglich.[233] Gem. § 87 ErlOVGSichG ist die Verpfändung auch unwirksam, wenn anstatt des Pfandgläubigers der Verpfänder das Pfand (unmittelbar) besitzt.
- Ist der Gläubiger im Besitz der Sache, so genügt die Einigung über die Entstehung des Pfandrechts (§ 1205 Abs. 1 S. 2 BGB).
- Hat der Verpfänder nur mittelbaren Besitz an der Sache, kann die Übergabe dadurch ersetzt werden, dass der Verpfänder den mittelbaren Besitz auf den Gläubiger überträgt und die Verpfändung dem unmittelbaren Besitzer anzeigt (§ 1205 Abs. 2 BGB). Diese Vorschrift hat auch der chinesische Gesetzgeber übernommen.[234] In § 88 ErlOVGSichG findet sich eine der deutschen Vorschrift ähnliche Regelung. Zugleich entsteht das Pfandrecht gem. § 88 ErlOVGSichG, wenn die Anzeige dem Gläubiger zugegangen ist. Bei der Anzeige ist anders als nach deutschen Recht Schriftform erforderlich.
- Die Übergabe der Pfandsache wird gem. § 1206 BGB durch Einräumung des qualifizierten gesamthänderischen Mitbesitzes ersetzt. Die verpfändete Sache wird dazu entweder dem Mitverschluss von Gläubiger und Verpfänder unterstellt oder sie darf dazu, falls ein Dritter sie im Besitz hat, von diesem nur an Gläubiger und Verpfänder gemeinsam herausgegeben werden.[235] Eine entsprechende Vorschrift fehlt im chinesischen Recht.

Daneben besteht im chinesischen Recht eine besondere Regelung. Gem. § 210 Abs. 1 SachenRG müssen der Verpfänder und der Pfandrechtsinhaber einen schriftlichen Pfandvertrag schließen. Darin müssen auch Bezeichnung, Menge, Qualität und Umstände des Pfands enthalten sein (§ 210 Abs. 2 SachenRG). Wenn das Pfand nicht das vereinbarte ist oder das übergegebene Pfand von der Vereinbarung abweicht, ist das übertragene Pfand maßgebend (§ 89 ErlOVGSichG). § 89 ErlOVGSichG geht davon aus, dass die Darstellung des Pfands nachfolgend verändert oder ergänzt werden kann. Ein Pfandvertrag ohne Bezeichnung des Pfands ist unwirksam. Mithilfe einer nachträglichen Veränderung, die durch tatsächliche Ü-

233 *Uhlenbruck/Uhlenbruck*, § 50 Rn. 6; MK-InsO/*Ganter*, § 50 Rn. 30.
234 *Li/Qi/Jin/Cao*, S. 319.
235 *Hj. Weber*, S. 135.

bertragung des Pfands durchgesetzt wird, wird die Unwirksamkeit des Pfandvertrags verhindert.[236]

3. Umfang der von einem Pfand gedeckten Forderung

Nach dem deutschen Recht haftet das Pfand für die Forderung in ihrem jeweiligen Bestand, insbesondere auch für Zinsen, Vertragsstrafen und Kosten, insbesondere die Ansprüche des Pfandgläubigers auf Ersatz von Verwendungen, die dem Pfandgläubiger zu ersetzenden Kosten der Kündigung und der Rechtsverfolgung sowie für die Kosten des Pfandverkaufs (§ 1210 BGB). Während des Insolvenzverfahrens sind die Zinsen für die Zeit ab Eröffnung des Insolvenzverfahrens bei der Verteilung des Absonderungserlöses zu berücksichtigen. Für die entsprechende persönliche Forderung ist der Gläubiger dagegen nach § 39 Abs. 1 Nr. 1 InsO nachrangiger Gläubiger.[237]

Wie im deutschen Recht werden die Hauptforderung und Zinsen, Vertragsstrafen und die Kosten der Aufbewahrung und der Verwertung des Pfands gem. § 173 S. 1 SachenRG durch das Pfand gesichert. Wenn im Pfandvertrag etwas anderes vereinbart ist, ist diese Vereinbarung maßgeblich (§ 173 S. 2 SachenRG). Die Berechnung von Zinsen wird aber mit dem Zeitpunkt der Eröffnung des Konkursverfahrens[238] eingestellt (§ 46 KoG).

4. Kreis der Verpfändungsgegenstände

An Sachen, an denen keine Hypothek bestellt werden kann (§ 184 SachenRG), kann auch kein Pfandrecht bestellt werden. An unbeweglichen Sachen kann auch kein Pfandrecht bestellt werden. Die Verpfändungsgegenstände müssen nach Ansicht der Literatur bestimmt oder wenigstens bestimmbar sein.[239]

a. Zubehör

Nach deutschem Recht erfasst das Pfandrecht anders als bei der Hypothek nicht das Zubehör der Sache, das nicht mitverpfändet wird.[240] Zubehör kann als selbstständige Sache (§ 97 BGB) auch unabhängig von der Hauptsache verpfändet werden.[241] Nur im Zweifel bezieht sich eine Verpfändung auch auf das beim Vertragsabschluss vorhandene Zubehör (§ 311c BGB). Ausgangspunkt von § 311c BGB ist die Tendenz, eine wirtschaftliche Einheit von Hauptsache und Zubehör zu erhalten und die Überzeugung, dass das im Zweifel auch dem Willen der Beteiligten entspricht.[242]

---

236 *Li/Qi/Jin/Cao*, S. 321.

237 *Gottwald/Gottwald*, § 42 Rn. 67.

238 Nach dem chinesischen Gesetz und der Lehre bedeutet die Verfahrenseröffnung keine Konkurserklärung; es findet nämlich kein Liquidationsverfahren nach Eröffnung des Konkursverfahrens statt, weil danach noch eine Sanierungs- bzw. Vergleichsmöglichkeit besteht. Nur wenn die Sanierungs- bzw. Vergleichsgelegenheit entweder aufgrund des Beschlusses des Konkursgerichts oder nach der Prüfung des Konkursgerichts ausgeschlossen ist, erfolgt eine Konkurserklärung. Vgl. *Tang, Weijian* (Hrsg.), S. 91. Nach dem deutschen Recht stehen neben der Eröffnung des Verfahrens bereits zusätzliche Entscheidungen des Gerichts an, z. B. über die beantragte Anordnung der Eigenverwaltung oder die Leitung eines Insolvenzplans.

239 *Zou/Chang*, S. 263.

240 *Baur/Stürner*, § 55 Rn. 10, S. 676; MK-InsO/*Ganter*, § 50 Rn. 7.

241 *Gottwald/Gottwald*, § 42 Rn. 30.

242 MK-BGB/*Kanzleiter*, § 311c Rn. 1.

Grundsätzlich erstreckt sich das Pfandrecht nach dem chinesischen Recht hingegen auch auf das Zubehör. Ausnahmsweise wird das Zubehör nicht belastet, sofern es nicht gemeinsam mit den verpfändeten Sachen dem Gläubiger übergeben wird und in dessen Besitz gelangt (§ 91 ErlOVGSichG).

Damit kommt man nach dem Vergleich beider Rechtssysteme zu dem Ergebnis, dass sie grundsätzlich gleich sind: Das nicht gleichzeitig verpfändete Zubehör wird nicht vom Pfandrecht erfasst. Aber das chinesische Recht hat den Zweck von § 311c BGB übersehen, so dass die Schwierigkeit besteht, folgendes Problem zu lösen. Nach der chinesischen Lehre hat das Zubehör die wichtige Eigenschaft, dass es dem wirtschaftlichen Zwecke der Hauptsache dient.[243] Wenn das Zubehör dem Gläubiger nicht mit der Hauptsache zusammen übergeben wird, haftet es gem. § 91 ErlOVGSichG nicht mit dem Pfandrecht, obwohl der wirtschaftliche Wert der Hauptsache bzw. das Interesse des Gläubigers angesichts des fehlenden Zubehörs beeinträchtigt wird. Nach dem entsprechenden chinesischen Recht ist dieses Problem unlösbar, es sei denn, es wird ein neues Pfandrecht an diesem Zubehör bestellt. Demgegenüber spricht der deutsche § 311c BGB dafür, das Zubehör im Zweifel bei einer Belastung einer Sache in den Haftungsverband fallen zu lassen. Der Begünstigte (Erwerber der Sache, Erwerber des Rechts oder Pfandes an einer Sache) muss lediglich die Tatsachen behaupten und beweisen, aus denen sich ergibt, dass sich ein Dritter gegenüber dem Begünstigten zur Veräußerung oder Belastung verpflichtet hat. Wegen der Zubehöreigenschaft hat der Begünstigte zu behaupten und zu beweisen, dass die Sache dem wirtschaftlichen Zweck der Hauptsache zu dienen bestimmt ist und zu ihr in einem entsprechenden räumlichen Verhältnis steht.[244] Dem Gläubiger wird damit durch § 311c BGB prozessrechtlicher und materiellrechtlicher Schutz gewährt, um sein eigenes Interesse zu verteidigen.

b. Bestandteil

Gem. § 93 BGB erfasst das Pfandrecht auch die wesentlichen Bestandteile. An ihnen allein kann deswegen kein Pfandrecht bestellt werden. Unwesentliche Bestandteile können dagegen verpfändet werden, unabhängig davon, ob sie von dem Pfandrecht erfasst werden oder nicht.

Eine entsprechende Vorschrift fehlt dem chinesischen Recht, weil die Lehre vom Bestandteil bzw. wesentlichen Bestandteil der Sache dem chinesischen Gesetz fremd ist.

c. Erzeugnisse

Nach § 96 ErlOVGSichG ist § 64 ErlOVGSichG in der chinesischen Praxis auch beim Pfandrecht anwendbar, wonach das Pfandrecht auch natürliche Früchte des Gegenstands erfasst.[245] Jedoch hat der chinesische Gesetzgeber einen Fehler gemacht, als er meinte, dass das Pfandrecht die Erzeugnisse der Sache nach dem deutschen Recht nicht erfasse.[246] Gem. § 1212 BGB erstreckt sich das Pfandrecht unstreitig auf die Erzeugnisse, die von dem Pfande getrennt werden, insbesondere die Erzeugnisse i. S. v. § 99 Abs. 1 BGB, z. B. Tierjunge oder Milch. Dies ist eine Ausprägung des dem § 953 BGB zugrunde liegenden Grundsatzes, dass die körperliche Trennung einer Sache auf ihren dinglichen Rechtszustand keinen Einfluss hat.

243 *Liang/Chen*, S. 32.
244 jurisPK-BGB/*Ludwig*, § 311c Rn. 7.
245 *Li/Qi/Jin/Cao*, S. 337.
246 *Li/Qi/Jin/Cao*, S. 337.

Dies bedeutet, dass das Pfandrecht an den getrennten Teilen der Sache fortbesteht.[247] Die Erzeugnisse i. S. v. § 99 Abs. 3 BGB fallen dagegen nicht darunter, sondern gem. § 1213 BGB unter ein Nutzungspfand, wenn es bestellt wird.

Dieser Fehler ergibt sich aus einem Missverständnis des deutschen Rechts. Einerseits sieht die chinesische Lehre den deutschen § 99 Abs. 1 und 3 BGB als eine Einheit an wobei nach der Lehre Tierjunge, Milch und Früchte allesamt zu den Erzeugnissen zählen.[248] Tatsächlich aber muss man sagen, dass § 99 BGB den Begriff des Erzeugnisses zwar definiert, er jedoch aus drei Absätzen besteht. Dabei gehören Tierjunge und Milch zu § 99 Abs. 1 BGB und Früchte zu § 99 Abs. 3 BGB. Die drei Arten von Erzeugnissen sind voneinander zu unterscheiden. Andererseits besteht das Pfandrecht nach der chinesischen Lehre, die natürlich auch mit der Analyse des BGB begründet wird, aus Besitzpfand (keine Möglichkeit, die Pfandsache zu nutzen) und Nutzungspfand und weil die Erzeugnisse nur die Nutzung betreffen, fallen sie selbstverständlich nicht unter das Besitzpfand und damit ist § 1212 BGB darauf nicht anwendbar. De facto fallen Tierjunge, Milch und Früchte zwar unter Erzeugnisse, jedoch können nach deutschem Recht zwei Arten von Pfandrecht daran bestellt werden und es sind § 99 Abs. 1 und 3 BGB darauf anwendbar.

d. Dingliche Surrogation

Grundsätzlich geht das Pfandrecht verloren, wenn die Pfandsache zerstört wird oder sonst untergeht (§ 936 BGB). Nach dem deutschen Recht werden infolge der Zerstörung erlangte Versicherungsleistungen, Schadenersatz- und Ausgleichszahlungen etc. nicht als dingliche Surrogation angesehen. Wird durch den drohenden Verderb des Pfandes oder durch eine zu besorgende wesentliche Minderung des Wertes die Sicherheit des Pfandgläubigers gefährdet, so kann dieser das Pfand öffentlich versteigern lassen. Damit tritt ausnahmsweise der Erlös an die Stelle des Pfandes (§ 1219 Abs. 2 BGB). Der Eigentümer der Pfandsache wird zunächst auch Eigentümer des Versteigerungserlöses. Der Pfandgläubiger hat infolge einer Versteigerung nach § 1219 Abs. 1 BGB lediglich ein Verwertungsrecht am Versteigerungserlös, jedoch kein Recht auf vorzeitige Befriedigung. Erst nach Eintritt der Pfandreife i. S. v. § 1228 BGB kann der Pfandgläubiger Befriedigung aus dem Versteigerungserlös verlangen, der Eigentumserwerb am Geld erfolgt dann durch Erklärung gegenüber dem Verpfänder.[249]

Dagegen erkennt der chinesische § 96 i. V. m. § 80 ErlOVGSichG eine dingliche Surrogation bei Vernichtung des Pfandgegenstands an. Wird während der Sicherungsfrist der als Sicherheit dienende Vermögensgegenstand beschädigt, geht er verloren, wird er eingezogen usw., so kann der Sicherungsberechtigte sich aus deshalb erhaltenen Versicherungsleistungen, Schadenersatz- und Ausgleichszahlungen usw. bevorzugt befriedigen (§ 174 SachenRG). Der „Verlust" bezieht sich nicht nur auf den kompletten Untergang, sondern auch auf die Sachbeschädigung und Enteignung der Hypothekengegenstände. Daher können das Surrogat Schadensersatzbeträge aus Deliktsrecht oder Vertragsrecht, Entschädigungsleistungen der Versicherung und Entschädigungsleistungen wegen Enteignung sein (§ 96 i. V. m. § 80 ErlOVG-SichG). Bei Fälligkeit darf der Pfandgläubiger aus den Versicherungsleistungen, Schadensersatzbeträgen und Entschädigungsbeträgen bevorzugt befriedigt werden.

---

247 Staudinger/*Weigand*, § 1212 Rn. 1.
248 *Li/Qi/Jin/Cao*, S. 249.
249 jurisPK-BGB/*Protz*, § 1219 Rn. 8.

5. Der Rang der Pfandgläubiger und der Befriedigung

Grundsätzlich bestimmt sich der Rang des Pfandrechts nach dem Zeitpunkt der Bestellung. Der Prioritätsgrundsatz ist im deutschen Recht maßgebend (§ 1209 BGB). Wann die gesicherte Forderung entsteht, ist dagegen unerheblich, auch wenn das Pfandrecht für eine künftige oder bedingte Forderung bestellt wird.[250] Bei einem mehraktigen Entstehungstatbestand – z. B. § 1205 Abs. 1 S. 1 BGB – ist entscheidend, wann das letzte Wirksamkeitserfordernis erfüllt worden ist.[251] Das chinesische Recht sieht den Rang der Pfandgläubiger gar nicht vor, weil die Gesetzgeber nur den unmittelbaren Besitz des Pfands berücksichtigen,[252] an dem Pfand grundsätzlich nur ein Pfandrecht bestellt werden kann und sie übersehen haben, dass aufgrund des mittelbaren Besitzes des Pfands auch mehrere Pfandrechte daran entstehen können.

Im deutschen Recht ist aufgrund des gutgläubigen Erwerbs § 1208 BGB zu berücksichtigen. Das gutgläubig erworbene Pfandrecht geht dem Recht eines Dritten vor. Auch § 108 SachenRG sieht eine Vorzugsbefriedigung aus dem gutgläubig erworbenen Pfandrecht vor.

Haben die Parteien nichts Abweichendes vereinbart, erfolgt die Befriedigung aus dem Erlös nach dem chinesischen Recht in der folgenden Reihenfolge: 1. Kosten der Realisierung des Pfandrechts; 2. Zinsen der Hauptforderung; 3. Hauptforderung (§ 96 i. V. m. § 74 ErlOVGSichG).

Im deutschen Recht ist die Reihenfolge der Befriedigung dagegen umstritten. Zwar wird in § 57 Abs. 1 S. 2 RegE klargestellt, dass die Reihenfolge der § 367 Abs. 1 BGB und § 11 Abs. 3 des Verbraucherkreditgesetzes (nunmehr § 497 Abs. 3 S. 1 BGB) maßgeblich ist.[253] Jedoch wurde diese Bestimmung gestrichen, weil die beiden Vorschriften Anwendung finden, „ohne dass es einer ausdrücklichen Wiederholung der Tilgungsreihenfolge im Bereich des Insolvenzrechts bedarf".[254] Aufgrund dessen ist es ohne Bedeutung, die Befriedigungsreihenfolge nach dem Wortlaut von § 50 Abs. 1 InsO zu bestimmen. Vielmehr sieht § 50 Abs. 1 InsO nur den Umfang der Forderung vor, der von dem Erlös gedeckt ist. Falls der Gläubiger nach der Reihenfolge i. S. v. § 50 Abs. 1 InsO befriedigt würde, entstünde ein Streit zwischen § 57 Abs. 1 S. 2 in der Fassung des Rechtsausschusses (nunmehr § 50 Abs. 1 InsO) und seiner Begründung: Einerseits ist die Reihenfolge des § 50 Abs. 1 InsO maßgeblich; andererseits finden zugleich die §§ 367 Abs. 1, 497 Abs. 3 S. 1 BGB Anwendung.

6. Erlöschen des Pfandrechts

a. Wegfall der gesicherten Forderung

Gem. § 1252 BGB erlischt das Pfandrecht in Deutschland mit der Forderung, für die es besteht.

Die Erfüllung der gesicherten Forderung hat für das Pfandrecht unterschiedliche Wirkun-

250 MK-InsO/*Ganter*, § 50 Rn. 54.
251 MK-InsO/*Ganter*, § 50 Rn. 53.
252 *Liang*, Erörterung, S. 967.
253 MK-InsO/*Ganter*, vor §§ 49 bis 52 Rn. 59; HK/*Eickmann*, § 50 Rn. 14; a. A. *Gottwald/Gottwald*, § 42 Rn. 67; *Uhlenbruck/Uhlenbruck*, § 52 Rn. 8.
254 BT-Drucks. 12/7302, S. 160.

gen je nachdem, wer den Gläubiger befriedigt. Das Pfandrecht erlischt nicht dadurch, dass der Verpfänder, der nicht der persönliche Schuldner ist, den Pfandgläubiger befriedigt. Vielmehr gehen in diesem Fall die Forderung (§ 1225 BGB) und mit dieser das Pfandrecht (§§ 401, 1250 BGB) auf den Verpfänder über. Etwas anderes gilt aber dann, wenn der Verpfänder als Nichtberechtigter verfügt und der Pfandgläubiger das Pfandrecht nur kraft guten Glaubens erworben hatte. Ferner erwirbt der Verpfänder das Pfandrecht dann nicht, wenn er zugleich Eigentümer ist. In diesem Falle geht das Pfandrecht grundsätzlich durch Konsolidation nach § 1256 Abs. 1 BGB unter. Befriedigt der persönliche Schuldner - ob er zugleich Verpfänder und/oder Eigentümer ist, ist unerheblich - den Pfandgläubiger, so erlöschen Forderung und Pfandrecht. Wird der Pfandgläubiger durch den Eigentümer befriedigt, so erwirbt er - falls dieser nicht zugleich persönlicher Schuldner ist - die Forderung. Hinsichtlich des Pfandrechts gilt in jedem Falle § 1256 BGB.[255]

Im chinesischen Recht besteht das Pfandrecht in Abhängigkeit von der von ihm gesicherten Forderung (§ 177 SachenRG): Wenn die Forderung erlischt, erlischt auch das Pfandrecht. Weil Verpfänder nicht nur der persönliche Schuldner sein kann, sondern auch ein Dritter, der nicht ein persönlicher Schuldner ist (§ 208 SachenRG), hat die Erfüllung für das Pfandrecht unterschiedliche Wirkungen je nachdem, wer den Gläubiger befriedigt. Für die unterschiedlichen Wirkungen sind verschiedene Vorschriften vorgesehen. Eine dem deutschen Recht entsprechende Vorschrift fehlt aber leider im chinesischen Recht. Dem Dritten steht nach § 176 S. 2 SachenRG nur ein schuldrechtlicher Anspruch zu. Er ist berechtigt, vom Schuldner Erstattung zu verlangen, nachdem der Pfandrechtsinhaber das Pfand verwertet hat, wenn er dieses vorher als Sicherheit für den Schuldner hingegeben hat.

b. Untergang des Pfandgegenstandes

Das Pfandrecht erlischt auch, wenn die Pfandsache zerstört wird oder sonst untergeht[256]. Das Pfandrecht an einer Sache erlischt (§ 949 S. 1 BGB), wenn diese durch Verbindung wesentlicher Bestandteil einer anderen Sache oder mit dieser untrennbar vermischt oder vermengt wird (§§ 946, 947, 948 BGB) oder wenn infolge Verarbeitung (§ 950 BGB) eine neue Sache entsteht. Verliert der Sicherungsnehmer auf diese Weise sein Sicherungsrecht und besteht auch keine vertragliche Vereinbarung zwischen ihn und den neue Eigentümer, hat er gemäß § 951 Abs. 1 S.1 i.V.m. § 812 BGB einen Bereicherungsanspruch gegen denjenigen, der das (unbelastete) Eigentum an der Hauptsache bzw. der neuen Sache erwirbt.

Wenn dagegen im chinesischen Recht das Pfand wegen Verbindung, Vermischung oder Verarbeitung untergeht, erstreckt sich das Pfandrecht nach § 96 i.V.m. § 62 ErlOVGSichG auf die Schadenersatz- und Ausgleichszahlungen, die der neue Eigentümer an den alten Eigentümer bezahlt, weil nach der Begründung des Gesetzgebers die Zahlung Surrogation des Pfands angesehen wird.[257]

In den Fällen der Besitzentziehung oder des Sachverlusts kann der Pfandgläubiger gegenüber dem besitzenden Eigentümer, Verpfänder oder auch Dritten die Herausgabe der Pfandsache nach § 985 BGB verlangen, sofern dem Besitzer kein Recht zum Besitz nach § 986 BGB zusteht (§ 1227 BGB). Die Besitzentziehung oder der Sachverlust führt nicht zum Erlöschen

---

255 MK-InsO/*Ganter*, § 50 Rn. 60.
256 *Hj. Weber*, S. 149.
257 *Li/Qi/Jin/Cao*,S. 242 ff.

des Pfandrechts, sondern zu einer Störung des Pfandrechts. Entsprechend der Art der Pfandbestellung kann die Wiedereinräumung des unmittelbaren Alleinbesitzes (§ 1205 Abs. 1 BGB), des unmittelbaren Mitbesitzes (§ 1206 Halbs. 1 BGB) oder die Wiederherstellung des unmittelbaren Besitzes des Besitzmittlers verlangt werden (§ 1205 Abs. 2; § 1206 Halbs. 2 BGB). Bei Störung des Pfandgläubigers im Besitz hat dieser die Ansprüche aus § 1004 BGB. Entsprechend dem Eigentümer kann der Pfandgläubiger Schadenersatz gemäß §§ 987 ff. BGB verlangen. Nach Eintritt der Pfandreife kann der Pfandgläubiger Schadenersatz bis zur Höhe seines Pfandinteresses verlangen (§ 1210 BGB)

Gleich dem deutschen § 1227 BGB sieht das chinesische Recht in § 87 Abs. 2 ErlOVG-SichG vor, dass der Pfandgläubiger berechtigt ist, von dem Besitzer die Herausgabe der Sache zu verlangen, wenn aus Gründen, für die dem Pfandgläubiger keine Verantwortung zugewiesen werden kann, der Pfandgläubiger den Besitz verliert.

c. Rückgabe der Pfandsache

Das Pfandrecht erlischt, wenn der Pfandgläubiger das Pfand dem Verpfänder oder dem Eigentümer zurückgibt (§ 1253 Abs. 1 BGB). Bei Rückgabe an den persönlichen Schuldner, der nicht Verpfänder oder Eigentümer ist, erlischt das Pfandrecht nicht.[258] Die Rückgabe an den Insolvenzverwalter des Eigentümers oder Verpfänders genügt aber.[259] Bei der Rückgabe muss der Gläubiger gewusst haben, dass es sich bei dem Empfänger um den Verpfänder oder Eigentümer des Pfandes handelte. Auf den Willen, das Pfandrecht aufzuheben, kommt es nicht an.[260]

Die Regelung des § 1253 BGB ist offensichtlich durch den chinesischen Gesetzgeber in § 87 ErlOVGSichG übernommen worden.[261] Der chinesische Gesetzgeber sieht dabei vor,[262] dass das Pfandrecht erlischt, wenn der Pfandgläubiger das Pfand aus irgendeinem Grund dem Verpfänder zurückgibt. Er hat dabei aber § 1253 BGB falsch interpretiert. Dieser wird von ihm als ein typisches Beispiel dafür angesehen, dass auch das Pfandrecht erlischt, wenn der Pfandgläubiger den Besitz des Pfands verliert.[263] Gem. § 1253 BGB führt aber nur die Rückgabe, nicht hingegen der Besitzverlust des Pfands zum Erlöschen des Pfandrechts.

Weiterhin sollten folgende Gedanken auch vom chinesischen Recht in Betracht gezogen werden. Auch wenn die Rückgabe aufgrund eines besonderen Vertrages, z. B. Miete, Leihe, Hinterlegung erfolgt, erlischt das Pfandrecht, andernfalls könnte auf diesem Wege das Verbot der Pfandbestellung durch Besitzkostitut umgangen werden.[264] Eine ganz kurzfristige Aushändigung soll als Rückgabe gelten.[265] Obwohl man in derartigen Fällen nicht von einer wirklichen Besitzaufgabe sprechen kann, ist diese Auffassung aber zumindest wegen der Vermutung in § 1253 Abs. 2 BGB risikoreich.

---

258 MK-InsO/*Ganter*, § 50 Rn. 63; *Hj. Weber*, S. 150.
259 MK-InsO/*Ganter*, § 50 Rn. 63; Palandt/*Bassenge*, § 1253 Rn. 3.
260 MK-BGB/*Damrau*, § 1253 Rn. 4; MK-InsO/*Ganter*, § 50 Rn. 63.
261 *Li/Qi/Jin/Cao*, S. 317.
262 *Li/Qi/Jin/Cao*, S. 318.
263 *Li/Qi/Jin/Cao*, S. 317.
264 Staudinger/*Wiegand*, § 1253 Rn. 5.
265 MK-InsO/*Ganter*, § 50 Rn. 63; a. A. Palandt/*Bassenge*, § 1253 Rn. 4; Staudinger/*Wiegand*, § 1253 Rn. 12; jurisPK-BGB/*Protz*, § 1253 Rn. 11.

d. Konsolidation

Treffen das Eigentum und das Pfandrecht an einer beweglichen Sache in einer Person zusammen, kann es zu einer Konsolidation kommen, kraft derer das Pfandrecht erlischt und das belastete Eigentum zu einem unbelasteten„erstarkt“ (§ 1256 Abs. 1 S. 1 BGB). Ein Recht an der eigenen Sache im Sinne eines Eigentümerpfandrechts – vergleichbar mit der Eigentümergrundschuld nach § 1177 BGB – schließt die Vorschrift des § 1256 BGB ausdrücklich aus. Kann der Schuldner bei Fälligkeit der Forderung nicht zahlen, ist ein Dritter, der eine ihm gehörende Sache für die Forderung verpfändet hat, zur Befriedigung des Pfandgläubigers berechtigt (§ 1223 Abs. 2 BGB). In diesem Fall geht die Forderung auf den Verpfänder über (§ 1225 S. 1 BGB) und mit der Forderung das Pfand (§§ 412, 401, 1250 Abs. 1 S. 1 BGB). Sofern das Pfandrecht mit dem Eigentum zusammentrifft, erlischt es aufgrund der Konsolidation. Ausnahmsweise bleibt bei einer Nachverpfändung das Pfandrecht wegen der ersten Forderung erhalten, wenn der Verpfänder diese tilgt. Das ist der Fall des § 1256 Abs. 2 BGB.[266]

Dagegen fehlen entsprechende Vorschriften im chinesischen Recht. Die Lehre erkennt nur an, dass die Konsolidation des Pfandrechts und Eigentums zum Erlöschen des Pfandrechts führt.[267]

e. Verzicht auf das Pfandrecht

Nach § 1255 BGB erlischt ein Pfandrecht ferner durch einseitige Erklärung des Pfandgläubigers dem Verpfänder oder Eigentümer gegenüber, dass er das Pfandrecht aufgebe. Allerdings kommt ein Verzicht auf ein Absonderungsrecht im Allgemeinen nur in Betracht, wenn die Verwertung aussichtslos oder schwierig ist oder wenn der Absonderungsberechtigte mit seinem Recht wegen vorrangiger wertausschöpfender Belastungen mit Sicherheit ausfallen wird.[268]

Wie bei der Konsolidation sieht die chinesische Lehre den Verzicht auf das Pfandrecht als eine Art von Erlöschen des Pfandrechts an.[269] Dieser Fall ist aber noch nicht im Gesetz vorgesehen.

III. Pfandrecht an Rechten

Grundsätzlich können alle selbständig übertragbaren Rechte als Sicherheiten verwendet werden. Nicht übertragbar sind insbesondere höchstpersönliche Rechte (z. B. § 38 BGB) und Forderungen, deren Abtretung durch Vertrag ausgeschlossen worden ist (§ 399 BGB). Bedeutung hat vor allem die Verpfändung von Geldforderungen, Grundschulden, Anteilen an Handelsgesellschaften, Aktienrechten, Patent- und Urheberrechten.[270]

Gem. § 223 SachenRG wird in der chinesischen Praxis an Wertpapieren, Anteilen, Aktien, Patenten, Urheberrechten und Geldforderungen ein Pfandrecht bestellt. Obwohl nach § 223 SachenRG an jeder Forderung ein solches Recht bestellt werden kann, ist angesichts der Kre-

266 MK-InsO/*Ganter*, § 50 Rn. 64.
267 *Chen, Huabin*, S. 165.
268 MK-InsO/*Ganter*, vor §§ 49 bis 52 Rn. 120.
269 *Chen, Huabin*, S. 165.
270 *Schwab/Prütting*, Rn. 826.

ditwürdigkeit vieler chinesischer Sicherungsgeber die Bestellung nur an einer Forderung, die urkundlich belegt ist oder unter der Verwaltung einer Behörde steht, empfehlenswert.[271] Dies gilt insbesondere für die Verpfändung einer Forderung (account receivable) nach § 223 Nr. 6 SachenRG.

Weil bei dem Pfandrecht an Rechten die Bestellung des Pfandrechts, der Umfang der gesicherten Forderung und der Kreis der möglichen Verpfändungsgegenstände usw. ähnlich wie beim Pfandrecht an beweglichen Sachen ist, wird im folgenden Teil nur über die Verpfändung von Forderungen und Wertpapieren diskutiert, da Ersteres neu im chinesischen Gesetz geregelt wird und in der Praxis eingeführt ist und es bei Letzterem in der Praxis einige Probleme gibt.

1. Verpfändung von Forderungen (accounts receivable)

a. Praktische Anwendung dieser Sicherheiten

Zurzeit sind die Finanzierungsmöglichkeiten für chinesische Mittel- und Kleinunternehmen sehr gering. Typische Sicherungsmittel, z. B. die Verpfändung der beweglichen Sachen oder die Bestellung einer Hypothek an Bodennutzungsrechten, nützen ihnen nicht. Einerseits sind die zur Verpfändung dienenden beweglichen Sachen wichtig für den Betrieb des Unternehmens, ein Pfandrecht daran kann also unmöglich bestellt werden, das es Übergabe und somit Übertragung des unmittelbaren Besitzes voraussetzt. Andererseits besitzt das Unternehmen häufig nur ein kleines oder mittelgroßes Grundstück, so dass auch der Wert des Bodennutzungsrechts ungenügend ist, um einen großen Kredit zu sichern. Obwohl die Hypothek an beweglichen Sachen jetzt ausdrücklich im SachenRG anerkannt wird, ist dieses Mittel auch nicht durchsetzbar, da Banken in der Praxis diese Hypothek häufig nicht annehmen, weil die betreffenden beweglichen Sachen eine hohe Verschleißrate aufweisen. Aus diesen Gründen entwickelt sich die Verpfändung von Forderungen in der chinesischen Praxis zu einem neuen Kreditsicherungsmittel. Dabei bestehen die zu besichernden künftigen Forderungen meistens aus Geldforderungen, die dem Unternehmen gegen andere Unternehmen zustehen.[272]

Nicht nur für chinesische Mittel- und Kleinunternehmen, sondern auch für Infrastrukturbauunternehmen hat die Verpfändung von Forderungen große Bedeutung.

Zurzeit ist der Aufbau der Infrastruktur für die chinesische Wirtschaftsentwicklung von großer Bedeutung. In diesen Bereich soll erhebliches Kapital investiert werden. Allerdings ist die Finanzierung für die Baufirmen ein großes Problem, weil solche Firmen normalerweise anlässlich des Projekts neu gegründet werden und es damit schwierig für sie ist, genügend Vermögen vorzuweisen, um eine Hypothek oder Pfandrecht an diesem zu bestellen und einen entsprechenden Kredit von der Bank zu bekommen, der der Realisierung des Bauprojekts dient. In dieser Situation ist die Verpfändung von Forderungen eine ideale Finanzierungsmöglichkeit für die Baufirma. Sie kann daran ein Pfandrecht bestellen und aufgrund dieser Si-

---

271 *Cao, Shibing*, S. 299.

272 *Liu, Ping*, S. 12. Der Verfasser ist der Leiter des Forschungsbüros der chinesischen Volksbank, die die chinesische Zentralbank ist. Dieser Aufsatz wurde auf einer vom Justizausschuss des Nationalen Volkskongresses eingeberufenen Konferenz präsentiert. Der Autor geht davon aus, dass die in diesem Bericht vertretenen Auffassungen den Gesetzgeber des Sachenrechtsgesetzbuchs womöglich beeinflusst haben und sie auch als Fußnoten zum neuen Gesetzbuch angesehen werden können.

cherheit von der Bank den Kredit erhalten, um das Bauprojekt, z. B. den Bau einer Autobahn oder eines Stromnetzes, voranzutreiben. In diesem Fall bestehen die Forderungen z. B. aus der künftigen Autobahngebühr oder Stromgebühr.

b. Voraussetzungen der Bestellung eines Pfandrechts an Forderungen

Die Verpfändung von Forderungen setzt einen Pfandvertrag und die Eintragung voraus. Nach § 228 SachenRG ist ein schriftlicher Pfandvertrag erforderlich und die Verpfändung ist erst mit der Eintragung beim Kreditbüro wirksam. Die im deutschen Recht vorgesehene Anzeige des Gläubigers an den Schuldner ist im chinesischen Recht nicht erforderlich. Bei dieser Vorschrift geht es tatsächlich um eine Abwägung zwischen Rechtssicherheit und Förderung des Geschäftsverkehrs.

Um die Interessen des Gläubigers zu schützen, regelt § 228 SachenRG, dass bei der Bestellung eines Pfandrechts an Forderungen ein schriftliche Vertrag und eine öffentliche Eintragung erforderlich sind. Mithilfe der Eintragung ist es für die Regierung gleichzeitig möglich, die neu entwickelte Finanzierungsmöglichkeit zu kontrollieren.

Auf der Seite des Schuldners, insbesondere der Mittel- und Kleinunternehmen, ergibt sich aus § 228 SachenRG auf jeden Fall eine schwerwiegende Belastung, da er bei der Bestellung eines Pfandrechts jedes Mal eine Eintragungsgebühr zahlen und viel Zeit dafür aufwenden muss.

2. Verpfändung von Wertpapieren, insbesondere. Wechsel und Scheck

Zur Bestellung eines Pfandrechts an Wertpapieren müssen Verpfänder und Pfandrechtsinhaber einen schriftlichen Pfandvertrag schließen (§§ 210 Abs. 1, 224 SachenRG). Wenn Wertpapiere verpfändet werden, muss das Papier innerhalb der im Vertrag vereinbarten Frist dem Pfandrechtsinhaber übergeben werden. Der Pfandvertrag wird mit dem Tag der Übergabe wirksam (§ 224 SachenRG). Zu klären sind die folgenden Punkte a. und b., welche die Wirksamkeit der Bestellung des Pfandrechts betreffen. Obwohl die Voraussetzungen für die Bestellung des Pfandrechts an Wertpapieren gesetzlich ausdrücklich geregelt werden sollen, entstehen im chinesischen Recht, nämlich im SachenRG und dem chinesischen WSG gewisse Konflikte. Welches Gesetz bei der Verpfändung der Wertpapieren maßgeblich ist, ist bis jetzt strittig. Aufgrund dessen ist eine wissenschaftliche Diskussion des Problems erforderlich.

Vor der Diskussion sind Grundkenntnisse des chinesischen WSG zu vermitteln. Nach dem WSG sind unter Wertpapieren nur Wechsel, eigene Wechsel und Schecks zu verstehen (§ 2 Abs. 2 WSG).

Der Wechsel ist ein vom Aussteller unterzeichnetes Wertpapier, das den Bezogenen beauftragt, bei Vorlage des Papiers oder an einem bestimmten Tag bedingungslos eine bestimmte Summe Geld an den Zahlungsempfänger oder den Inhaber des Papiers zu bezahlen. Wechsel unterteilen sich in Bankwechsel und Handelswechsel (§ 19 WSG). Wie im deutschen Recht ist ein Inhaberwechsel nach § 22 WSG nicht erlaubt. Die Angabe der Namen von Bezogenem und Wechselnehmer ist erforderlich (Art. 1 Nr. 3, 6 WG; § 22 Nr. 4, 5 WSG). Durch Indossament kann der Wechselnehmer den Wechsel einem anderen übertragen. Damit werden die Rechte aus dem Wechsel dem anderen übertragen (§ 27 WSG).

Der eigene Wechsel ist ein Papier, das der Aussteller unterschrieben ausgibt und mit dem er verspricht, bei Vorlage bedingungslos eine bestimmte Geldsumme an den Zahlungsempfänger oder den Inhaber zu zahlen. Mit eigenen Wechseln meint das Gesetz eigene Wechsel von Banken (§ 73 WSG).

Der Scheck ist ein vom Aussteller unterschriebenes und ausgegebenes Papier, mit dem er eine Bank oder ein sonstiges Kreditinstitut, das das bzw. die Scheckkonten führt, beauftragt, bei Vorlage bedingungslos eine bestimmte Geldsumme an den Zahlungsempfänger oder Inhaber zu zahlen (§ 83 WSG). Wie in Art. 5 Abs. 1 dt. ScheckG braucht der Scheck nach § 84 WSG den Namen nicht desjenigen zu enthalten, an den gezahlt werden soll. Das Gesetz kennt also den Inhaberscheck.

Im Vergleich zum deutschen Recht ist die im deutschen Recht bekannte Klassifikationsmethode, nämlich in Rektapapiere, Orderpapiere und Inhaberpapiere, nur von der chinesischen Literatur übernommen wurden. Der im WSG geregelte Wechsel, Eigenwechsel und Scheck, der den Namen des Schecknehmers enthält, entspricht den Orderpapieren im deutschen Recht und der Inhaberscheck entspricht dem deutschen Inhaberpapier.

Aufgrund der Unterschiede zwischen Orderpapier und Inhaberpapier sollten sich die Wirksamkeitsvoraussetzungen zur Verpfändung der beiden Papiere voneinander unterscheiden. Im chinesischen Recht besteht dennoch kein Unterschied.

a. Pfandindossament und Entstehung des Pfandrechts

Ob ein Pfandindossament zur Bestellung des Pfandrechts erforderlich ist, ist im chinesischen Recht umstritten. Gem. §§ 210 Abs. 1, 224 SachenRG ist ein Pfandindossament bei der Entstehung des Pfandrechts nicht erforderlich. Es bestehen nur zwei Voraussetzungen: Abschluss des Pfandvertrags und Übergabe der Papiere. Dagegen ist nach §§ 35 Abs. 2, 81 Abs. 1, 94 Abs. 1 WSG ein Pfandindossament erforderlich. Dieser Unterschied dehnt sich weiter auf die ErlOVGSichG und das RegOVGWSG aus. Nach § 98 ErlOVGSichG ist die Bestellung eines Pfandrechts an Papieren ohne Pfandindossament zwar wirksam, jedoch kann das Pfandrecht Dritten nicht entgegengehalten werden. Soll dagegen nach § 35 Abs. 2 WSG ein Pfandrecht an dem Wechsel bzw. Scheck[273] (§ 93 i.V.m. § 35 Abs. 2 WSG) bestellt werden, ist die Bestellung ausnahmslos unwirksam, wenn ein Pfandindossament fehlt, ohne Rücksicht darauf, ob nur das Wort „Verpfändung“ ohne Indossament auf dem Wertpapier steht oder ob kein solches Wort darauf steht, aber ein Pfandvertrag gesondert abgeschlossen ist (§ 55 RegOVGWSG). Offensichtlich besteht nach dem RegOVGWSG ohne Pfandindossament kein Pfandrecht an Wertpapieren.

Wegen dieses Konflikts hat das OVG am 6. Juni 2001 einen Beschluss[274] gefasst. Nach dem Beschluss ist das Pfandindossament zur Bestellung des Pfandrechts an Wertpapieren nicht erforderlich, da insoweit § 98 ErlOVGSichG maßgebend ist. Die Begründung dafür lautet wie folgt:
- Nach §§ 64, 76 SichG (jetzt §§ 210 Abs. 1, 224 SachenRG) ist die Übergabe der Papiere bei Bestellung eines Pfandrechts erforderlich und ausdrücklich geregelt. Dagegen sieht das WSG nicht ausdrücklich vor, dass das Pfandindossament eine Voraussetzung für die Bestel-

273 Nach § 93 ch. WG gelten bei Scheck den Vorschriften für den Wechsel.
274 Vgl. *Cao, Shibing* (2001), S. 86 ff.

lung des Pfandrechts ist.
- Nach § 31 Abs. 1 WSG muss, wer nicht im Wege der Übertragung durch Indossament, sondern in anderer rechtmäßiger Form einen Wechsel erlangt hat, Beweise dafür vorlegen. Damit kann ein Dritter einen Wechsel auch erlangen bzw. ein Pfandrecht daran bestellen, selbst wenn kein Indossament erfolgt ist, weil er durch den schriftlichen Pfandvertrag in Zusammenhang mit dem Besitz des Papiers seine Rechte aus dem Wechsel beweisen kann.

Obwohl damit der Streit zwischen beiden Regelungen durch den Beschluss des OVG gelöst ist, ist das Ergebnis teilweise kritisch, weil die Verpfändung von Papieren je nach dem Verhältnis, das zwischen der Forderung und den Papieren besteht, eigentlich unterschiedlichen Erfordernissen unterworfen ist, die im deutschen Recht klar geregelt worden sind.

Gem. § 1292 BGB ist zur Verpfändung von Orderpapieren außer der Einigung und Übergabe ein Pfandindossament erforderlich. Dagegen ist zur Verpfändung von Inhaberpapieren nach § 1293 BGB ein Pfandindossament nicht erforderlich. Zwar kann das Orderpapier auch ohne Indossament bzw. nach § 1274 BGB verpfändet werden, jedoch verschafft die Verpfändung dem Pfandgläubiger dann eine wesentlich schwächere Rechtsposition als bei einer Verpfändung nach § 1292 BGB. Der Pfandgläubiger erhält bei der nicht wertpapiermäßigen Verpfändung nur die Rechtsposition, die der Schuldner innehatte. Er ist gemäß § 1275 i. V. m. § 404 BGB allen Einwendungen des Schuldners ausgesetzt: ein gutgläubiger Erwerb kommt ebenfalls nicht in Betracht. Infolgedessen wird von dieser nichtwertpapierrechtlichen Verpfändungsform bei Orderpapieren praktisch kaum Gebrauch gemacht.[275]

Weil Wechsel und Scheck i. S. d. WSG grundsätzlich wie Orderpapiere i. S. des deutschen Rechts ausgestaltet sind und der Inhaberscheck zu den Inhaberpapieren gezählt wird, ist weder das SichG bzw. SachenRG noch das WSG bei der Feststellung der Wirksamkeitsvoraussetzungen für die Bestellung eines Pfandrechts an Papieren maßgebend. Das Pfandindossament ist bei der Verpfändung der Orderpapiere erforderlich, bei der Verpfändung der Inhaberpapiere jedoch nicht. Selbst wenn man den Inhaberscheck außer Betracht lässt, sind aber zumindest die Vorschriften des WSG bzw. RegOVGWSG und nicht die des SichG bzw. SachenRG maßgebend. Nach dem Wortlaut des Beschlusses des OVG scheint es, als ob der Gesetzgeber die Besonderheiten eines Pfandrechts an Wechsel und Scheck und die unterschiedlichen Eigenschaften verschiedener Papiere verkannt hat.

Die deutschen Vorschriften sind aus chinesischer Sicht sicherlich zu berücksichtigen. Das Pfandindossament für die Verpfändung von Orderpapieren erforderlich. Die Begründung ist folgende:

Nach § 35 Abs. 2 S. 2 WG kann der Pfandgläubiger die Rechte aus dem Wechsel ausüben, wenn er nach dem Gesetz, nämlich mit einem Pfandindossament (§ 35 Abs. 2 S. 1 WG) sein Pfandrecht geltend macht. Daraus ergibt sich, dass obwohl der Pfandgläubiger mit einem Wechsel ohne Pfandindossament sein Pfandrecht geltend machen kann, dieser Anspruch von dem Bezogenen verweigert werden kann.

Wenn der Pfandgläubiger in vorgenanntem Fall verhindert ist, sein Pfandrecht durchzusetzen, kann er nach dem Beschluss des OVG eine Klage erheben, im Zuge derer er mittels des Pfandvertrags sein Pfandrecht geltend machen kann. Dem ist aber nicht zu folgen. Aufgrund

275 Staudinger/*Wiegand*, § 1292 Rn. 16; jurisPK-BGB/*Metzger*, § 1292 Rn. 12.

des Grundsatzes der formellen Wechselstrenge muss ein Wechsel „aus sich heraus für jedermann ohne weiteres verständlich und eindeutig sein".[276] Zur Auslegung des Wechsels dürfen daher keine außerhalb der Urkunde liegenden Umstände herangezogen werden, es sei denn, sie sind für einen durchschnittlichen Teilnehmer am Wechselverkehr grundsätzlich ohne weiteres erkennbar.[277] Dieses Prinzip wird auch von chinesischem Recht anerkannt.[278] Bei der Auslegung, ob das Pfandrecht an einem Wechsel ohne Pfandindossament besteht, findet dieses Prinzip auch entsprechende Anwendung.[279] Damit ist die Verpfändung eines Wechsels oder Schecks unwirksam, wenn das Pfandindossament fehlt.

Außerdem wird der Pfandgläubiger durch das Klageerfordernis schwer belastet.

b. Verpfändung von Wechsel und Scheck mit dem Vermerk „Indossierungsverbot" bzw. „Übertragungsverbot"[280]

In der chinesischen Praxis besteht ein schwieriger Streit, ob ein Wechsel trotz des Vermerks „Übertragungsverbot" mit einem Pfandindossament verpfändet werden kann. Das obere Volksgericht der Stadt Tianjin hat bejaht dies,[281] weil in diesem Fall „das Eigentum an dem Wechsels angesichts der Bestellung eines Pfandrechts nicht übertragen wird". Dagegen hat das obere Volksgericht der Provinz Liaoning dies verneint,[282] weil „die Bestellung eines Pfandrechts zur Übertragung des Wechsels führt."

Dieses Problem soll unter zwei Aspekten diskutiert werden, weil die Rechtsfolge des Indossierungsverbots, das vom Aussteller gesetzt wird, anders ist als bei demjenigen Verbot, das vom Indossant gesetzt wird.

Nach Art. 11 Abs. 2 WG ist der Wechsel lediglich dann ein Rektawechsel, wenn der Aussteller die Übertragung durch Indossament verbietet, indem er in den Wechsel die Worte „nicht an Order" oder einen gleichbedeutenden Vermerk aufnimmt. Rektapapiere werden nach den für ihre Veräußerung geltenden Regeln verpfändet, also durch Verpfändung des verbrieften Rechts.[283] Aber in der Regel müssen die Parteien sich darüber einig sein, ein Recht zur Sicherung einer Forderung mit einem Befriedigungsrecht zu belasteten. Dieses - gegenüber Dritten wirksame - Recht gibt dem Gläubiger die Befugnis, sich im Falle der Nichterfüllung der zu sichernden Forderung aus dem verpfändeten Recht zu befriedigen. Jeder dieser Punkte gehört zum wesentlichen Inhalt des Verpfändungsvertrages und muss in den Fällen, in denen dieser Vertrag formbedürftig ist, in der jeweils erforderlichen Form festgehalten werden.[284] Die Einigung über die Begründung eines Pfandrechts erfolgt zwischen dem Pfandgläubiger und dem Verpfänder. Ein gutgläubiger Erwerb findet nicht statt, da der Wechsel nicht durch Indossament übertragen wird und auch nicht durch Indossament übertragen wer-

---

276 *BGHZ*, 53, 14.
277 *Hueck/Canaris*, S. 70.
278 *Xie, Huaishi*, S. 3.
279 *Chen, Xiao* (2002), S. 452.
280 Indossierungsverbot deckt sich im chinesischen Recht mit Übertragungsverbot. Nach § 27 Abs. 1, 3 WG kann der Inhaber die Rechte aus dem Wechsel anderen übertragen, indem er den Wechsel indossiert und übergibt.
281 Vgl. Bulletin des OVG, Nr. 1, 1997. Dieser Fall wurde vom oberen Volksgericht der Stadt Tianjin verhandelt.
282 Vgl. Ausgewählte Fälle des Volksgerichts, Bd. 22, 1997, S. 187 ff.
283 *Hj. Weber*, S. 296; *Baur/Stürner*, § 62 Rn. 37, S. 788; Staudinger/*Wiegand*, § 1292, Rn. 2; § 1274 Rn. 3 ff.
284 Staudinger/*Wiegand*, § 1274 Rn. 3.

den kann.[285] Es bedarf zwar keiner Anzeige nach § 1280 BGB, aber der Übergabe des Papiers.

Tatsächlich deckt sich die Verpfändung des Wechsels, dessen Übertragung der Aussteller durch Indossament verbietet, mit der gewöhnlichen Verpfändung. Der Pfandgläubiger hat nur die Rechtsstellung, die jeder Pfandgläubiger eines Rechts hat. Der Schuldner (Aussteller) kann dem Pfandgläubiger alle Einwendungen entgegensetzen, die er gegen den Gläubiger hat. Zumindest kann er den Leistungsanspruch des Pfandgläubigers aufgrund der Verpfändung des Rektawechsels ablehnen, weil das Pfandrecht an dem Wechsel nicht in wechselrechtlicher Form, sonder nur in der Form und mit den Wirkungen einer gewöhnlichen Verpfändung begründet wurde. Diese Auffassung wird auch im chinesischen Recht anerkannt. Wenn der Sicherungsgeber an dem mit dem Vermerk „nicht übertragbar" versehenen Papier ein Pfandrecht bestellt und der Pfandgläubiger das Recht aus dem Wechsel dem Aussteller gegenüber geltend macht, ist die die Verpfändung an den verbrieften Rechten unwirksam (§ 53 RegOVGWSG).

Der Indossant kann auch durch einen Vermerk seine Haftung ausschließen, indem er untersagen kann, dass der Wechsel weiter indossiert wird (Art. 15 Abs. 2 WG; § 34 WSG). Dieses Indossierungsverbot wirkt aber nicht dinglich, es hat im Gegensatz zu einem entsprechenden Vermerk, den der Aussteller am Wechsel anbringt, nicht einmal zur Folge, dass der Wechsel nur noch in der Form und mit den Wirkungen einer gewöhnlichen Abtretung übertragen werden kann. Das Verbot macht den Wechsel nicht zum Rektapapier,[286] d. h. die Weiterindossierung ist nach wie vor zulässig und jedes weitere Indossament hat volle Rechtswirkung.[287] Die einzige Rechtsfolge ist vielmehr, dass der Indossant aus dem Wechsel nur dem Indossatar, nicht aber denen haftet, an die der Wechsel weiter indossiert wird (Art. 15 Abs. 2 WG; § 51 RegOVGWSG). § 51 RegOVGWSG sieht ausdrücklich vor, dass die Haftung des Ausstellers, der Bezogenen und der Vormänner des Indossants, der durch einen Vermerk weitere Indossamente untersagt, nicht durch den Vermerk „nicht übertragbar" ausgeschlossen ist.

Aufgrund dessen kann, wenn an dem Wechsel ein Pfandrecht bestellt ist, dieses gegenüber dem Aussteller, dem Bezogenen und den Vormännern des Indossatars, mit Ausnahme des Indossants, der das weitere Indossament untersagt, geltend gemacht werden.

IV. Zurückbehaltungsrecht

Im deutschen Recht haben Inhaber von Zurückbehaltungsrechten nach § 51 Nr. 2 InsO wegen nützlicher Verwendungen auf zurückbehaltene bewegliche Sachen ein Absonderungsrecht. Absonderungsberechtigt ist der Inhaber des Zurückbehaltungsrechts nach § 1000 BGB (§§ 994 f BGB). Der Besitz an der Sache muss jeweils vor Verfahrenseröffnung erlangt sein und noch bestehen.[288] Die Inhaber von Zurückbehaltungsrechten haben ein Selbstverwertungsrecht, wenn sie sich im Besitz der zurückbehaltenen Sache befinden, §§ 166 Abs. 1, 173 Abs. 1 InsO.[289]

Ohne Absonderungskraft ist das Zurückbehaltungsrecht des § 273 BGB. Als rein persönli-

285 *Richardi*, S. 142.
286 *Richardi*, S. 156.
287 *Zöllner*, S. 94.
288 *Uhlenbruck/Uhlenbruck*, § 51 Rn 34; *Gottwald/Gottwald*, § 42 Rn. 49.
289 *Gottwald/Gottwald*, § 42 Rn. 50.

ches Recht an Massegegenständen wirkt es nicht im Insolvenzverfahren.[290] Auch ein vertraglich vereinbartes Zurückbehaltungsrecht gewährt kein Absonderungsrecht. Der Insolvenzverwalter hat daher alle Gegenstände zur Masse zu ziehen, an denen ein Zurückbehaltungsrecht bestand, das mit Verfahrenseröffnung hinfällig geworden ist.[291]

Kaufmännische Zurückbehaltungsrechte (§§ 369-372 HGB) werden durch § 51 Nr. 3 InsO Pfandrechten gleichgestellt, weil sie dem Kaufmann unter den besonderen Voraussetzungen der §§ 371, 372 HGB ein Selbstbefriedigungsrecht gewähren. Das Zurückbehaltungsrecht besteht an beweglichen Sachen und Wertpapieren wegen fälliger und nicht fälliger Forderungen aus beiderseitigen Handelsgeschäften, §§ 369 Abs. 1, 370 Abs. 1 Nr. 1 HGB; es berechtigt zur Selbstverwertung nach §§ 166 Abs. 1, 173 InsO. Wegen § 91 InsO kann das Zurückbehaltungsrecht nach Verfahrenseröffnung jedoch nicht mehr mit Wirkung gegenüber den Insolvenzgläubigern erworben werden. Es genügt aber, wenn die tatsächlichen Vorgänge soweit abgeschlossen sind, dass das Zurückbehaltungsrecht im Zeitpunkt der Insolvenzeröffnung entsteht. Das Zurückbehaltungsrecht bleibt bestehen, auch wenn das Handelsgeschäft wegen arglistiger Täuschung angefochten worden ist.[292] Zum einen kann der Gläubiger aufgrund dieses Zurückbehaltungsrechts die Herausgabe der Sache gegenüber dem Insolvenzverwalter verweigern. Und er muss die Herausgabe nur Zug um Zug gegen Befriedigung der gesicherten Forderung leisten. Zum anderen hat der Gläubiger an den Gegenständen ein Verwertungsrecht (§ 371 Abs. 1 S. 1 HGB). Ist über das Vermögen des Schuldners das Insolvenzverfahren eröffnet, so darf der Gläubiger selbst werten.[293]

Im chinesischen Recht wird aufgrund des Zurückbehaltungsrechts dem Gläubiger eine abgesonderte Befriedigungsmöglichkeit durch Selbstverwertung der Gegenstände gewährt (§§ 230 ff. SachenRG). Ebenso wie der deutsche § 273 BGB sieht § 231 SachenRG vor, dass vom Gläubiger zurückbehaltene bewegliche Sachen zum gleichen rechtlichen Verhältnis wie die Forderung gehören müssen, außer bei Zurückbehaltung zwischen Unternehmen. Offensichtlich ist, dass bei Zurückbehaltung zwischen Unternehmen auf die Konnexität der Forderungen verzichtet wird. Das Zurückbehaltungsrecht bedeutet, dass, wenn ein Schuldner eine fällige Schuld nicht erfüllt, der Gläubiger, der legal bewegliche Sachen des Schuldners besitzt, diese zurückbehalten kann und das Recht hat, sich aus diesen beweglichen Sachen bevorzugt zu befriedigen (§ 230 SachenRG). Um die Interessen des Schuldners zu schützen, muss der Wert der zurückbehaltenen Sachen, wenn diese teilbar sind, dem Betrag der Verbindlichkeit entsprechen (§ 233 SachenRG), weil es nicht gerechtfertigt ist, dass eine wertvolle Sache zurückbehalten wird, um den Anspruch auf einen vergleichsweise geringen Betrags zu sichern. Der Zurückbehaltungsberechtigte ist berechtigt, die Früchte der zurückbehaltenen Sache zu ziehen. Aus den Früchten müssen zunächst die Kosten der Erlangung der Früchte gedeckt werden (§ 235 SachenRG). Von Fälligkeit der gesicherten Forderung an kann der Zurückbehaltungsberechtigte die zurückbehaltenen Sachen zurückbehalten, ist aber nicht berechtigt, die Gegenstände zu verwerten und sich aus dem Erlös zu befriedigen. Der Zurückbehaltungsberechtigte und der Schuldner müssen die Frist für die Erfüllung der Schuld nach der Zurückbehaltung der Sache vereinbaren. Ist nichts oder nichts klar vereinbart, so muss der Zurückbehaltungsberechtigte dem Schuldner eine Frist von mindestens zwei Monaten für die Erfüllung der Schuld gewähren, außer bei frischen, lebenden, leicht verderblichen und anderen nicht leicht aufzubewahrenden beweglichen Sachen. Erfüllt der Schuldner nicht innerhalb

290 *Uhlenbruck/Uhlenbruck*, § 51 Rn. 34, 35; *Gottwald/Gottwald*, § 42 Rn. 51.
291 *Gottwald/Gottwald*, § 42 Rn. 51.
292 *Gottwald/Gottwald*, § 42 Rn. 52; MK-InsO/*Ganter*, § 51 Rn. 223 ff.
293 MK-InsO/*Ganter*, § 51 Rn. 230 f.

dieser Frist, so kann der Zurückbehaltungsberechtigte mit ihm vereinbaren, dass die zurückbehaltenen Sachen auf den Wert der gesicherten Forderung angerechnet werden. Er kann sich aus dem durch Versteigerung oder freihändigen Verkauf der zurückbehaltenen Sachen erlangten Betrag bevorzugt befriedigen (§ 236 SachenRG). Ist an einer beweglichen Sache bereits eine Hypothek oder ein Pfandrecht bestellt worden und wird diese bewegliche Sache zurückbehalten, so wird der Zurückbehaltungsberechtigte daraus bevorzugt befriedigt (§ 239 SachenRG). Verliert der Zurückbehaltungsberechtigte den Besitz an den zurückbehaltenen Sachen, oder nimmt er vom Schuldner eine andere Sicherheit an, so erlischt das Zurückbehaltungsrecht (§ 240 SachenRG).

4. Teil: Verwertung der Gegenstände

I. Verwertung unbeweglicher Sachen

1. Verwertungsmöglichkeit

a. Überblick zu den Verwertungsmöglichkeiten im deutschen Recht

In der deutschen Praxis kann die Verwertung unbeweglicher Sachen (Grundstück und dessen Zubehör), die mit einem zur Absonderung berechtigenden Recht belastet sind, während des Insolvenzverfahrens auf folgende Weise durchgeführt werden.

§ 165 InsO ermächtigt den Insolvenzverwalter, die der Liegenschaftsvollstreckung unterworfenen Gegenstände durch Zwangsversteigerung oder Zwangsverwaltung zu verwerten. Das Verwertungsrecht des Insolvenzverwalters ist in den §§ 172 ff. ZVG näher geregelt. In der Praxis sind die Grundstück aber in der Regel hoch belastet und kaum veräußerbar, da der Verwalter seinen Vollstreckungsantrag grundsätzlich mit dem Rang eines persönlichen Gläubigers nach § 10 Abs. 1 Nr. 5 ZVG stellt. Deshalb kann der Verwalter nach § 174a ZVG eine alternative Ausbietung ohne Berücksichtigung der dinglichen Rechte im geringsten Gebot verlangen und somit eine lastenfreie Veräußerung hoch belasteten Eigentums durchsetzen.

Außer dem Insolvenzverwalter steht auch dem absonderungsberechtigten Gläubiger das Recht zu, die Verwertung im Wege der Vollstreckung zu betreiben (§ 49 InsO). Das Verwertungsrecht des Gläubigers ist aber dadurch beschränkt, dass der Insolvenzverwalter die Möglichkeit hat, eine einstweilige Einstellung der Zwangsversteigerung (§ 30d ZVG) bzw. der Zwangsverwaltung (§ 153b ZVG) zu erreichen.

Eine freihändige Veräußerung durch den Insolvenzverwalter, um die Massegegenstände zu verwerten, ist ebenfalls zulässig. Der Insolvenzverwalter hat einerseits die Möglichkeit einer freihändigen Veräußerung des mit den Grundpfandrechten belasteten Grundstücks, andererseits kommt auch eine Verwertung nach einverständlicher Aufhebung der Grundpfandrechte in Betracht.

Im ersteren Fall gebührt der Veräußerungserlös der Masse, d. h. der Grundpfandgläubiger kann an dem Erlös kein Absonderungsrecht geltend machen, wenn bei der Veräußerung der Erwerber die bestehenden Grundpfandrechte übernimmt. Dieser Fall dürfte aber kaum praxisrelevant sein.[294]

Im zweiten Fall kann der Insolvenzverwalter mit den Grundpfandrechtsgläubigern vereinbaren, dass diese im Zuge der Veräußerung Löschungsbewilligungen abgeben, so dass eine freihändige lastenfreie Veräußerung des Grundstücks des Schuldners möglich ist. Die Grundpfandrechtsgläubiger haben dann einen Anspruch auf abgesonderte Befriedigung aus dem Veräußerungserlös.[295] Die Erlösverteilung richtet sich in diesem Fall im Zweifel nach den

294 MK-InsO/*Lwowski*, § 165 Rn. 31, 180; BGHZ 47, 181, 183; *Gerhardt*, Rn. 145.
295 MK-InsO/*Lwowski*, § 165 Rn. 31, 180; BGHZ 47, 181, 183; *Gerhardt*, Rn. 146.

Regeln, die bei einer Zwangsversteigerung maßgeblich wären. Auch andere Vereinbarungen, die von der Befriedigungsreihenfolge des § 10 Abs. 1 ZVG abweichen, sind möglich.[296]

Endlich kann der Insolvenzverwalter auch auf eine Verwertung verzichten und den unbeweglichen Gegenstand, wenn dieser zu hoch belastet ist und deshalb für die Masse kein Überschuss zu erwarten ist, aus der Masse freigeben.[297]

b. Gegenwärtiger Stand der chinesischen Lehre zu den Verwertungsmöglichkeiten

Selbst wenn verschiedene Verwertungsmöglichkeiten und -verfahren hinsichtlich der Sicherungsgegenstände im chinesischen Schrifttum erwähnt sind, wird dort nur dargelegt, dass der Gläubiger auf diese Weise befriedigt werden kann. Einzelheiten dazu, wie man ein Verwertungsverfahren betreiben kann, fehlen im chinesischen Recht. Der Grund für diesen Unterschied zum deutschen Recht besteht darin, dass die chinesischen Juristen das Prozessrecht unterschätzen. Sie sehen beispielsweise die Verwertung der Sicherungsgegenstände nur als einfachen Verkauf an. Was sie übersehen, ist, dass die Befriedigung der Gläubiger bzw. die Verteilung des Erlöses die Verwertung voraussetzt. Wenn das Verwertungsverfahren mangels näherer Regelungen schlecht durchgeführt wird, führt dies direkt zu weniger Erlös, was letztendlich die Interessen des Gläubigers beeinträchtigt.

Aufgrund dessen ist es erforderlich, die deutschen Verwertungsvorschriften und die dortige Verwertungspraxis kennen zu lernen sowie Teile davon zu übernehmen.

Weil die verschiedenen Verwertungsmöglichkeiten in unterschiedlichen chinesischen Gesetzen geregelt sind, behandelt das spezielle chinesische Schrifttum nur das jeweils eigene Gebiet und richtet sich nach dem insoweit relevanten Gesetz. Beispielsweise vertritt die Literatur bezüglich des Rechts der Kreditsicherheiten nach dem SichG die Auffassung, dass die Versteigerung und die Anrechnung die Verwertungsmöglichkeiten bilden. Hingegen meint die Literatur zum Konkursrecht hinsichtlich des Konkursgesetzes, dass die Versteigerung die einzige Verwertungsmöglichkeit ist. Tatsächlich ist aber auch der freihändige Verkauf im Konkursverfahren als Möglichkeit zur Verwertung der Sicherungsgegenstände durchsetzbar, wenn er zu mehr Erlös führen kann.

Weil umfangreiche Recherchen über die Verwertungsmöglichkeiten in der chinesischen Praxis fehlen, sollen zunächst verschiedene durchsetzbare Verwertungsmöglichkeiten mit Blick auf das chinesische Rechts und die wirtschaftliche Situation aufgezeigt werden.

c. Verwertungsmöglichkeiten in der chinesischen Praxis

aa. Verwertungsmöglichkeit des Konkursverwalters: öffentliche Versteigerung

Das KoG a. F. hat die Verwertungsweise nicht ausdrücklich geregelt. Nach § 59 AnsOVG-KoG kann die Liquidationsgruppe bei der Verfügung über das Vermögen des Konkursunternehmens die Sachen nach Bewertung zu einem vernünftigen Preis an die Gläubiger verteilen, sie kann sie auch verkaufen. Der Verkauf muss öffentlich durchgeführt werden, wie etwa

296 *Gerhardt*, Rn. 145.
297 MK-InsO/*Lwowski*, § 165 Rn. 34.

durch öffentliche Versteigerung. In der Praxis[298] beauftragt das Gericht auf Antrag des Konkursverwalters ein Auktionslokal, das Massevermögen durch öffentliche Versteigerung zu verwerten. Nach §§ 111, 112 KoG ist nur der Konkursverwalter berechtigt, das Massevermögen durch Versteigerung zu verwerten. Anders als nach dem alten Konkursgesetz gehören auch die Sicherungsgegenstände, die mit einem Absonderungsrecht belastet sind, zur Konkursmasse (§ 107 KoG). Daher ist der Konkursverwalter auch berechtigt, die Sicherungsgegenstände zu verwerten. Die Verwertung kann in folgender Weise erfolgen: selbständig betriebene öffentliche Versteigerung; von dem Auktionslokal im Auftrag des Konkursverwalters oder des Gerichts betriebene öffentliche Versteigerung. Unter den verschiedenen Verwertungsarten ist die aufgrund des Antrags eines Konkursverwalters vom Auktionslokal betriebene öffentliche Versteigerung am praktikabelsten.

Obwohl in der Theorie auch die vom Konkursverwalter selbständig betriebene öffentliche Versteigerung durchführbar ist, kommt sie in der Praxis kaum vor. Einerseits fehlt eine nähere Regelung zu diesem Versteigerungsverfahren, andererseits ist die Versteigerung eine professionelle Arbeit, die dem Konkursverwalter auf für gewöhnlich fremd ist. Deshalb ist eine selbständig betriebene Versteigerung tatsächlich kaum praktikabel.

Nach deutschem Recht kann der Insolvenzverwalter beim zuständigen Gericht die Zwangsversteigerung oder die Zwangsverwaltung eines unbeweglichen Gegenstands der Insolvenzmasse betreiben, auch wenn an dem Gegenstand ein Absonderungsrecht besteht (§ 165 InsO). Dennoch wird er in der Regel eine freihändige Veräußerung (mit Zustimmung des Gläubigerausschusses, § 160 Abs. 2 Nr. 1 InsO) versuchen, weil bei einer Versteigerung der Verkehrswert häufig nicht erreicht wird.[299] Allerdings taucht diese Verwertungsmöglichkeit weder im chinesischen Schrifttum noch in der Praxis auf. Ob eine Umsetzung dieser Verwertungsmöglichkeit für die chinesische Gesetzgebung in Betracht kommt, hängt von ihren Vorteilen ab.

Nach der deutschen Literatur bietet eine Versteigerung durch den Insolvenzverwalter folgende Vorteile:
- Der Anordnungsbeschluss gilt nicht als Beschlagnahme (§ 173 S. 1 ZVG), so dass der Insolvenzverwalter auch noch während des Verfahrens die Sicherheit freihändig veräußern kann.
- Gegenüber einer freihändigen Verwertung bietet die Verwalterversteigerung den Vorteil des gesetzlichen Ausschlusses der Gewährleistung (§ 56 S. 3 ZVG) sowie der Nichtausübbarkeit des dinglichen Vorkaufsrechts (§ 1098 Abs. 1 S. 2 BGB). Außerdem entgeht der Verwalter mit der Verwertung im Wege der Zwangsversteigerung dem späteren Gläubigervorwurf einer ungünstigen Verwertung.[300]

Fraglich ist, ob diese Vorteile auch in der chinesischen Praxis bestehen.

Grundsätzlich gilt der Beschluss nach § 20 ZVG, durch welchen die Zwangsversteigerung angeordnet wird, zugunsten des Gläubigers als Beschlagnahme des Grundstücks. Die Beschlagnahme hat die Wirkung eines Veräußerungsverbots (§ 23 ZVG). Wenn die Zwangsversteigerung oder die Zwangsverwaltung vom Insolvenzverwalter im Insolvenzverfahren bean-

298 Gespräch (Vgl. Fn. 14).
299 *Gottwald/Gottwald*, § 42 Rn. 88.
300 MK-InsO/*Lwowski*, § 165 Rn. 122; *Gottwald/Gottwald*, § 42 Rn. 88; *Uhlenbruck/Uhlenbruck*, § 165 Rn. 8.

tragt wird, wird dieser Grundsatz durch § 173 ZVG abbedungen. D. h. der Beschluss, durch welchen das Verfahren angeordnet wird, gilt nicht als Beschlagnahme und enthält auch kein Veräußerungsverbot nach § 23 ZVG. Vielmehr kann der Insolvenzverwalter auch noch während des Verfahrens die Sicherheit freihändig veräußern. Im gegenwärtigen chinesischen Rechtssystem fehlt ein Zwangsvollstreckungsgesetz wie das 8. Buch der deutschen ZPO oder das ZVG. Der 4. Entwurf eines chinesischen ZVG hat sich erledigt. In der gegenwärtigen Praxis ist das ZPG sowie die BesOVGVoll, BesOVGBes und BesOVGVer (drei Bestimmungen des OVG) maßgebend. Sowohl im Entwurf des chinesischen ZVG als auch in den drei Bestimmungen des OVG fehlt eine der deutschen Regelung des § 173 ZVG ähnliche Vorschrift. Damit besteht der erste der genannten Vorteile in China nicht. Vielmehr sieht § 102 ZPG, § 44 BesOVGVoll nur vor, dass die Beschlagnahme die Wirkung eines Verfügungsverbots hat.

Hinsichtlich des zweiten Vorteils bietet die Verwalterversteigerung zunächst einmal gegenüber einer freihändigen Verwertung den Vorteil des gesetzlichen Ausschlusses der Gewährleistung (§ 56 S. 3 ZVG).[301] Angesichts des Wesens der Zwangsversteigerung als einer Zwangsverwertung zugunsten der Gläubiger, müssen Gewährleistungsansprüche des Erstehers ausscheiden. § 56 S. 3 ZVG schließt deshalb jede Gewährleistung für Sach- oder Rechtsmängel aus.[302] Eine dem § 56 ZVG entsprechende Vorschrift fehlt im gegenwärtigen chinesischen Recht. Der Gesetzgeber hat im 4. Entwurf zum chinesischen ZVG diese Lücke aber bemerkt. Nach § 153 des Entwurfs sind die Gewährleistungsansprüche des Erstehers wegen Sachmängeln ausgeschlossen, es bleiben aber die Ansprüche wegen rechtlicher Mängel.

Zugleich ist das dingliche Vorkaufsrecht aus § 1098 Abs. 1 S. 2 BGB wegen der Verwalterversteigerung in der deutschen Praxis nicht ausübbar, weil nach § 1098 Abs. 1 S. 2 BGB das Vorkaufsrecht nur ausgeübt werden kann, wenn das Grundstück von dem Insolvenzverwalter freier Hand verkauft wird. Die Einräumung eines dinglichen Vorkaufsrechts nach den §§ 1094-1104 BGB kommt immer in zwei Fällen in Betracht: zum einen bei langjährigen Miet- und Pachtverhältnissen, zum anderen bei nachbarschaftlichen Vereinbarungen etwa über die künftige räumliche Vergrößerung eines Unternehmens.[303] Allerdings hat es als rechtsgeschäftliches Vorkaufsrecht nur geringe praktische Beutung erlangt. Wichtiger sind dagegen die gesetzlichen Vorkaufsrechte, wie sie insbesondere durch §§ 24 ff. BauGB zugunsten der Gemeinden begründet werden.[304] Nach dem chinesischen SachenRG bestehen dagegen gar keine Regeln über ein Vorkaufsrecht, das der chinesischen Praxis auch fremd ist.

Meiner Meinung nach sollte eine Versteigerung durch den Insolvenzverwalter in der gegenwärtigen chinesischen Praxis nicht eingeführt werden. Einerseits ist eine Versteigerung durch den Insolvenzverwalter in China kaum praktikabel. Andererseits, liegen in China, selbst wenn es bei einer solchen Versteigerung einige Vorteile geben mag, keine entsprechenden Regelungen vor, um diese Vorteile zu realisieren.

---

301 Freilich kann der Verwalter die Haftung auch vertraglich ausschließen.

302 *Stöber,* § 56 Rn. 4. 2; *Eickmann,* S. 223.

303 *Baur/Stürner,* § 21 Rn. 26, S. 243 a. E.; jurisPK-BGB/*Alpmann,* § 1094 Rn. 7.

304 *M. Wolf,* Rn. 492.

bb. Verwertungsmöglichkeit des absonderungsberechtigten Gläubigers

Wenn der Schuldner eine fällige Verbindlichkeit nicht erfüllt oder der vereinbarte Fall eintritt, in dem das Grundpfandrecht realisiert werden soll, so kann nach § 195 SachenRG der Hypothekar mit dem Besteller (bzw. Konkursverwalter) vereinbaren, dass er mit dem Gegenstand der Hypothek zu deren angerechnetem Wert oder aus dem durch dessen Versteigerung oder freihändigen Verkauf erzielten Erlös bevorzugt befriedigt wird. Kommt keine Vereinbarung zwischen Hypothekar und Besteller (bzw. Konkursverwalter) zustande, so kann der Hypothekar verlangen, dass das Volksgericht den Gegenstand der Hypothek versteigert oder freihändig verkauft.

aaa. Vereinbarte Verwertungsmöglichkeiten

Obwohl nach der Vereinbarung zwischen dem Hypothekar und dem Konkursverwalter die Verwertung der Gegenstände auf verschiedene Weise durchgeführt werden kann, wird diese Verwertungsmöglichkeit in der chinesischen Praxis kaum relevant. Angesichts der gegenwärtigen Kreditwürdigkeit chinesischer Schuldner will der Hypothekar unter Umständen keine Vereinbarung mit dem Schuldner bzw. Besteller treffen, um die Sicherungsgegenstände zu verwerten. Der Hypothekar ist vielmehr meistens darauf bedacht, die Sicherungsgegenstände im Wege der Zwangsvollstreckung zu verwerten und sich auf diese Weise zu befriedigen.[305]

bbb. Versteigerung oder freihändige Veräußerung aufgrund eines Urteils

Nach § 195 Abs. 2 SachenRG kann der Hypothekar verlangen, dass das Volksgericht den Gegenstand der Hypothek versteigert oder freihändig verkauft, wenn keine Vereinbarung zwischen Hypothekar und Besteller zustande kommt. In der chinesischen Praxis ist die Versteigerung eigentlich eine Zwangsversteigerung. Ob diese Verwertungsmöglichkeit nach dem chinesischen Recht auch im Konkursverfahren durchgeführt werden kann, ist fragwürdig. Nach der chinesischen Lehre[306] deckt sich das Absonderungsrecht mit den normalen dinglichen Sicherheitsrechten. Bei dinglichen Sicherheiten kann der Gläubiger unabhängig vom Konkursverfahren direkt aus dem Sicherungsgegenstand befriedigt werden. Dieser Meinung zufolge hat der absonderungsberechtigte Gläubiger im Konkursverfahren das Verwertungsrecht sogar an besitzlosen Sicherheiten. Diese Möglichkeit ist aber in der Konkursverwaltungspraxis ausgeschlossen. Einerseits fehlt eine dem § 49 InsO entsprechende Vorschrift im chinesischen Gesetz. Andererseits, und dies wiegt besonders schwer, wird diese Verwertungsmöglichkeit von der Rechtsprechung nicht anerkannt.

Nach anderem praxisorientierten Schrifttum[307] wird zurzeit die von dem Konkursverwalter bzw. der Liquidationsgruppe betriebene Auktion praktiziert. Nach § 28 Abs. 2 KoG a. F. gehört das bereits als Sicherheit dienende Vermögen nicht zum Konkursvermögen, sofern sein Wert den Betrag der gesicherten Verbindlichkeit nicht übersteigt. Zwar ist nach § 24 KoG a. F. die Liquidationsgruppe nicht berechtigt, über die Sicherungsgegenstände zu verfügen – weil sie nur berechtigt ist, über die Konkursmasse zu verfügen. Aber um den Mehrbetrag der Sicherungsgegenstände festzustellen, hat sie in der Praxis tatsächlich über die Sicherungsgegenstände zu verfügen, z. B. die Gegenstände zuerst zu schätzen und dann zu verwerten. Da-

305 *Chen, Xiao* (2002), S. 385.
306 *Li, Guoguang* (Hrsg.) (2006), S. 478.
307 Vgl. *Obervolksgericht Shanghai*, S. 255 ff.

durch kann bestimmt werden, ob der Verwertungserlös den Betrag der gesicherten Verbindlichkeit übersteigt. Wenn dem Gläubiger erlaubt ist, selbst über das Sicherungsvermögen zu verfügen, kommt es oft vor, dass die Sicherungsgegenstände zu niedrig bewertet werden. Damit schädigt der aus dieser Fehlbewertung der Sicherungsgegenstände herrührende geringere Erlös die Interessen der normalen Konkursgläubiger. Die Absonderungsberechtigten sind nicht verpflichtet, sich um die Interessen anderer Konkursgläubiger zu kümmern. Damit beeinträchtigt sie eine zu niedrige Bewertung auch nicht, solange sie trotzdem vollständig aus dem Erlös befriedigt werden können. Dennoch ist es dem ganzen Konkursverfahren immanent, dass eine Niedrigbewertung jedenfalls die Interessen der Konkursgläubiger beeinträchtigt, denn je mehr Konkursmasse vorhanden ist, desto besser kann der normale Konkursgläubiger befriedigt werden. Aus diesem Grund wird in der bisherigen chinesischen Praxis, um die Konkursmasse in ihrem Bestand zu erhalten und gegebenenfalls zu vergrößern, weder eine selbständige Verfügungsbefugnis des Absonderungsberechtigten noch eine Verfügung durch den Gläubiger im Zusammenspiel mit dem Verwalter bejaht.

Weil die Zwangsvollstreckung vom Vollstreckungsgericht direkt nach dem Zwangsvollstreckungsrecht betrieben wird, das Gericht insbesondere eine spezielle Organisation beauftragt, die Versteigerungsgegenstände zu schätzen, kommt es meiner Meinung nach in der Regel zu keiner zu niedrigen Bewertung. Diese Verwertungsmöglichkeit ist daher in der chinesischen Praxis durchsetzbar.

Der freihändige Verkauf ist nur ein Ausnahmefall. Nach § 46 BesOVGVoll, § 99 AnsOVGZPG wird nur das Vermögen, das leicht zu Schaden kommen oder verderben kann, durch freihändigen Verkauf verwertet. Das Bodennutzungsrecht und Gebäude jedoch gehören auf jeden Fall nicht zu solchen Vermögen. Daher ist diese Verwertungsmöglich insoweit ausgeschlossen.

cc. Freigabe

Nach der deutschen Praxis ist es auch möglich, dass der Insolvenzverwalter auf eine Verwertung verzichtet und die unbewegliche Sache aus der Masse freigibt, wenn sie zu hoch belastet ist und deshalb für die Masse kein Überschuss zu erwarten ist. Angesichts der gegenwärtigen chinesischen Situation sollte diese Verwertungsmöglichkeit auch in China eingeführt werden, weil die unbeweglichen Sachen des Schuldners in der chinesischen Praxis meistens überbelastet sind und keinesfalls ein Überschuss zu erwarten ist.

dd. Kurze Zusammenfassung der Verwertungsmöglichkeiten

In der chinesischen Praxis ist nur eine Verwertungsmöglichkeit praktikabel, nämlich die öffentliche Versteigerung durch das Auktionshaus auf Antrag des Konkursverwalters. Obwohl die Durchführungsmöglichkeit einer vom Absonderungsberechtigten betriebenen Zwangsvollstreckung bisher fragwürdig ist, ist sie meiner Meinung nach durchsetzbar.

Andere Verwertungsmöglichkeiten können mangels wirtschaftlicher oder gesetzlicher Gründe derzeit noch nicht durchgeführt werden. Ferner ist auf zwei Punkte hinzuweisen. Obwohl eine privatrechtliche öffentliche Versteigerung, die durch das Auktionslokal aufgrund des Antrags des Konkursverwalters betrieben wird, eine Verwertungsmöglichkeit des KoGs darstellt, wird die Verwertung in der Praxis vom Staat beeinflusst. Wenn die vom Konkursverwalter verwerteten Gegenstände zu Staatsunternehmen gehören, ist, um den Abfluss staatseigenen Vermögens zu verhindern, vor dem Feststellen des geringsten Gebots der Wert solcher Vermögen durch die staatliche Behörde zu schätzen. Das geringste Gebot muss anhand dieses Bewertungsergebnisses festgesetzt werden. Zum zweiten ist diese Vorschrift in der Praxis nur von geringer Bedeutung, weil zwar nach dem KoG die Gläubigerversammlung auch auf andere Verwertungsmöglichkeiten hinweisen kann, diese aber derzeit aus wirtschaftlichen oder gesetzlichen Gründen nicht durchsetzbar sind.

2. Die vom Konkursverwalter betriebene Verwertung durch öffentliche Versteigerung

Diese Verwertung wird in der chinesischen Praxis dadurch durchgeführt, dass die Liquidationsgruppe bzw. der Konkursverwalter zuerst das Schätzungsorgan beauftragt, das Vermögen zu bewerten, und dann das Auktionslokal, das Vermögen zu versteigern. Anders als bei der Zwangsversteigerung, bei der das Zwangsvollstreckungsrecht maßgeblich ist, gibt es bei der öffentlichen Versteigerung fast keine zwingende Regelung. Nur ist das geringste Gebot in der Praxis[308] aufgrund des Schätzungswerts festzustellen und beträgt mindestens 80% des Schätzwertes. Wenn kein Gebot abgegeben ist, beträgt das geringste Gebot im zweiten Termin 60% des Schätzwertes. Bleibt die Versteigerung im zweiten Termin gleichfalls ergebnislos, so wird das Verfahren aufgehoben.

3. Die vom absonderungsberechtigten Gläubiger betriebene Verwertung durch Zwangsvollstreckung

In der deutschen Praxis kann eine Zwangsversteigerung durch absonderungsberechtigte Gläubiger und Massegläubiger nach Eröffnung des Insolvenzverfahrens eingeleitet werden bzw. ein bereits vor Insolvenzeröffnung eingeleitetes Verfahren weiter betrieben werden. Zur Anwendung kommen die normalen Regelungen des ZVG über die Zwangsversteigerung[309]. Obwohl diese Verwertungsmöglichkeit in der chinesischen Praxis ausgeschlossen ist, sollte sie meiner Meinung nach durchführbar sein. In diesem Fall ist unter Umständen die Klärung nachfolgender Fragen erforderlich, weil ein entsprechendes Zwangsvollstreckungsrecht in China fehlt.

a. Der berechtigte zwangsversteigerungsbetreibende Gläubiger

Wer berechtigt ist, die Zwangsversteigerung zu betreiben, steht im deutschen Recht außer Frage: Für die Zwangsversteigerung und die Zwangsverwaltung eines Grundstücks ist als Vollstreckungsgericht das Amtsgericht örtlich zuständig, in dessen Bezirk das Grundstück gelegen ist (§ 1 Abs. 1 ZVG). Funktionell zuständig ist der Rechtspfleger (§ 3 Abs. 1 Nr. 1 RpflG). Wegen der Unklarheit der gesetzlichen Vorschriften ist dieser Punkt in der chinesischen Praxis zu diskutieren.

Als Grundlage des ganzen chinesischen Vollstreckungsrechtssystems besteht im ZPG keine klare Vorschrift über den Kreis der Gläubiger, die berechtigt sind, die Zwangsversteigerung zu betreiben. Nach § 223 ZPG ist das Volksgericht berechtigt, einen Teil des Vermögens, mit dem der Vollstreckungsschuldner seine Pflichten erfüllen muss, zu versiegeln, zu pfänden, einzufrieren, zu versteigern oder freihändig zu verkaufen, wenn der Vollstreckungsschuldner nicht entsprechend der Vollstreckungsmitteilung die in der Rechtsurkunde bestimmten

---

308 Gespräch (Vgl. Fn. 14).

309 MK-InsO/*Lwowski*, § 165 Rn. 55.

Pflichten erfüllt. Nachdem das Vermögen versiegelt oder gepfändet worden ist, muss der Gerichtsvollzieher den Vollstreckungsschuldner anweisen, innerhalb einer bestimmten Frist die in der Rechtsurkunde bestimmten Pflichten zu erfüllen (§ 226 Abs. 1 S. 1 ZPG). Wenn der Vollstreckungsschuldner die Pflicht innerhalb dieser Frist nicht erfüllt, kann das Volksgericht das versiegelte oder gepfändete Vermögen den Vorschriften gemäß den betreffenden Einheiten zur Versteigerung oder zum freihändigen Verkauf übergeben (§ 226 Abs. 1 S. 2 ZPG).

Nach § 46 BesOVGVoll hat der Gesetzgeber festgesetzt, dass das Volksgericht das versiegelte oder gepfändete Vermögen des Vollstreckungsschuldners dem Auktionslokal zur Versteigerung zu übergeben hat. Er geht davon aus, dass statt des Vollstreckungsgerichts bzw. Gerichtsvollziehers das Auktionslokal für die Zwangsversteigerung zuständig ist. Obwohl diese Vorschrift viel Kritik hervorgerufen hat, wird die Versteigerung in der bisherigen chinesischen Vollstreckungspraxis, insbesondere im Konkursverfahren, noch vom Auktionslokal betrieben. Es wäre zu begrüßen, wenn diese Situation nach dem In-Kraft-Treten des neuen chinesischen ZVG geändert würde. Nach § 129 des 4. Entwurfs des chinesischen ZVG ist der Gerichtsvollzieher berechtigt, die Versteigerung zu betreiben. In der bisherigen chinesischen Praxis ist auch das Auktionslokal berechtigt, die Versteigerung aufgrund des Antrags des Gerichts zu betreiben.

Während des Gesetzgebungsverfahrens blieb diese Frage, d. h. wer berechtigt ist, die Versteigerung zu betreiben, immer umstritten. Mit folgender Begründung[310] vertritt eine Ansicht, dass die Versteigerung ausnahmslos von dem Auktionslokal betrieben werden sollte:
- Das Gericht wird von der Auktion als gewerblichem Geschäft in seiner Neutralität beeinflusst.
- Das Gericht soll sich auf die Rechtspraxis konzentrieren und Abstand von der Auktion halten.
- Als professionelle Arbeit bedarf die Auktion fachlicher Kenntnis und praktischer Erfahrung, woran es dem Gerichtvollzieher gerade mangelt. Nach vielen Jahren der Entwicklung berücksichtigt Auktionsbranche die Bedürfnisse der Zwangsversteigerung am besten.
- Es mangelt an entsprechenden Vorschriften für die Zwangsvollstreckung. Deswegen wird sie in der Praxis nach dem Versteigerungsgesetz der VR China abgewickelt.[311]

Die oben genannten Gründe überzeugen indes nicht.

Zum Ersten tätigt das Auktionslokal im Vergleich zum Gericht eigentlich ein Geschäft. Es wird durch das wirtschaftliche Interesse an der Auktion beeinflusst. In der Praxis erhöht das Auktionslokal manchmal die Versteigerungskosten absichtlich, was den eigenen Interessen dient, diejenigen der Gläubiger aber beeinträchtigt.

Zum Zweiten ist die Zwangsversteigerung eine wichtige Verwertungsmöglichkeit und spielt in der Zwangsvollstreckung auch eine große Rolle. Der Gerichtsvollzieher sollte dafür viel Zeit und Energie einsetzen. Keinesfalls ist die Versteigerung für die Gerichtspraxis eine unsinnige Arbeit.

Zum Dritten fehlen dem Auktionator, obwohl er angeblich sehr erfahren hinsichtlich der

---

310 *Zhao, Jinshan*, S. 355 ff.

311 Verabschiedet am 5. Juli 1996 auf der 20. Sitzung des Ständigen Ausschusses des 8. Nationalen Volkskongresses, am selben Tag öffentlich bekannt gemacht und am 1. Januar 1997 in Kraft getreten. Zuletzt geändert am 28. August 2004 auf der 11. Sitzung des Ständigen Ausschusses des 10. Nationalen Volkskongresses.

geschäftlichen Auktion ist, meistens juristische Fachkenntnisse, die er in Rahmen der Zwangsversteigerung zur Anwendung bringen kann. In dieser Hinsicht erzielt die Versteigerung eine bessere Wirkung, wenn sie vom Gerichtsvollzieher, der juristische Fachkenntnisse besitzt, betrieben wird. Die bei der geschäftlichen Auktion relevante Auktionstechnik spielt bei der Zwangsversteigerung keine große Rolle.

Zum Vierten findet nach § 1 des chinesischen Versteigerungsgesetzes das Gesetz nur auf geschäftliche Auktionen, die vom Auktionslokal betrieben werden, Anwendung. Daher ist das Gesetz auf eine Zwangsversteigerung, die vom Gericht betrieben sein soll, gar nicht anwendbar.

Zuletzt vertritt die chinesische h. M.,[312] dass die Zwangsversteigerung ein staatliches Verfahren ist. Unter diesen Umständen ist es unlogisch, dass ein aufgrund des öffentlichen Rechts bestehendes Verfügungsgeschäft in der Praxis durch ein aufgrund des Privatrechts begründetes Unternehmen ausgeführt wird.

Der Ansatz des § 129 des 4. Entwurfs des chinesischen ZVG ist daher zu begrüßen. Nur der Gerichtsvollzieher ist berechtigt, die Zwangsversteigerung zu betreiben. Unter Berücksichtigung der bisherigen chinesischen Praxis ist unter Umständen auch das Auktionslokal berechtigt, die Versteigerung aufgrund des Antrags des Gerichts zu betreiben.

b. Anordnung und Beschlagnahme

Nach deutschem Recht ist der absonderungsberechtigte Gläubiger, dem ein Recht auf Befriedigung aus unbeweglichen Gegenständen zusteht, ohne Rücksicht auf die Eröffnung des Insolvenzverfahrens nach dem ZVG zur abgesonderten Befriedigung berechtigt (§ 49 InsO). Die Zwangsversteigerung eines Grundstücks wird von dem Vollstreckungsgericht auf Antrag (des Gläubigers) angeordnet (§ 15 ZVG). Ebenso kann der Gläubiger nach dem chinesischen Recht verlangen, dass das Volksgericht den Gegenstand der Hypothek versteigert, wenn keine Vereinbarung zwischen Hypothekar und Besteller zustande kommt (§ 195 Abs. 2 SachenRG). Die für den Beginn der Zwangsvollstreckung erforderlichen Urkunden sind dem Antrag beizufügen (§ 16 Abs. 2 ZVG). Nach § 20 BesOVGVoll sind dem Antrag folgende Urkunden beizufügen:
- Antragsformular;
- rechtskräftiges Urteil;
- Geschäftslizenz und Personalausweis des gesetzlichen Vertreters.

Die Beschlagnahme der Gegenstände wird mit dem Zeitpunkt wirksam, in welchem der Beschluss, durch den die Zwangsversteigerung angeordnet ist, dem Schuldner zugestellt wird (§ 22 Abs. 1 S. 1 ZVG; § 1 Abs. 1 S. 2 BesOVGBes). Die Zwangsversteigerung erstreckt sich nach § 20 Abs. 2 ZVG auch auf Grundstückszubehör und andere Gegenstände, die zum Haftungsverband eines Grundpfandrechts gehören (§ 1120 BGB). Anders als im deutschen Recht erstreckt sich die Beschlagnahme nach chinesischem Recht auf das Bodennutzungsrecht und alle auf dem Grundstück errichteten Gebäude, obwohl sie nicht zum Gegenstand der Hypothek gehören (§ 200 SachenRG). Ist es erforderlich, das Bodennutzungsrecht zu versteigern, so müssen auf dem Grundstück neu errichtete Gebäude mit versteigert werden, aber der Hy-

312 *Li, Hao* (Hrsg.), S. 326 ff.; *Zhao, Jinshan*, S. 346 ff.

pothekar ist nicht berechtigt, sich aus dem aus ihrer Versteigerung erzielten Betrag bevorzugt zu befriedigen (§ 200 S. 2 SachenRG).

c. Zusammentreffen und Beitritt

In der deutschen Praxis ist das Betreiben der Zwangsversteigerung nicht nur auf Antrag des Gläubigers, sondern auch des Insolvenzverwalters möglich. Aber weil bezüglich eines Grundstücks nicht mehrere Zwangsversteigerungsverfahren laufen können, ist in § 27 ZVG die Möglichkeit eines Beitritts vorgesehen. Ein Beitritt des Insolvenzverwalters zu der nach §§ 172 ff. ZVG betriebenen Zwangsversteigerung zu einer Vollstreckungsversteigerung ist ebenfalls möglich.[313]

Ein solcher Beitritt ist in der bisherigen chinesischen Praxis nicht möglich. Nach § 11 KoG a. F., § 20 BesOVGKoG, müssen, nachdem das Volksgericht einen Unternehmenskonkursfall angenommen hat, andere zivilrechtliche Vollstreckungsverfahren in das Vermögen des Schuldners gehemmt werden. In der Praxis[314] ist das Gericht zu konsultieren, ob das Zwangsvollstreckungsverfahren weiterlaufen darf. In Zukunft wird diese Situation sich nicht ändern, weil § 19 KoG das Prinzip aus § 11 KoG a. F. übernimmt. Der Gesetzgeber hat dies damit begründet,[315] dass obwohl das Konkursverfahren gegen den Schuldner schon eröffnet war, in der Praxis die Zwangsvollstreckung ihm gegenüber manchmal weiter ging und seine Interessen schwer beeinträchtigte. Aufgrund dessen müssten andere zivilrechtliche Vollstreckungsverfahren in das Vermögen des Schuldners gehemmt werden.

d. Versteigerungstermin

Obwohl das chinesische ZPG vorsieht, dass der Gerichtsvollzieher, nachdem das Vermögen versiegelt oder gepfändet worden ist, den Vollstreckungsschuldner anweisen muss, innerhalb einer bestimmten Frist[316] die in der Rechtsurkunde bestimmten Pflichten zu erfüllen (§ 226 ZPG), mangelt es an einer Vorschrift, die festlegt, wie lange nach der Beschlagnahme die Versteigerung betrieben werden soll. In der chinesischen Praxis bestehen viele Fälle von nicht rechtzeitiger Beschlagnahme und nicht rechtzeitiger Verwertung, wodurch die Interessen des Gläubigers schwer beeinträchtigt werden.[317] Um diese Probleme zu lösen, sieht die BesOVGBes vor, dass die Frist nach der Beschlagnahme einer unbeweglichen Sache max. zwei Jahre beträgt (§ 29 Abs. 1 BesOVGBes). Nach diesem Zeitraum ist eine Verlängerung möglich, aber maximal um ein Jahr (§ 29 Abs. 2 BesOVGBes). Ohne Verlängerungsantrag erlischt die Wirkung der Beschlagnahme (§ 30 Abs. 1 BesOVGBes). Im Vergleich zu diesen Vorschriften erscheint die Bestimmung eines Versteigerungstermins zur Förderung der Verwertung sinnvoller. Einerseits kann angesichts der Feststellung der Beschlagnahmefrist diese Frist mehr als zwei Jahre betragen, was auf jeden Fall zu lange ist; andererseits ist auch dann unklar, ob eine Verwertungsmöglichkeit besteht, weil eine Verlängerung der Frist erlaubt ist.

---

313 MK-InsO/*Lwowski*, § 165 Rn. 64; *Gottwald/Gottwald*, § 42 Rn. 90; *Uhlenbruck/Uhlenbruck*, § 165 Rn. 8; *Gerhardt*, Rn. 226; *K/P/Kemper*, § 165 Rn. 24; a. A. *Stöber*, § 172 Rn. 7. 1.

314 Gespräch (Vgl. Fn. 14).

315 *Li,Guoguang* (Hrsg.) (2006), S. 125.

316 Diese „bestimmte Frist" soll vom Gericht bestimmt, ist also kein bestimmter Zeitraum, wie z. B. drei oder sechs Monate.

317 *Zhao, Jinshan*, S. 352. Z. B. in der Provinz Hainan gab es 1741 Vollstreckungsfälle zwischen 1990 bis 1999. Die Gegenstände von 1158 Fällen waren schon seit mehr als einem Jahr versiegelt oder verpfändet. Es wurden sogar einige Gebäude, die im Jahr 1990 verpfändet waren, noch nicht versteigert.

Demgegenüber ist nicht nur die Feststellung der Beschlagnahmefrist nicht erforderlich, wenn ein Verwertungstermin gesetzlich vorgesehen ist, sondern daneben wird direkt die Fortführung der Verwertung gefördert. Aufgrund dessen enthält der 4. Entwurf des chinesischen Zwangsvollstreckungsgesetzes eine entsprechende Vorschrift. Nach der Beschlagnahme soll der Gerichtsvollzieher dem Vollstreckungsschuldner gegenüber einen Zeitraum bestimmen, während dessen der Schuldner die Pflichten erfüllen soll. Wenn er die Pflichten nicht erfüllt, soll der Gerichtsvollzieher innerhalb zweier Monate von der Beschlagnahme an die Vermögensgegenstände versteigern oder freihändig verkaufen (§ 127).

e. Das geringste Gebot

Aufgrund des Deckungsprinzips muss das geringste Gebot in der deutschen Praxis alle dem bestrangig die Zwangsvollstreckung betreibenden Gläubiger nach der Rangordnung des § 10 ZVG vorgehenden Rechte und die Kosten der Zwangsversteigerung decken (§ 44 Abs. 1 ZVG). Zugleich bleiben die bei der Feststellung des geringsten Gebotes berücksichtigten Rechte wegen des Übernahmeprinzips bestehen (§ 52 Abs. 1 S. 1 ZVG). Dabei kann es zu einem geringsten Gebot kommen, das in keinerlei vernünftiger Relation zum Grundstückwert steht, so dass im deutschen Recht die Beteiligten nach den §§ 74a bzw. 85a ZVG im ersten Termin Versagungsanträge stellen können, um ihr Recht zu schützen.

Obwohl auch in der chinesischen Praxis die Feststellung des geringsten Gebots bei der Versteigerung erforderlich ist, dienen die beiden genannten Prinzipien des deutschen Rechts dem chinesischen Recht nicht als Vorbild.

Nach § 4 BesOVGVer soll das chinesische Vollstreckungsgericht eine qualifizierte Schätzungsstelle beauftragen, das zu versteigernden Vermögen zu bewerten. § 8 BesOVGVer sieht vor, dass das geringste Gebot aufgrund dieses Schätzwertes festzulegen ist und mindestens 80% davon betragen muss. Die Bedeutung der Festlegung des geringsten Gebots liegt nicht darin, die Interessen der besserrangigen Gläubiger gegen Beeinträchtigungen durch Zwangsversteigerungen auf Antrag nachrangiger Gläubiger zu schützen, sondern durch die Schätzung und Festlegung eines auf dem Schätzwert beruhenden geringsten Gebots eine Verschleuderung des Vermögens zu verhindern.[318]

Zudem hat auch der Rang des Hypothekars bei der Feststellung des geringsten Gebots keine Bedeutung, weil die rangbesseren Forderungen weder bei dem Gebot zu berücksichtigen sind noch nach dem Zuschlag weiter an dem Vermögen bestehen bleiben. Die Forderungen sind aufgrund des Löschungsprinzips mit dem Zuschlag ohnehin erloschen. Die einzige Bedeutung der Feststellung des Rangs der Hypothekare besteht darin, dass die Hypothekare im Verteilungsverfahren ihrem Rang entsprechend nacheinander befriedigt werden.

Angesichts der bisherigen chinesischen Praxis ist die chinesische Feststellungsweise des geringsten Gebots sehr praktisch, weil es scheint, dass ein niedrigeres geringstes Gebot die Atmosphäre der Versteigerung belebt, was zu einem schnellen Zuschlag führt.[319] Nach deutschem Recht wird das Interesse des Gläubigers bei der Feststellung des geringsten Gebots besser geschützt als in der chinesischen Praxis, da dieses die Verfahrenskosten (§ 109 ZVG) und die Ansprüche aus § 10 Abs. 1 Nr. 1 – 4 ZVG berücksichtigen muss, wenn der betreiben-

318 *Tang, Dehua* (Hrsg.) (2006), S. 339; *Li, Hao* (Hrsg.), S. 328.
319 *Huang, Jinlong*, S. 130.

de Gläubiger ein Grundpfandgläubiger ist. Dies führt aber zu einem Nachteil:[320] Bei Insolvenzen stellt sich regelmäßig heraus, dass die Grundstücke des Schuldners wertausschöpfend belastet sind. Dies erhöht das geringste Gebot derart, dass sich im Versteigerungstermin kaum noch Bieter finden.

Um diesem Nachteil zu vermeiden, kann der Gläubiger bis zum Schluss der Verhandlung im Versteigerungstermin verlangen, dass bei der Feststellung des geringsten Gebots nur die seinem Anspruche vorgehenden Rechte berücksichtigt werden (§ 174 ZVG). Andererseits bevorzugt der Verwalter nicht selten die freihändige Veräußerung, und weil oft kein Gläubiger den Antrag nach § 174 ZVG stellt, soll § 174a ZVG dem abhelfen. Hier gibt es zweierlei Wege:[321] Entweder bleiben die Absonderungsrechte bestehen, weil der Käufer das Grundstück mit allen Belastungen übernimmt. Der Erlös ist entsprechend gering, aber wenigstens nicht mit den Absonderungsberechtigten zu teilen: Er verbleibt bei der Masse. Alternativ können sich die Absonderungsberechtigten mit dem Verwalter darauf einigen, auf ihre Rechte zu verzichten. In diesem Fall kann das Grundstück lastenfrei und teuer verkauft werden, so dass die Absonderungsberechtigten aus dem Erlös rangentsprechend befriedigt werden oder Klarheit über ihren Ausfall erhalten.

Im Vergleich zum chinesischen Recht scheint das Ergebnis der letzten Möglichkeit des freihändigen Verkaufs in der deutschen Praxis dem Ergebnis der chinesischen Zwangsversteigerung ähnlich: Nach dem Verkauf erlöschen alle an dem Grundstück bestehenden Rechte und die Absonderungsberechtigten können aus dem Erlös rangentsprechend befriedigt werden, soweit der Erlös, der vom Kaufpreis abhängt, die Schulden deckt.

Unter diesen Umständen haben die §§ 174, 174a ZVG für China kaum praktische Bedeutung. Beide sind nur im deutschen Recht von großer Bedeutung, nämlich in einem aufgrund des Deckungsprinzips und Übernahmeprinzips errichteten Rechtssystem, um eventuell daraus entstehende Nachteile zu vermeiden. Jedoch werden die beiden Prinzipien vom chinesischen Recht gerade nicht anerkannt. Zugleich sind §§ 174, 174a ZVG, selbst wenn die beiden genannten Prinzipien vom chinesischen Recht übernommen würden, als abweichende Regelungen in China auch nicht praktikabel, weil in einem Staat, dem es an einem Zivilrechtsgesetzbuch und Zwangsvollstreckungsrecht mangelt, die Durchführung solcher praktischer Regelungen ohne Unterstützung durch andere grundsätzliche Regelungen sehr schwierig ist.

Nach § 134 des 4. Entwurfs zum chinesischen Zwangsvollstreckungsgesetz wird das geringste Gebot durch Vereinbarung zwischen dem Schuldner und dem Gläubiger festgelegt. Wenn keine Vereinbarung erfolgt, hat das Vollstreckungsgericht das geringste Gebot festzulegen, wobei dieses mindestens Zwei Drittel des Schätzwertes beträgt.

Weil der Grundgedanke hinter der Festlegung des geringsten Gebots im chinesischen und deutschen Recht vollkommen unterschiedlich ist - im chinesischen Recht dient das geringste Gebot dem Verhindern einer Vermögensverschleuderung, während es im deutschen Recht die Interessen der rangbesseren Gläubiger schützt - und weil zugleich in China bislang ein Zwangsvollstreckungsgesetz fehlt, lässt sich eine genaue Bewertung der Unterschiede zwischen dem deutschen und dem chinesischen Recht erst vornehmen, wenn die Möglichkeit einer praktischen Handhabung in China ersichtlich ist.

---

320 *Foerste*, Rn. 380.
321 *Foerste*, Rn. 383.

f. Einstweilige Einstellung

Dazu, ob die schon vor der Insolvenzeröffnung durch einen Gläubiger betriebene Zwangsversteigerung von der Eröffnung des Insolvenzverfahrens beeinflusst wird, bestehen im deutschen und chinesischen Recht unterschiedliche Vorschriften.

Mit Blick auf eine mögliche Sanierung bleibt der Grundpfandgläubiger nach deutschem Recht von der Insolvenz des Schuldners nicht gänzlich unberührt. Vielmehr kann unter den Voraussetzungen des § 30 Abs. 4 ZVG der vorläufige Verwalter, unter den Voraussetzungen des § 30d Abs. 1-3 ZVG der Insolvenzverwalter und nach § 30 Abs. 3 ZVG sogar der Insolvenzschuldner die einstweilige Einstellung der Zwangsversteigerung beim Vollstreckungsgericht beantragen. Obwohl eine einstweilige Einstellung nicht unbedingt erforderlich ist, hat sie in folgenden Fällen eine wesentliche praktische Bedeutung[322]: wenn das Grundstück für die Fortführung des Unternehmens, die Vorbereitung der Veräußerung eines Betriebes oder die Vorbereitung der Veräußerung von zusammengehörigen Betriebsteilen nach dem Ergebnis des Berichtstermins (§ 29 Abs. 1 Nr. 1 InsO) benötigt wird oder durch die Versteigerung die Durchführung eines vorgelegten Insolvenzplans gefährdet würde (§ 30d Abs. 1 S. 1 ZVG).

Nach § 19 KoG werden das Vermögen des Gemeinschuldners betreffende Vollstreckungsverfahren unterbrochen, nachdem das Volksgericht den Konkursantrag angenommen hat - dadurch ist das Konkursverfahren eröffnet. In der Praxis werden § 19 KoG bzw. § 11 KoG a. F. so umgesetzt, dass jedes Vollstreckungsverfahren nach der Eröffnung des Konkursverfahrens eingestellt wird.[323] Nach einer Gegenmeinung ist das vom Absonderungsberechtigten vor der Eröffnung des Konkursverfahrens betriebene Vollstreckungsverfahren bzw. die Möglichkeit zur Durchsetzung seines Absonderungsrechts nicht wegen des Konkursverfahrens zu verhindern.[324]

Soweit die Durchsetzung des Absonderungsrechts vom Konkursverfahren beeinflusst wird, geht es um eine Interessenabwägung zwischen Gläubiger und Schuldner.

In der allgemeinen Begründung zum Regierungsentwuf der deutschen InsO wurde darauf hingewiesen, dass es ein unverhältnismäßiger Eingriff in die Rechtsstellung immobiliargesicherter Gläubiger gewesen wäre, wenn die Eröffnung des Insolvenzverfahrens stets und automatisch den Lauf einer Liegenschaftsvollstreckung hindern würde. Der Gesetzgeber war der Meinung, dass sich die Interessen der Insolvenzmasse ausreichend wahren liessen, wenn dem Insolvenzverwalter die Möglichkeit gegeben wird, durch einen Antrag die einstweilige Einstellung der Zwangsvollstreckung herbeizuführen.[325] Um eine Zerschlagung von Verbundwerten zu verhindern, wurden aber die Möglichkeiten, unter denen eine einstweilige Einstellung der Zwangsversteigerung möglich ist, gegenüber dem geltenden Recht erweitert. Freilich setzt die einstweilige Einstellung der Zwangsversteigerung insbesondere die Erfüllung der Voraussetzungen des § 30d ZVG voraus. Wenn diese nicht vorliegen, ist eine einstweilige Einstellung der Zwangsversteigerung nicht möglich.

Die Gegenmeinung im chinesischen Schrifttum sieht vor, dass der absonderungsberechtigte Gläubiger das Verwertungsrecht im Konkursverfahren unbeschränkt ausüben und so die

---

322 *Nerlich/Kreplin/Goebel*, § 30 Rn. 59.

323 Gespräch (Vgl. Fn. 14).

324 *Wang, Xinxin*, S. 248.

325 BT-Drucks. 12/2443, S. 88.

Konkursmasse frühzeitig zerstören kann. Daher ist dieser Gegenmeinung auf keinen Fall zu folgen.

Die nächsten zu behandelnden Punkte sind die Aufhebung der einstweiligen Einstellung und der Schutz des Absonderungsberechtigten.

Nach deutschem Recht ist auf Antrag des betreibenden Gläubigers die einstweilige Einstellung in folgenden Konstellationen aufzuheben:[326]

- Wegfall der Voraussetzungen für die einstweilige Einstellung (geplante Unternehmensfortführung, Veräußerung des Betriebes als Gesamtheit), § 30f Abs. 1 S. 1 Alternative 1 ZVG;
- Nichterfüllung der Auflagen nach § 30e ZVG (Teilbefriedigung bzw. Zahlung einer Nutzungsentschädigung), § 30f Abs. 1 S. 1 Alternative 2 ZVG;
- Zustimmung des die einstweilige Einstellung beantragenden Verwalters oder Schuldners zur Aufhebung, § 30f Abs. 1 S. 1 Alternative 3 ZVG;
- Beendigung des Insolvenzverfahrens, § 30f Abs. 1 S. 2 ZVG;
- Abweisung oder Rücknahme des Antrags auf Eröffnung des Insolvenzverfahrens, wenn es zur Anordnung der einstweiligen Einstellung der Zwangsversteigerung im eröffneten Verfahren (§ 30d Abs. 4 ZVG) gekommen war, § 30f Abs. 2 ZVG.

Für die Entscheidung über die Aufhebung der auf Antrag des Insolvenzverwalters angeordneten Einstellung der Zwangsversteigerung gelten folgende Grundsätze: Fortgefallen sind die Voraussetzungen für die Einstellung der Zwangsversteigerung nicht schon dann, wenn mit dem Fortgang des Insolvenzverfahrens einzelne Einstellungstatbestände des § 30d Abs. 1 Nr. 1-4 ZVG entfallen sind, die die Grundlage für die ursprüngliche Einstellung abgegeben hatten.

Eine Aufhebung der während eines Insolvenzverfahrens angeordneten Einstellung der Zwangsversteigerung kann nur dann erfolgen, wenn nach dem Tatsachenvortrag der Beteiligten keiner der Einstellungstatbestände des § 30d ZVG die Fortdauer der Verfahrenseinstellung rechtfertigt.

Nach rechtskräftiger Entscheidung kann ein neuer Aufhebungsantrag des Gläubigers oder ein erneuter Einstellungsantrag des Insolvenzverwalters nur auf neue Gründe infolge Veränderung der Verhältnisse gestützt werden.[327]

§ 19 KoG des chinesischen Rechts sieht eine einstweilige Einstellung der Zwangsvollstreckung nur während des Konkursverfahrens vor; es fehlt aber eine entsprechende Vorschrift, die regelt, wann die einstweilige Einstellung aufgehoben werden soll. Nach dem ZPG und der BesOVGVoll muss das Volksgericht die Unterbrechung der Vollstreckung verfügen, wenn einer der folgenden Umstände vorliegt.

- Der Antragsteller bringt zum Ausdruck, dass die Vollstreckung aufgeschoben werden kann;
- ein Außenstehender macht ein Interventionsrecht geltend, das begründet ist;
- ein Bürge, der Partei ist, stirbt, und es ist erforderlich, abzuwarten, ob Erben Rechte erhalten bzw. Pflichten übernehmen;

---

326 MK-InsO/*Lwowski,* § 165 Rn. 116.

327 MK-InsO/*Lwowski,* § 165 Rn. 117; *Stöber* NZI 1999, 439 ff.

- eine juristische Person oder andere Organisation, die Partei ist, endet und wer Rechte und Pflichten übernimmt, ist noch nicht bestimmt;
- andere Umstände, bei denen das Volksgericht der Ansicht ist, dass die Vollstreckung unterbrochen werden muss.

Ebenfalls fehlt eine entsprechende Regelung, um die Voraussetzungen zur Aufhebung der einstweiligen Einstellung zu bestimmen. Demgegenüber sieht § 234 Abs. 2 ZPG nur vor, dass nach Wegfall der die Unterbrechung begründenden Umstände wieder in die Vollstreckung eingetreten wird. Im chinesischen Schrifttum gibt es auch weder im ZPG noch im Konkursrecht eine weitere Erklärung zu dieser Vorschrift.

Meiner Meinung nach sind die Umstände, unter welchen die Einstellung aufgehoben werden soll, im einzelnen aufzuzählen, weil die Umstände, unter denen eine Zwangsvollstreckung durch einstweilige Verfügung einzustellen ist, im chinesischen Gesetz enumeriert werden können. Insbesondere ist die Einstellung i. S. v. § 19 KoG unter folgenden Voraussetzungen aufzuheben:
- Beendigung des Konkursverfahrens;
- keine Gelegenheit zum Betreiben der geplanten Unternehmensfortführung oder Veräußerung des Betriebes als Gesamtheit;
- Antrag des Verwalters oder Schuldners und Zustimmung des Gerichts zur Aufhebung.

Obwohl in der chinesischen Praxis die einstweilige Einstellung zumindest wegen oben genannter Gründe auch aufgehoben wird, hätte dies ausdrücklich im Gesetz geregelt werden müssen.

Nach § 30e Abs. 1 ZVG sind dem betreibenden Gläubiger für die Zeit nach dem Berichtstermin laufend die geschuldeten Zinsen binnen zwei Wochen nach Eintritt der Fälligkeit aus der Insolvenzmasse zu zahlen. Ist das Versteigerungsverfahren schon vor der Eröffnung des Insolvenzverfahrens nach § 30d Abs. 4 ZVG einstweilen eingestellt worden, so ist die Zahlung der Zinsen spätestens von dem Zeitpunkt an anzuordnen, der drei Monate nach der ersten einstweiligen Einstellung liegt. Wenn das Grundstück für die Insolvenzmasse genutzt wird, so ordnet nach § 30e Abs. 2 ZVG das Gericht auf Antrag des betreibenden Gläubigers weiter die Auflage an, dass der entstehende Wertverlust von der Einstellung des Versteigerungsverfahrens an durch laufende Zahlungen aus der Insolvenzmasse an den Gläubiger auszugleichen ist. Nur wenn nach der Höhe der Forderung sowie dem Wert und der sonstigen Belastung des Grundstücks nicht mit einer Befriedigung des Gläubigers aus dem Versteigerungserlös zu rechnen ist, sind dem Gläubiger die Zinsen nicht zu zahlen oder ist ein Wertverlust nicht auszugleichen. Im Vergleich dazu werden verzinsliche Forderungen nach § 46 S. 2 KoG in der chinesischen Praxis mit Eröffnung des Konkursverfahrens nicht mehr verzinst.[328] Daher gibt es in der chinesischen Praxis weder eine Zahlung der Zinsen noch einen Ausgleich des Wertverlusts, der durch die Einstellung des Versteigerungsverfahrens entstanden ist.

g. Versteigerungsprinzip im chinesischen Recht: Löschungsprinzip

Ob mit dem Zuschlag alle auf dem Grundstück ruhenden Belastungen erlöschen, ist zu diskutieren.

328 Zur Bewertung und Verbesserung des § 46 Abs. 2 KoG, vgl. S. 31.

In der deutschen Praxis sind das Deckungsprinzip und das Übernahmeprinzip maßgebend.

Im Gemeinen Recht und in den meisten Partikularrechten galt das sog. Löschungsprinzip, d.h. dass mit dem Zuschlag alle auf dem Grundstück ruhenden Belastungen erloschen, so dass der Ersteher das Grundstück stets lastenfrei erwarb. Dieses System erfuhr seit den sechziger Jahren des 19. Jahrhunderts zunehmend Kritik. Einmal, weil es als ein Verstoß gegen das der Rangordnung immanente Prioritätsprinzip angesehen wurde, wenn ein die Versteigerung betreibender Gläubiger rangbessere Gläubiger aus ihrem Recht drängen konnte. Zum zweiten wurde der Zwang, bei hinreichendem Erlös das Kapital vor dem Ende der Laufzeit zurücknehmen zu müssen, als unwirtschaftlich empfunden. Schließlich wurde die Notwendigkeit, bei unzureichendem Bieterinteresse das Grundstück selbst erstehen zu müssen, als eine nicht vertretbare Verlagerung des Versteigerungsrisikos vom Betreiber auf Rangbessere angesehen. Dazu kam, dass der Zwang, das gesamte Meistgebot bar bezahlen zu müssen, den Kreis potentieller Bieter stark einengte. [329]

Stark beeinflusst durch Vorarbeiten des Deutschen Juristentags[330] setzte sich zunehmend die Auffassung durch, dass der Zuschlag nur bei Deckung aller Rechte erteilt werden dürfe, die dem betreibenden Gläubiger im Range vorgehen.

Das ZVG verwirklicht das Deckungsprinzip in § 44 Abs. 1 ZVG: Der Versteigerung liegt die Verfahrensbedingung zugrunde, dass die dem betreibenden Gläubiger im Range vorgehenden Rechte auf jeden Fall gedeckt werden müssen. Sie sind in das sog. geringste Gebot aufzunehmen.

Im Zusammenhang mit dem Deckungsprinzip steht das Übernahmeprinzip. Es besagt, dass die im geringsten Gebot stehenden Rechte nicht von der Versteigerung berührt sind. Der Ersteher muss sie also übernehmen und fortan nach den bei Bestellung der Rechte getroffenen Vereinbarungen verzinsen und tilgen. Tatsächlich vermeidet das Übernahmeprinzip unwirtschaftlichen Kapitalrückfluss und bietet gleichzeitig jeder gegenüber dem Betreiber besseren Rangstelle optimale Sicherheit.[331]

Obwohl das Übernahmeprinzip viele Vorteile hat, ist die Durchführung des Löschungsprinzips angesichts der bisherigen wirtschaftlichen Entwicklung und des rechtlichen Umfelds Chinas praktikabler.

Während des Gesetzgebungsverfahrens spielt die wissenschaftliche Forschung meist eine große Rolle. Allerdings ist die Erforschung des Prozessrechts, insbesondere des Zwangsvollstreckungsrechts in China, sehr schwach ausgeprägt, so dass es im Gesetzgebungsverfahren zum Zwangsvollstreckungsrecht an systematisch elementaren Materialien bzw. Forschung mangelt. Aufgrund dessen sind sogar folgende Fragen schwierig zu beantworten: ob in der Praxis wirklich irgendein Zwang für den rangbesseren Gläubiger besteht, wenn der nachrangige Gläubiger eine Versteigerung betreibt; ob die Übernahme wirklich zur Verkomplizierung des Rechtsverhältnisses führt und welches Prinzip der Gläubiger bzw. der Ersteher akzeptieren würde. Damit ist es für den Gesetzgeber in der gegebenen Lage schwierig zu entscheiden,

---

329 *Eickmann*, S. 69 f.

330 Vgl. die Verhandlungen des 10., 11., 12. u. 16. Deutschen Juristentages; insbesondere das Gutachten v. *Salpius* zum 12. Deutschen Juristentag (1875), Verh. d. 12. DJS. 117 ff.

331 *Eickmann*, S. 70.

ob das Übernahmeprinzip oder das Löschungsprinzip im Gesetz festgesetzt werden soll: Obwohl das erstere logischer ist und dem rangbesseren Gläubiger mehr Schutz gewährt, ist es China leider fremd; das letztere ist in China praktikabler, aber zumindest nach der deutschen Erfahrungen fragwürdig und nicht empfehlenswert. Der Gesetzgeber käme somit nicht umhin, das Löschungsprinzip nur nach den praktischen Erfahrungen[332] im Gesetzestext festzulegen.

II. Verwertung der beweglichen Sachen, an denen eine Hypothek bestellt wurde

1. Verwertungsmöglichkeit

Nach chinesischem Recht besteht bezüglich der Verwertung der Hypothekengegenstände kein Unterschied zwischen unbeweglichen Sachen und beweglichen Sachen. Vielmehr sind folgende Verwertungsmöglichkeiten nach § 195 SachenRGmöglich:

- Der Hypothekar kann mit dem Besteller vereinbaren, dass er selbst durch den Gegenstand der Hypothek zu dessen angerechnetem Wert oder mit dem durch dessen Versteigerung oder freihändigen Verkauf erzielten Erlös bevorzugt befriedigt wird.
- Kommt keine Vereinbarung über die Realisierung der Hypothek zustande, so kann der Hypothekar verlangen, dass das Volksgericht den Gegenstand der Hypothek versteigert oder freihändig verkauft.

Aber im Zusammenhang mit den Vorschriften des KoGs, sind nach der Eröffnung eines Konkursverfahrens die Vermögensgegestände nur durch eine vom Konkursverwalter betriebene öffentliche Versteigerung zu verwerten. Meiner Meinung nach sollte in der Praxis, um Verwertungskosten zu sparen, auch ein freihändiger Verkauf oder eine freihändige Übereignung der Sache an den Gläubiger zu einem angerechneten Preis erlaubt sein, wenn kein Streit zwischen Konkursverwalter und Gläubiger besteht oder beide Möglichkeiten von der Gläubigerversammlung gebilligt werden.

2. Einfluss der deutschen praktischen Erfahrung auf das chinesische Recht

Nach § 166 InsO ist der Insolvenzverwalter berechtigt, eine bewegliche Sache, an der ein Absonderungsrecht besteht, freihändig zu verwerten, wenn er die Sache in seinem Besitz hat. Der Verwalter darf auch eine Forderung, die der Schuldner zur Sicherung eines Anspruchs abgetreten hat, einziehen oder in anderer Weise verwerten. Im Vergleich zum deutschen Recht und der deutschen Praxis hat §§ 166 InsO in China fast keine Bedeutung: Nicht nur besteht keine entsprechende Regelung, sondern es existiert auch kaum Rechtsprechung zu diesem Punkt. Obwohl bei der Sicherungsübereignung und Sicherungsabtretung das Publizitätsprinzip nicht durchgeführt ist, ist nach dem chinesischen SachenRG die Hypothek an beweglichen Sachen eine ähnliche Sicherheitsform wie die deutsche Sicherungsübereignung. Denn der Schuldner darf die Sicherungsgegenstände weiter in Besitz haben und benutzen, obwohl diese mit einer Sicherheit belastet sind. Wenn gegen den Schuldner ein Insolvenzverfahren eröffnet ist, hat anstatt des Schuldners der Insolvenzverwalter die Sicherungsgegenstände in Besitz zu nehmen und über sie zu verfügen, um den Absonderungsberechtigten zu befriedigen. Hinsichtlich der Ähnlichkeiten zwischen Sicherungseigentum nach deutschem Recht und der Hypothek an beweglichen Sachen nach chinesischem Recht ist in der Theorie bedeutsam, dass die deutschen Vorschriften und praktische Erfahrungen in das chinesische Recht einflies-

332 *Zhao, Jinshan*, S. 376.

sen sollen, obwohl die Hypothek an beweglichen Sachen in der chinesischen Praxis nicht gewöhnlich ist.

a. Mitteilungspflicht des Konkursverwalters

Obwohl dem Insolvenzverwalter in der deutschen Praxis nach § 166 InsO die grundsätzliche Verwertungsbefugnis an beweglichen Sachen zusteht, wird dem absonderungsberechtigten Gläubiger durch die Auskunftspflicht des Insolvenzverwalters die Möglichkeit eröffnet, sich nach dem Zustand und Verbleib des Sicherungsguts bzw. dem Schicksal der ihm abgetretenen Forderung zu erkundigen. Bevor der Insolvenzverwalter einen Gegenstand, zu dessen Verwertung er nach § 166 InsO berechtigt ist, an einen Dritten veräußert, hat er dem absonderungsberechtigten Gläubiger mitzuteilen, auf welche Weise der Gegenstand veräußert werden soll (§ 168 Abs. 1 S. 1 InsO). Im Vergleich dazu mangelt es im chinesischen Recht an einer entsprechenden Vorschrift. In der Praxis wird diese Lücke vom Richter gesehen und bejaht,[333] dass der Hypothekar unterrichtet werden soll, wann, wo und wie über die Sicherungsgegenstände verfügt werden soll und wie hoch das geringste Gebot für das zu verwertende Vermögen ist.

Im deutschen Recht unterscheidet sich § 167 InsO von § 168 InsO. Nach § 167 InsO hat der Insolvenzverwalter nur auf Verlangen des Absonderungsberechtigten Auskunft über den Zustand der Sache zu erteilen. Nach § 168 InsO hat er aber, bevor er einen Gegenstand an einen Dritten veräußert, dem absonderungsberechtigten Gläubiger (ohne Verlangen) mitzuteilen, auf welche Weise der Gegenstand veräußert werden soll und ihm auch Gelegenheit zu geben, binnen einer Woche auf eine andere, für den Gläubiger günstigere Möglichkeit der Verwertung des Gegenstands hinzuweisen.

Um die Interessen der Absonderungsberechtigten zu schützen, sollte eine Unterrichtungspflicht des Konkursverwalters bei entsprechendem Verlangen des absonderungsberechtigten Gläubigers im chinesischen Recht vorgesehen werden. Daneben ist die Haftung des Konkursverwalters zu klären, weil, wenn er seine Pflichten verletzt, aber eine dem § 60 InsO entsprechende Vorschrift fehlt, die Regelungen über seine Pflichten nur ein Stück Papier sind. Zwar ist in § 130 KoG vorgesehen, dass das Volksgericht, wenn der Konkursverwalter seiner Verantwortung nicht voll nachkommt und sein Amt nicht treugemäß ausübt, ihn mit einer Geldbuße belegen kann. Wenn er den Gläubigern, dem Gemeinschuldner oder Dritten einen Schaden verursacht, so haftet er also auf Schadenersatz. Dennoch ist eine weitere wissenschaftliche Auslegung, ähnlich wie z. B. die Kommentierung des § 60 InsO in der deutschen Literatur, erforderlich. Während nach dem deutschen Schrifttum, das § 60 InsO ausführlich erklärt, die Haftung wegen der Verletzung der Benachrichtigungs- und Auskunftspflichten nach §§ 167-169 InsO auch unter § 60 InsO fällt,[334] ist die Durchsetzung des § 130 KoG mangels weiterer Rechtsprechung und wissenschaftlicher Erklärung[335] in der chinesischen Praxis schwierig.

Der Inhalt der Auskunftspflicht ist im deutschen sowie im chinesischen Recht nicht festge-

333 *Obervolksgericht Shanghai*, S. 259.

334 HK/*Eickmann*, § 60 Rn. 9; *Gottwald/Gottwald;* § 42 Rn. 133.

335 Teilweise geht das chinesische Schrifttum nur vom Strafrecht und Verwaltungsrecht aus, um die Haftung des Konkursverwalters darzustellen. Unter welchen konkreten Umständen der Konkursverwalter welche zivilrechtliche Haftung tragen soll, wird kaum erwähnt. Vgl. *Tang, Weijian* (Hrsg.), S. 473 ff. *Li, Shuguang* (Hrsg.), die Darstellung über Kapital 11. des KoG.

legt. Nach dem deutschen Schrifttum können folgende Angaben vom Verwalter gefordert werden[336]:

- zu veräußernder Gegenstand,
- Art der Veräußerung,
- geplanter Zeitpunkt des Vertragsschlusses,
- etwaige Zahlungsmodalitäten,
- geplanter Verwertungstermin,
- schließlich ist der Gläubiger auf die Möglichkeit hinzuweisen, dass er innerhalb einer Woche die Gelegenheit hat, eine für ihn günstigere Verwertungsmöglichkeit zu benennen.

Im Bezug auf die chinesische Praxis sind obige Punkte bei der Verwertung der Sicherungsgegenstände durch öffentliche Versteigerung nicht nötig. Ist aber nach der Bestimmung der Gläubigerversammlung eine vom Konkursverwalter betriebene freihändige Veräußerung durchführbar, sind diese Angaben sehr wohl erforderlich. Die Mitteilung an den Gläubiger erfolgt zwar grundsätzlich formlos, sollte jedoch aus Beweisgründen schriftlich erteilt werden.

Anstelle der Auskunft kann der Insolvenzverwalter nach deutschem Recht dem Gläubiger gestatten, die Sache zu besichtigen (§ 167 Abs. 1 S. 2 InsO). Der Gläubiger hat aber grundsätzlich keinen Anspruch auf Gestattung der Besichtigung, da es sich hierbei nur um eine Ersetzungsbefugnis *(facultas alternativa)* des Insolvenzverwalters handelt, welche zur Erleichterung seiner Geschäftsführung eingeführt wurde und von der Einwilligung des Verwalters abhängig ist.[337] Diese Alternative sollte auch im chinesischen Recht eingeführt werden. Zugleich ist zu beachten, dass es grundsätzlich im Ermessen des Verwalters liegt, ob er dem Gläubiger anstelle der Auskunft die Besichtigung der Sache gewährt. Nur wenn die Auskunftserteilung für den Verwalter unzumutbar ist, kann der Gläubiger in Einzelfällen gleichwohl einen Anspruch auf Erlaubnis der Besichtigung haben.[338] Trotzdem ist der Verwalter auch berechtigt, Ort und Zeitpunkt der Besichtigung nach freiem Ermessen festzulegen.[339] Das Recht des Verwalters, den Gläubiger auf eigene Nachprüfungen zu verweisen anstelle ihm Auskunft zu erteilen, soll ihn entlasten.[340] Dennoch folgt daraus nicht etwa, dass auch dem absonderungsberechtigten Gläubiger eine Ersetzungsbefugnis zusteht.

Nach dem deutschen Recht ist eine exakte Zeit, wann die Auskunft erfolgen muss, nicht vorgesehen. Um den Gläubiger seine aus §§ 168 f. InsO resultierenden Rechte durchsetzen zu lassen, muss die Auskunft innerhalb einer angemessenen Frist, spätestens aber ca. 2-3 Wochen vor der Verwertung, erfolgen.[341] Falls die Auskunftspflicht im chinesischen Recht eingeführt würde, sollte eine Auskunftsfrist bestimmt sein, die z. B. vorsieht, dass die Auskunft zwei Wochen vor der Verwertung erfolgen muss.

b. Hinweise auf eine günstige Verwertungsmöglichkeit

Die Übertragung des Verwertungsrechts auf den Verwalter (§ 166 InsO) soll nicht dazu führen, dass günstigere Verwertungsmöglichkeiten des absonderungsberechtigten Gläubigers

336 MK-InsO/*Lwowski*, § 168 Rn. 31; *K/P/Kemper*, § 168 Rn. 4, 5; HK/*Landfermann*, § 168 Rn. 2 ff.; *Uhlenbruck/Uhlenbruck*, § 168 Rn. 6.

337 MK-InsO/*Lwowski*, § 167 Rn. 56; BT-Drucks. 12/2443, S. 179.

338 MK-InsO/*Lwowski*, § 167 Rn. 56; *Uhlenbruck/Uhlenbruck*, § 167 Rn. 6.

339 *Uhlenbruck/Uhlenbruck*, § 167 Rn. 6.

340 BT-Drucks. 12/2443, S. 179.

341 *Uhlenbruck/Uhlenbruck*, § 167 Rn. 5; *Hess*, § 167 Rn. 8.

ungenutzt bleiben und der Gläubiger dadurch einen Schaden erleidet.[342] Deshalb sieht § 168 Abs. 3 S. 1 InsO vor, dass der Verwalter dem absonderungsberechtigten Gläubiger vor einer Veräußerung des belasteten Gegenstands Gelegenheit geben muss, den Gegenstand zu den vorgesehenen Bedingungen selbst zu übernehmen. Der Gläubiger wird von diesem Eintrittsrecht Gebrauch machen, wenn er den Gegenstand zu einem höheren Preis weiterveräußern kann.[343] Weil der Gläubiger nach der deutschen Erfahrung häufig über bessere Verwertungsmöglichkeiten als der Verwalter verfügt, sollte die Vorschrift des § 168 Abs. 1 S. 2 InsO in China eingeführt werden. Nach ihr hat der Verwalter dem Gläubiger Gelegenheit zu geben, binnen einer Woche auf eine andere, für den Gläubiger günstigere Möglichkeit der Verwertung des Gegenstands hinzuweisen.

Soweit die Gläubigerversammlung etwas anderes beschließt, kann der Konkursverwalter nach § 112 KoG das Vermögen außer durch Versteigerung auch auf andere Möglichkeiten verwerten. Obwohl nach dieser Regelung auch die Gläubigerversammlung über die Verwertungsmöglichkeit der Sicherungsgegenstände bestimmen kann, hat diese Regelung keine praktische Bedeutung. Das Sicherungsvermögen dient zunächst der Befriedigung des Absonderungsberechtigten; nur wenn ein höherer Erlös erzielt wird, fällt es in die Insolvenzmasse. Dieser Fall ist aber in der chinesischen Praxis kaum möglich, weil die Sicherungsgegenstände meistens überbelastet sind. In diesem Fall ist es unlogisch, dass der Absonderungsberechtigte, obwohl er - nicht andere Konkursgläubiger - großes Interesse an der Verwertung der Sicherungsgegenstände hat, nach bisherigem chinesischen Recht nicht berechtigt ist, dem Konkursverwalter eine Verwertungsmöglichkeit vorzuschlagen. Dagegen steht der Gläubigerversammlung ein solches Recht zu,; allerdings ist ihr in der Praxis tatsächlich fremd, wie aus der Sicht des betroffenen Absonderungsberechtigten spezielle Sicherungsgegenstände besser verwertet werden können. In diesem Fall ist die Regelung des § 168 Abs. 1 S. 2 InsO empfehlenswert, wonach der Absonderungsberechtigte berechtigt ist, binnen eines gewissen Zeitraums auf eine günstigere Verwertungsmöglichkeit hinzuweisen. Das vom bisherigen chinesischen Recht bestimmte Verwertungsprinzip, wonach die öffentliche Versteigerung die maßgebliche Verwertungsmöglichkeit ist, sollte gestrichen werden oder der Absonderungsberechtigte sollte zumindest das Recht erhalten, entweder direkt am Verwertungsverfahren teilzunehmen oder einen entsprechenden Vorschlag zu machen.

Falls das Hinweisrecht des Absonderungsberechtigten vom chinesischen Recht übernommen würde, wäre über die Bedeutung von „günstigere Verwertungsmöglichkeit" und den Inhalt des Hinweises aufzuklären.

c. Bedeutung von „günstigere Verwertungsmöglichkeit" und Inhalt des Hinweises an den Absonderungsberechtigten

Ausweislich der Gesetzgebungsbegründungen der InsO ist die vom Gläubiger nachgewiesene Verwertungsalternative in erster Linie dann günstiger, wenn ein höherer Erlös, also Preis, erzielt wird.[344] Neben der Höhe des Erlöses können jedoch auch andere Kriterien und Umstände für den Gläubiger günstig sein, die ebenfalls zu berücksichtigen sind.

Derartige Umstände sind beispielsweise Transport- und Versicherungskosten sowie Provi-

342 BT-Drucks. 12/2443, S. 179.
343 *Hess*, § 167 Rn. 1.
344 BT-Drucks. 12/2443, S. 179.

sionen und Geschäftsrisiken, wie etwa die Zahlungswilligkeit oder die Zahlungsfähigkeit. Zu berücksichtigen sind aber auch sonstige Konditionen des Geschäfts, wie der Zeitpunkt der Zahlung, eine zügigere Verwertungschance, finanziell weniger belastende Nebenabreden, wie z. B. dem Erwerber zustehende Möglichkeiten der Lösung vom Vertrag. Unberücksichtigt bleiben müssen dagegen Umstände, die außerhalb der bloßen Verwertung liegen, wie etwa die Erwartung des Gläubigers, er könne mit Hilfe dieses Vertragsabschlusses eine lukrative Geschäftsbeziehung zu dem Käufer aufbauen. Derartige Umstände reichen über den unmittelbaren finanziellen Ertrag der anstehenden Veräußerung hinaus. Der absonderungsberechtigte Gläubiger hat sich das Sicherungsrecht nicht deswegen einräumen lassen, um bei einer späteren Verwertung derartige Vorteile zu erlangen. Ebenso unberücksichtigt bleiben ideelle Motive des Gläubigers.[345]

Nach der deutschen gesetzlichen Regelung sind grundsätzlich drei Fallgestaltungen der günstigeren Verwertungsmöglichkeiten zu unterscheiden: Günstigeres Drittangebot, Selbsteintritt des Gläubigers und Kosteneinsparung.[346]

Bei der Anzeige einer günstigeren Verwertungsmöglichkeit soll der Absonderungsberechtigte nachweisen, dass eine von ihm dargestellte Drittveräußerung gegenüber dem Verwaltervorschlag als günstiger erscheint, und zugleich muss er dem Insolvenzverwalter sämtliche Faktoren mitteilen. Der Hinweis des Gläubigers muss inhaltlich bestimmt sein, so dass der Insolvenzverwalter Verwertungskosten und Erlös genau abschätzen kann.[347] Der Absonderungsberechtigte kann sich also nicht allein auf abstrakte Schätzwerte (z.B. bei Kraftfahrzeugen auf den Listenpreis nach Schwacke) berufen, sondern muss auch darlegen, dass jemand bereit ist, den höheren Preis zu bezahlen.[348] Ist danach die vom Gläubiger vorgeschlagene Möglichkeit bei einer Gesamtbetrachtung wirtschaftlich günstiger, führt also zu einem höheren Nettoerlös für Gläubiger und Masse, so ist der Verwalter verpflichtet, sie wahrzunehmen oder den Gläubiger doch jedenfalls wirtschaftlich gleichzustellen (§ 168 Abs. 2 InsO).

Letzteres kommt vor allem in Betracht, wenn der Gläubiger nur eine günstigere Verwertung seines eigenen Sicherungsgutes anbieten kann, der Verwalter aber den ganzen Betrieb oder Betriebsteil einschließlich des Sicherungsgutes en bloc verwerten kann.[349]

Weil meiner Meinung nach im chinesischen Recht eingeführt werden sollte, dass der Absonderungsberechtigte berechtigt ist, den Konkursverwalter auf eine günstigere Verwertungsmöglichkeit hinzuweisen, fällt die Anzeige eines günstigeren Drittangebots wie bei der deutschen Regelung selbstverständlich darunter. Aufgrund dessen kommen obige Punkte, z. B. der Inhalt der Anzeige, die Einstellung des Konkursverwalters gegenüber dem Vorschlag, in Betracht. Unter diesen Faktoren ist insbesondere der Interessenkonflikt zwischen günstiger Einzelverwertungsmöglichkeit und Gesamtveräußerung zu beachten. Nach § 112 KoG kann ein Konkursunternehmen im Ganzen oder in Teilen zur Verwertung verkauft werden. In dem Fall, dass der darin enthaltene einzelne Sicherungsgegenstand wegen der Gesamtveräußerung einen geringeren Erlös erzielt als bei der Einzelveräußerung, kommt es im chinesischen

345 MK-InsO/*Lwowski*, § 168 Rn. 45.

346 *Uhlenbruck/Uhlenbruck*, § 168 Rn. 8; *Gottwald/Gottwald*, § 42 Rn. 135; a. A. *Hess*, § 168 Rn. 21: Der Selbsteintritt muss nicht günstiger sein.

347 *Gottwald/Gottwald*, § 42 Rn. 133.

348 *Hess*, § 168 Rn. 18; MK-InsO/*Lwowski*, § 168 Rn. 20.

349 *Gottwald/Gottwald*, § 42 Rn. 133; MK-InsO/*Lwowski*, § 168 Rn. 55; *Uhlenbruck/Uhlenbruck*, § 168 Rn. 14.

Recht bislang nicht in Betracht, dass dem Absonderungsberechtigten aufgrund dessen ein Ausgleich eingeräumt wird. Um die Interessen des Absonderungsberechtigten zu schützen, insbesondere, nachdem er auf eine günstige und durchführbare Verwertungsmöglichkeit hingewiesen hat, sollte die deutsche Regelung des § 168 Abs. 2 InsO in das chinesische Gesetz übernommen werden. Dies bedeutet, dass der Verwalter dem Gläubiger einen Ausgleich zu bezahlen hat, um die Differenz zwischen dem Preis bei Gesamtveräußerung und bei Einzelveräußerung zu decken. Weil die Ausgleichszahlung immer zulasten der Konkursmasse geht, darf sich der Konkursverwalter nur dann für den Gesamtverkauf entscheiden, wenn dieser nach der Ausgleichszahlung für die Masse noch Vorteile gegenüber dem Einzelverkauf mit sich bringt. Wenn der Gesamtverkauf zu einer Belastung der Konkursmasse führt, haftet der Konkursverwalter, § 130 KoG.

Der in der deutschen InsO vorgesehene Selbsteintritt ähnelt der im chinesischen Gesetz vorgesehenen Anrechnung des Sicherungsgegenstands. In der chinesischen Praxis stellt sich das Anrechnen des Sicherungsgegenstands so dar, dass der Absonderungsberechtigte dadurch befriedigt wird, dass anstatt einer Befriedigung der Forderung seine Forderung zum Schätzwert des Sicherungsgegenstands mit diesem verrechnet wird und ihm dieser übertragen wird. Die deutsche Selbstübernahme bedeutet, dass mit der Übernahme der Gläubiger den angebotenen Preis an den Verwalter zu bezahlen hat und er zugleich einen Anspruch auf Auskehrung des Erlöses aus der damit bewirkten Verwertung hat. Beide Ansprüche können miteinander verrechnet werden.[350] Obwohl es bei beiden Verwertungsmöglichkeiten scheint, dass der Absonderungsberechtigte durch Übernahme des Sicherungsgegenstands befriedigt wird, sind beide voneinander zu unterscheiden. Zum Ersten ist der Selbsteintritt eine günstigere Verwertungsmöglichkeit (§ 168 Abs. 3 S. 1 InsO).[351] Hingegen ist das Anrechnen des Sicherungsgegenstands nur eine Verwertungsmöglichkeit und selbst wenn sie günstiger ist, ist der Konkursverwalter nach dem chinesischen Recht nicht verpflichtet, die Sicherungsgegenstände auf diese Weise zu verwerten. Zum Zweiten ist der Selbsteintritt nach deutschem Recht noch eine Verwalterverwertungsmöglichkeit und der Absonderungsberechtigte nur ein normaler Käufer. Er hat dem Insolvenzverwalter den Kaufpreis zu bezahlen. Nur weil der Gläubiger noch einen Anspruch auf Auskehrung des Erlöses aus der damit bewirkten Verwertung hat, können beide miteinander verrechnet werden.[352] Dagegen kommen Verwertungskosten und Feststellungskosten beim Anrechnen des Sicherungsgegenstands in der chinesischen Praxis nicht in Betracht. Da es sich rechtlich um eine Verwertung des Verwalters handelt, sind in Deutschland aus dem Erlös die Kostenbeiträge nach § 170 Abs. 1 InsO abzuziehen.[353] Zusätzlich soll auch der Gläubiger berechtigt sein, die ihm entstandenen Kosten (für Feststellung und Erhaltung des Gegenstandes und Durchführung der Verwertung) von der dem Verwalter gebotenen Vergütung abzusetzen.[354] Die Begründung dieses Unterschieds besteht darin, dass nach dem chinesischen Schrifttum alle Kosten zu den Masseverbindlichkeiten gehören, obwohl Feststellungskosten und Verwertungskosten tatsächlich den Absonderungsberechtigten belasten.[355]

Eine wirkliche gesetzlich günstigere Verwertungsmöglichkeit ist die Einsparung der

---

350 *Gottwald/Gottwald*, § 42 Rn. 135; *Uhlenbruck/Uhlenbruck*, § 168 Rn. 10.

351 *Gottwald/Gottwald*, § 42 Rn. 135; MK-InsO/*Lwowski*, § 168 Rn. 57; HK/*Landfermann*, § 168 Rn. 14; a. A. Nerlich/Kreplin/*Riering*, § 30 Rn. 61; *Uhlenbruck/Uhlenbruck*, § 168 Rn. 10; *K/P/Kemper*, § 168 Rn. 9.

352 BT-Drucks. 12/2443, S. 179; MK-InsO/*Lwowski*, § 168 Rn. 61.

353 *Gottwald/Gottwald*, § 42 Rn. 135; *K/P/Kemper*, § 168 Rn. 14; MK-InsO/*Lwowski*, § 168 Rn. 62.

354 *Gottwald/Gottwald*, § 42 Rn. 135; MK-InsO/*Lwowski*, § 168 Rn. 62.

355 Vgl. unter Punkt d.

Feststellungs- und Verwertungskosten. Nach § 55 InsO gehören zumindest die mit der Verwertung verbundenen Kosten zu den sonstigen Masseverbindlichkeiten. Dies gilt auch für die dem Insolvenzverwalter obliegende Verwertung von Sicherungsgegenständen.[356] Da Verwertungskosten nach § 41 KoG unter die Masseverbindlichkeit fallen und auch nicht vom Insolvenzverwalter, wie in § 170 InsO geregelt, vorweg für die Insolvenzmasse aus dem Verwertungserlös entnommen werden, werden die Gläubiger bei der Verwertung des Sicherungsgegenstands und der Befriedigung nicht von diesen Kosten beeinflusst. Dabei hat es für die Frage, ob diese Verwertungsmöglichkeit günstiger ist, keine Bedeutung, ob bei einer Verwertungsmöglichkeit die Kosten eingespart werden können oder nicht. Aufgrund dessen wird die Diskussion über das Verhältnis zwischen günstigerer Verwertungsmöglichkeit und Feststellungs- und Verwertungskosten im chinesischen Schrifttum niemals geführt. Zugleich gehören Feststellungs- und Verwertungskosten nach § 41 KoG zu den Masseverbindlichkeiten. Zu klären ist, warum im deutschen Recht die Einsparung der Kosten mit einer günstigeren Verwertungsmöglichkeit verbunden wird, welche Beziehung zwischen beiden Faktoren besteht.

Nach der offiziellen Begründung der InsO[357] werden häufig beträchtliche Zuschläge zum Verwalterhonorar gewährt, weil nach der Vergütungsverordnung vom 25. Mai 1960 für den Konkursverwalter eine den Regelsatz übersteigende Vergütung festzusetzen ist, wenn die Bearbeitung von Abonsderungsrechten einen erheblichen Teil der Verwaltertätigkeit ausgemacht hat, ohne dass die Teilungsmasse entsprechend größer geworden ist. Es ist allerdings unbillig, dass diese Bearbeitungskosten letztlich nicht von den gesicherten Gläubigern getragen werden, sondern aus der Masse aufgebracht werden müssen, so dass sie im Ergebnis zu einer Kürzung der Quote der ungesicherten Gläubiger führen.[358] Um diese Unbilligkeit zu vermeiden, sind nach dem deutschen Recht aus dem Verwertungserlös die Kosten der Feststellung und der Verwertung des Gegenstands vorweg für die Insolvenzmasse zu entnehmen (§ 170 Abs. 1 InsO). Hierdurch wird erreicht, dass dem hinsichtlich der Verwertung einer Sache oder Forderung bevorrechtigten Gläubiger auch die mit der Geltendmachung seiner Privilegierung verbundenen besonderen Kosten zur Last fallen und nicht den Erlös der ungesicherten Gläubiger verringern. Die Verteilungsgerechtigkeit im Insolvenzverfahren wird auf diese Weise erhöht.

Weil der chinesische Gesetzgeber obige Situation unter Umständen übersehen hat, wird die Konkursmasse in der chinesischen Praxis teilweise durch die Verwertung der Sicherungsgegenstände beeinträchtigt. Insbesondere ist die Konkursmasse durch die Kosten für die Schätzung des Wertes des Sicherungsgegenstands belastet. Daneben zählen auch gewisse Versteigerungskosten zu diesen Kosten. Nach § 56 Abs. 2 des chinesischen Versteigerungsgesetzes betragen die Versteigerungskosten max. 5% des Gebots. Wird ein Zuschlag erteilt, kann der Versteigerer von Auftraggeber und Käufer je eine Gebühr erheben. Wird kein Zuschlag erteilt, so kann der Versteigerer vom Auftraggeber die Kosten verlangen.

Um die Konkursmasse zu erhalten, sollte im chinesischen Recht festgesetzt werden, dass die Absonderungsberechtigten die durch die Feststellung und Verwertung der Sicherungsgegenstände verursachten Kosten selbst tragen müssen. Selbst wenn diese Kosten von der Masse als Masseverbindlichkeit getragen werden, sind sie für die Masse vorweg nach der Verwertung aus dem Erlös zu entnehmen.

---

356 MK-InsO/*Hefermehl*, § 55 Rn. 37.
357 BT-Drucks. 12/2443, S. 180.
358 BT-Drucks. 12/2443, S. 180.

d. Feststellungs- und Verwertungskosten

Im Vergleich zum deutschen Schrifttum, das viel über Feststellungs- und Verwertungskosten diskutiert hat, sind in der chinesischen Praxis und wissenschaftlichen Forschung verschiedene Probleme in Bezug auf die Kosten noch nicht ins Blickfeld von Gesetzgeber und Wissenschaft gerückt. Aufgrund dessen soll hier nur ein Überblick über den Stand der Lehre hinsichtlich solcher Kosten gegeben werden.

Die Feststellungskosten setzen sich aus den Kosten der tatsächlichen Ermittlung, der Trennung des belasteten Gegenstandes und der Prüfung der Rechtsverhältnisse an dem Gegenstand zusammen.[359]

Die Ermittlung des belasteten Gegenstandes betrifft die Identifizierung und Individualisierung eines konkreten Gegenstandes, der mit einem Absonderungsrecht zu Gunsten eines bestimmten Gläubigers belastet ist.[360] Kosten der Trennung des belasteten Gegenstandes betreffen die Lösung bzw. Trennung einer Sache aus einer Sachgesamtheit oder die rechnerische Trennung einer Einzelforderung aus einer größeren Forderungssumme.[361]

Bei der rechtlichen Feststellung handelt es sich um die Prüfung der Rechtswirksamkeit der Sicherungsverträge (inkl. Bestimmbarkeit des Vertragsgegenstands, Wirksamkeit des Vertrags wegen Sittenwidrigkeit (§§ 134, 138 BGB)), die Prüfung des Nämlichkeitsnachweises (d. h.. die Pauschale für die Feststellungskosten soll den durch die Trennung des Sicherungsgegenstands verursachten Aufwand zumindest teilweise ausgleichen.) und die rechtliche Aufarbeitung der Rechtslage bei Kollision von Sicherungsrechten verschiedener Personen, wenn der Verwalter bei einer Kollision von Rechten die Gefahr, dass er an den Falschen berausgibt bzw. zahlt, vermeiden will.[362]

Regelmäßig umfassen die Verwertungskosten in erster Linie die Kosten der Vorbereitung und Durchführung der Verwertung. Kosten der Vorbereitung sind u. a. Schätzungen des Wertes des Sicherungsgutes und Versicherungen für das Transportrisiko zum Ort der Verwertung. Der restliche Aufwand zur Veräußerung des belasteten Gegenstandes, d. h. Kosten für Lagerung, Sicherung, insbesondere Provisionen für Auktionshäuser, gehört auch zu den Verwertungskosten.[363] Im Einzelfall kann auch die Reparatur eines Gegenstandes, ohne die das Sicherungsgut nur unter Wert veräußert werden kann, zu den (notwendigen) Kosten der Vorbereitung der Verwertung zählen.

Die Erhaltungskosten muss der Sicherungsgläubiger nach der InsO nicht übernehmen (§ 170 InsO).[364] Obwohl im deutschen Schrifttum viel Streit darüber besteht,[365] ob und wie in der Praxis die Erhaltungskosten von den Absonderungsberechtigten zu übernehmen sind, mag folgender Vorschlage für die chinesische Praxis wertvoll sein. Da der Verwalter die Mit-

---

359 BT-Drucks. 12/2443, S. 181 f.
360 MK-InsO/*Lwowski*, § 171 Rn. 18.
361 MK-InsO/*Lwowski*, § 171 Rn. 19.
362 MK-InsO/*Lwowski*, § 171 Rn. 20 ff..
363 *Gottwald/Gottwald*, § 42 Rn. 142
364 MK-InsO/*Lwowski*, § 170 Rn. 39; *Uhlenbruck/Uhlenbruck*, § 171 Rn. 22; HK/*Landfermann*, § 171 Rn. 18 ff.
365 Vgl. MK-InsO/*Lwowski*, § 170 Rn. 39, § 171 Rn. 58 ff.; *Uhlenbruck/Uhlenbruck*, § 171 Rn. 22; *Gottwald/Gottwald*, §42 Rn. 147.

tel in der Regel zur Erhaltung benötigt, sind Abreden mit den gesicherten Gläubigern notwendig. Es kann eine Vereinbarung zwischen Verwalter und dem einzelnen Sicherungsgläubiger getroffen werden, welche Kosten der Sicherungsgläubiger übernimmt. Wenn keine solche Vereinbarung erfolgt, hat der Gläubiger diese Aufwendungen nach §§ 675, 670 BGB konkret zu ersetzen, da sie ihm zugute kommen.[366]

Im Interesse der Praktikabilität sind bei den Feststellungs- und Verwertungskosten Pauschalierungen vorgesehen.[367]

Während die Verwertungskosten in den einzelnen Verfahren recht unterschiedlich sein können, weichen die Kosten für die Feststellung der Sicherungsgegenstände und der Rechte daran in den einzelnen Verfahren nicht so erheblich voneinander ab.[368] Ob im Einzelfall die tatsächlichen Feststellungskosten höher oder niedriger gewesen sind, ist unerheblich. Es ist stets die Pauschale von 4% anzusetzen.[369] Abweichende Vereinbarungen zwischen Verwalter und Gläubiger sind allerdings möglich.[370] Für die Verwertungskosten wird eine Pauschale von 5% des Verwertungserlöses (Bruttoerlös) festgelegt. Nach der praktischen Erfahrung kommt dieser Wert dem Durchschnitt der tatsächlich entstehenden Verwertungskosten nahe. Da die Verwertungskosten jedoch im Einzelfall ein Mehrfaches oder auch nur einen Bruchteil von 5 % betragen, erlaubt § 171 Abs. 2 S. 2 InsO die Widerlegung der Vermutung, die für die Pauschale spricht. Um unergiebige Streitigkeiten über geringfügige Beträge zu vermeiden, kann die Vermutung für die Pauschale jedoch nur durch den Nachweis einer „erheblichen" Abweichung ausgeräumt werden. Als „erheblich" in diesem Sinne wird man eine Abweichung jedenfalls dann ansehen müssen, wenn die tatsächlich entstandenen und erforderlichen Verwertungskosten statt 5% nur die Hälfte oder das Doppelte dieses Vomhundertsatzes betragen.[371]

Nach der deutschen gesetzlichen Regelung und praktischen Erfahrung sollten ähnliche Vorschriften wie §§ 170 f. InsO auch im chinesischen Recht eingeführt werden. Zuerst sind die Feststellungs- und Verwertungskosten vom Absonderungsberechtigten zu tragen. Die Höhe der Kosten ist nach der Erfahrung oder statistischen Daten festzustellen. Bezüglich der Versteigerungskosten, die nach dem Zuschlag unter Umständen in Höhe von 5% des Verwertungserlöses anfallen und die Masse belasten, sollte der Absonderungsberechtigte der Masse zumindest diesen Teil ersetzen.

e. Stellung des Verwalters angesichts einer günstigeren Verwertungsmöglichkeit

Ist eine günstige Verwertungsmöglichkeit vorgeschlagen worden, so stellt sich die Frage, ob der Insolvenzverwalter verpflichtet ist, diese Möglichkeit wahrzunehmen.

Einerseits hat der Verwalter die günstigere Verwertungsmöglichkeit wahrzunehmen, wenn die Möglichkeit bei einer Gesamtbetrachtung wirtschaftlich günstiger ist, also zu einem höheren Nettoerlös für Gläubiger und Masse führt (§ 168 Abs. 2 InsO). Andererseits begründet der

---

366 *Gottwald/Gottwald,* § 42 Rn. 147; MK-InsO/*Lwowski,* § 170 Rn. 39; a. A. *Uhlenbruck/Uhlenbruck,* § 171 Rn. 22.

367 BT-Drucks. 12/2443, S. 181.

368 MK-InsO/*Lwowski,* § 170 Rn. 9.

369 *BGH,* NJW, 2002, 3745.

370 *Uhlenbruck/Uhlenbruck,* § 171 Rn. 2; HK/*Landfermann,* § 171 Rn. 3.

371 BT-Drucks. 12/2443, S. 181; MK-InsO/*Lwowski,* § 171 Rn. 54 ff.; *Uhlenbruck/Uhlenbruck* § 171 Rn. 4.

Hinweis keine Pflicht des Verwalters, die Möglichkeit bedingungslos wahrzunehmen. Ein typisches Beispiel dafür ist vor allem die Gesamtveräußerung des Betriebsvermögens oder von Betriebsteilen. In diesem Fall wird der Verwalter die im Gläubigerhinweis enthaltene Verwertungsmöglichkeit nicht wahrnehmen. Dafür sieht § 168 Abs. 2 InsO vor, dass der Verwalter den Gläubiger so zu stellen hat, als wäre die aufgezeigte günstigere Verwertungsmöglichkeit oder das Selbsteintrittsangebot von ihm wahrgenommen worden.[372] Der absonderungsberechtigte Gläubiger trägt insoweit die Beweislast. Nimmt der Insolvenzverwalter die ihm vom Gläubiger angezeigte günstigere Verwertungsmöglichkeit nicht wahr, ist folgendermaßen zu unterscheiden, ob er diesem nach § 60 Abs. 1 InsO auch persönlich haftet oder nicht.[373] Wenn die Gesamtverwertung anstatt der vom Gläubiger angezeigten günstigeren Verwertungsmöglichkeit für die Insolvenzgläubiger günstiger ist, kann sich der Verwalter nicht nach § 60 InsO ersatzpflichtig machen. Für die Nichtberücksichtigung des Gläubigerhinweises besteht nach § 168 Abs. 2 InsO eine Ausgleichspflicht, die den Gläubiger für die Nichtwahrnehmung der optimalen Veräußerungsbedingungen entschädigen soll. Ein Schadensersatzanspruch kommt insoweit nicht in Betracht, denn der Gläubiger erhält seinen Schaden aus der Masse im Rang einer Masseverbindlichkeit ersetzt. Wenn der Verwalter schuldhaft die optimale Verwertung des Absonderungsbestandes unterlässt und der Abschluss des Veräußerungsvertrages massenachteilig ist, trägt er auch zuerst nach § 168 Abs. 2 InsO die Ausgleichspflicht und ist darüber hinaus nach § 60 Abs. 1 InsO dem absonderungsberechtigten Gläubiger und der Masse gegenüber zum Schadensersatz verpflichtet, wenn die Masse nicht ausreicht. Etwas anderes gilt, wenn § 168 Abs. 2 InsO nicht eingreift, wie z. B., wenn der Verwalter zwischen mehreren Verwertungsmöglichkeiten nicht die für den Gläubiger günstigste wählt; ebenso wenn der Verwalter schuldhaft die Mitteilung unterlässt und der Gläubiger nachweisen kann, dass er auf eine günstigere Verwertungsmöglichkeit hingewiesen hätte.

Wenn die Sicherungsgegenstände nicht mit der vorgeschlagenen Verwertungsmöglichkeit und tatsächlich unter Wert veräußert werden, steht dem Gläubiger ein Ersatzanspruch zu. In der Höhe des Differenzbetrages, in der dem Gläubiger durch die Verwalterverwertung ein Nachteil entsteht, hat er nach der InsO den Rang einer Masseverbindlichkeit i. S. v. §§ 53, 55 Abs. 1 Nr. 1 InsO.[374] Der Ersatzanspruch wird ermittelt als Differenz zwischen dem tatsächlichen Verwertungserlös des Verwalters und dem hypothetischen Verwertungserlös aufgrund der vom Gläubiger vorgeschlagenen Verwertungsart. Der Zahlungsanspruch entsteht aber nur unter der Voraussetzung, dass aus dem tatsächlich erzielten Erlös die Insolvenzforderung des Gläubigers nicht schon voll befriedigt werden kann.[375]

Das Recht des Absonderungsberechtigten zum Vorschlag einer Verwertungsmöglichenkeit sollte im chinesischen Gesetz und in der Praxis eingeführt werden.[376] Damit kommt es auch auf die Stellung des Konkursverwalters angesichts einer günstigeren Verwertungsmöglichkeit an. Ähnlich wie im deutschen Recht sollte das chinesische Gesetz ausdrücklich vorsehen, dass der Konkursverwalter grundsätzlich verpflichtet ist, die vom Gläubiger vorgeschlagene günstigere Verwertungsmöglichkeit wahrzunehmen. Nur im Fall der Gesamtveräußerung darf der Verwalter die günstigere Verwertungsmöglichkeit verweigern. Wenn eine Differenz zwischen dem tatsächlich vom Verwalter erzielten Verwertungserlös und dem Verwertungserlös,

---

372 HK/*Landfermann*, § 168 Rn. 11; *Uhlenbruck/Uhlenbruck* § 168 Rn. 14; a. A. MK-InsO/*Lwowski*, § 168 Rn. 48, 49, 56.
373 *Uhlenbruck/Uhlenbruck*, § 168 Rn. 15.
374 *Uhlenbruck/Uhlenbruck*, § 168 Rn. 14; *K/P/Kemper*, § 168 Rn. 16; MK-InsO/*Lwowski*, § 168 Rn. 53.
375 *Uhlenbruck/Uhlenbruck*, § 168 Rn. 14.
376 Vgl. S. 143.

der mittels der vom Gläubiger vorgeschlagenen Verwertungsart erzielt hätte werden können, besteht, sollte dem Absonderungsberechtigten ein Ausgleich aus der Konkursmasse gewährt werden, es sei denn, die Konkursforderung des Gläubigers wird aus dem tatsächlich erzielten Erlös schon voll befriedigt. Soweit der Konkursverwalter bei der Unterlassung der günstigeren Verwertungsmöglichkeit schuldhaft gehandelt hat, haftet er auch persönlich.

f. Ausgleich bei Verzögerung

Nach § 159 InsO ist der Insolvenzverwalter verpflichtet, nach dem Berichtstermin unverzüglich das zur Insolvenzmasse gehörende Schuldnervermögen zu verwerten, soweit die Beschlüsse der Gläubigerversammlung nicht entgegenstehen. In Verbindung mit § 166 InsO wird eine vom Absonderungsberechtigten selbst betriebene Verwertung verhindert. Damit wird der vorhandene Maschinenbestand eines Unternehmens nicht durch die Geltendmachung von Absonderungsrechten zerstört und eine etwaige Sanierungschance bleibt gewahrt. Selbstverständlich wird der Gläubiger nicht von der Verwalterverwertung ausgeschlossen. Weil das Verwertungsrecht des Verwalters und seine Zielsetzung, das Vermögen des Schuldners so lange wie erforderlich zusammenzuhalten, dazu führt, dass der gesicherte Gläubiger häufig geraume Zeit auf den ihm zustehenden Verwertungserlös warten muss, soll der Verlust, der ihm dadurch entsteht, durch laufende Zahlungen aus der Insolvenzmasse ausgeglichen werden. Für die Höhe dieser Zahlungen ist die Höhe der Zinsen maßgeblich, die der Schuldner dem Gläubiger bei Zahlungsverzögerung zu zahlen hat.[377] Durch die Zinszahlung soll der Gläubiger in die Lage versetzt werden, sich durch Aufnahme von Darlehen anderweitig Liquidität zu verschaffen, um so den Zeitraum bis zur Verwertung des Absonderungsgutes zwischenzufinanzieren.[378] Weil der Verwalter über den Zeitpunkt der Verwertung entscheidet, muss er in diesem Fall abwägen, ob die weitere Nutzung des Sicherungsgegenstands wegen der Pflicht zur Zahlung der geschuldeten Zinsen ab dem Berichtstermin für die Masse vorteilhaft ist. War die Verwertung des Sicherungsgegenstands bereits durch eine Sicherungsanordnung nach § 21 InsO untersagt worden, so sind die Zinsen (als Masseschuld nach § 55 Abs. 1 Nr. 1 InsO) spätestens drei Monate nach dem Erlass dieser Anordnung zu zahlen (§ 169 S. 2 InsO). Selbstverständlich ist eine Zinszahlung ausgeschlossen, wenn mangels ausreichender Werthaltigkeit des Sicherungsgegenstandes mit einer Befriedigung des Gläubigers aus dem Verwertungserlös nicht zu rechnen ist, § 169 S. 3 InsO.[379]

Zwar ist die Zielsetzung des § 169 InsO fraglos begrüßenswert, aber die Einführung einer solchen Regelung im chinesischen Recht ist dennoch fraglich. Wenn der Ausgleich nicht an den Absonderungsberechtigten bezahlt, sondern in die Masse eingezogen würde, könnte die Gläubiger aus der größeren Masse besser befriedigt werden. Der Grundgedanke, die Masse zu vergrößern, um die Konkursgläubiger (die Mehrheit während des Verfahrens) besser zu befriedigen und damit auf gewisse Interessen des Absonderungsberechtigten (die Minderheit während des Verfahrens) zu verzichten, entspricht besser dem chinesischen Rechtsgefühl und der Kultur. Dennoch soll der Absonderungsberechtigte nach der oben geschilderten Lehre wegen verzögerter Verwertung einen Ausgleich erhalten und nicht verpflichtet sein, die eigenen Interessen aufzugeben und sie zugunsten der Konkursmasse zu opfern. Um Widersprüche mit dem chinesischen Rechtsgefühl zu vermeiden, sollte dieser Lehre nicht gefolgt und dem

377 HK/*Landfermann*, § 169 Rn. 1.
378 MK-InsO/*Lwowski*, § 169 Rn. 1; HK/*Landfermann*, § 169 Rn. 1.
379 BT-Drucks. 12/2443, S. 176, 177, 180.

Gläubiger demnach nach chinesischem Recht wegen einer verzögerten Verwertung kein Ausgleich eingeräumt werden.

g. Sonstige Verwendung beweglicher Sachen

§ 172 InsO ist eine neue Regelung im deutschen Insolvenzrecht. Damit hat der Gesetzgeber im Bereich der mit Absonderungsrechten belasteten Sachen ein Hauptziel der Reform des Insolvenzrechts umgesetzt, nämlich die Erhaltung des Unternehmens im Insolvenzverfahren zu ermöglichen. Zu diesem Zweck wird der Insolvenzverwalter berechtigt, unter Verwendung der mit Absonderungsrechten belasteten Sachen das von der Insolvenz betroffene Unternehmen fortzuführen. Die Befugnis des Verwalters erstreckt sich dabei nach § 172 Abs. 2 InsO auch auf die Verbindung, Vermischung und Verarbeitung.[380] Allerdings muss er einen etwaigen dadurch eintretenden Wertverlust ab Eröffnung des Verfahrens durch laufende Zahlungen an den Gläubiger ausgleichen, soweit der Wertverlust die Sicherung des Gläubigers beeinträchtigt (§ 172 Abs. 1 InsO).[381] Eine Beeinträchtigung liegt insbesondere nicht vor, wenn der Wert der Sicherheit trotz Nutzung in der Höhe erhalten bleibt.[382] Dann besteht auch keine Ausgleichspflicht.[383] Dagegen liegt eine Beeinträchtigung vor, wenn ein Wertverlust des Sicherungsgegenstandes eintritt, der dazu führt, dass das Sicherungsgut die Forderung des Gläubigers nicht mehr voll deckt.[384] Der Wertverlust ist grundsätzlich vom Gläubiger zu beweisen.[385] Verweigert dagegen der Verwalter die Zahlung mit der Begründung, dass trotz eines möglicherweise gebrauchsbedingten Wertverlustes die Haupt- und Nebenforderungen des Gläubigers noch aus dem Erlös gedeckt werden können, so ist er dafür beweispflichtig.[386] Nach § 172 Abs. 1 S. 1 InsO ist eine Nutzung ausschließlich für die Insolvenzmasse vorgesehen. Deshalb ist es dem Verwalter nicht gestattet, das Nutzungsrecht gegen Entgelt auf einen Dritten zu übertragen. Vielmehr ist die Drittnutzung durch das Gesetz nur dann gedeckt, wenn z. B. die Vermietung Gegenstand des Schuldnerunternehmens ist und demgemäß die Weitervermietung oder Weiterverpachtung dem Geschäftszweck dient.[387]

Die Berechnung des Wertverlusts ist für den Insolvenzverwalter eine schwierige Aufgabe. Entscheidend ist, ob sich der objektiv feststellbare Wert der Sache nach der Benutzung verringert hat bzw. während der Benutzung reduziert.[388] Um den Grundwert des Sicherungsguts, aufgrund dessen ein Wertverlust berechnet werden kann, zu bestimmen, bietet es sich für den Sicherungsgläubiger an, den Gegenstand noch vor der Benutzung durch den Insolvenzverwalter durch einen unabhängigen Sachverständigen schätzen zu lassen. Wenn der Insolvenzverwalter die Sache nicht mehr braucht, kann er durch ein erneutes Schätzgutachten den entstandenen Verlust nachweisen.[389] Es empfiehlt sich aber, dass der Insolvenzverwalter bei Beginn

---

380 MK-InsO/*Lwowski*, § 172 Rn. 1.
381 *Gottwald/Gottwald*, § 42 Rn. 117.
382 MK-InsO/*Lwowski*, § 172 Rn. 2.
383 *Uhlenbruck/Uhlenbruck*, § 172 Rn. 1.
384 *Uhlenbruck/Uhlenbruck*, § 172 Rn. 1.
385 *Uhlenbruck/Uhlenbruck*, § 172 Rn. 1; HK/*Landfermann* § 172 Rn. 7; *K/P/Kemper*, § 172 Rn. 5; MK-InsO/*Lwowski*, § 172 Rn. 29.
386 *Uhlenbruck/Uhlenbruck*, § 172 Rn. 1.
387 FK/*Wegener*, § 172 Rn. 3; *Uhlenbruck/Uhlenbruck*, § 172 Rn. 1.
388 MK-InsO/*Lwowski*, § 172 Rn. 27.
389 MK-InsO/*Lwowski*, § 172 Rn. 29.

der Nutzung mit dem gesicherten Gläubiger eine Vereinbarung über die Höhe der Ausgleichszahlung trifft, die sich am Marktpreis einer gleichartigen Sache orientiert.[390]

Der Wertausgleich für die Nutzung hat durch laufende Geldzahlungen zu erfolgen. Er beginnt erst mit der Eröffnung des Insolvenzverfahrens, wobei für die Zahlung auf den Beginn der wertmindernden Benutzung abzustellen ist, denn ohne Benutzung ist eine Wertminderung durch Benutzung nicht denkbar.[391] Die Zahlung endet, wenn die Sache nicht mehr benutzt wird und damit eine weitere Wertminderung nicht mehr eintreten kann. Wenn die Zahlung den Betrag erreicht hat, der insgesamt vom Gläubiger aus der Verwertung des Gegenstandes zu erzielen gewesen wäre, endet sie. Schließlich ist die Zahlungspflicht nach der Verwertung ausgeschlossen.[392]

Im Vergleich zum deutschen Recht besteht im chinesischen Recht kein entsprechender Anspruch auf Wertausgleich sowie auch keine entsprechende Diskussion im Schrifttum. Weil in der chinesischen Praxis typische Gegenstände der Hypothek an beweglichen Sachen Maschinen und Fahrzeuge sind, wird die folgende Diskussion nur auf die Verwendung dieser Sicherungsgegenstände beschränkt.

Nach persönlichen Informationen des Verfassers[393] kommt es häufig vor, dass der Konkursverwalter die Maschinen und Fahrzeuge des Schuldnerunternehmens während des Konkursverfahrens weiter verwendet, um den Betrieb weiterzuführen. Wenn Handlungen des Bestellers (im Konkursverfahren der Schuldner) geeignet sind, den Wert des Gegenstands der Hypothek zu vermindern, hat der Hypothekar nach § 193 SachenRG das Recht, vom Besteller zu verlangen, dass er diese Handlungen einstellt. Sinkt der Wert des Gegenstands der Hypothek, so hat der Hypothekar das Recht, zu verlangen, dass der Wert des Gegenstands der Hypothek wiederhergestellt oder entsprechend der Wertminderung Sicherheit geleistet wird. Ausweislich der Begründung des Gesetzgebers[394] wird die ordentliche Verwendung von diesen „Handlungen" ausgeschlossen. Vielmehr versteht man unter Handlungen entweder eine unsachgemäße Behandlung der Sicherungsgegenstände durch aktives Tun bzw. Unterlassen, z. B. wird das Fahrzeug durch unrichtiges Fahren zerstört oder bei der mangelhaften Maschine wird eine notwendige Reparatur nicht vorgenommen, was zu einem Wertverlust führt. Ein durch sachgemäße Verwendung der Sicherungsgegenstände für die Interessen des Schuldnerunternehmens verursachter Wertverlust wird hingegen weder im Sachenrechtsgesetzbuch noch im Konkursgesetz geregelt.

Während das schuldnerische Unternehmen mithilfe der Nutzung der Sicherungsgegenstände fortgeführt wird, soll der absonderungsberechtigte Gläubiger gleichzeitig vor einem Wertverlust geschützt werden; die Nutzung zugunsten der Konkursmasse soll nicht auf seine Kosten erfolgen. Aus diesem Grund sollte die Regelung des deutschen Rechts (§ 169 InsO) ins chinesische Recht eingeführt werden, insbesondere hat der absonderungsberechtigte Gläubiger einen Ausgleich zu erhalten, wenn von der Eröffnung des Konkursverfahrens an wegen der Nutzung eines Sicherungsgegenstandes durch den Konkursverwalter ein Wertverlust an diesem eintritt.

---

390 MK-InsO/*Lwowski*, § 172 Rn. 29; HK/*Landfermann* § 172 Rn. 7.

391 *Uhlenbruck/Uhlenbruck*, § 172 Rn. 6; MK-InsO/*Lwowski*, § 172 Rn. 40.

392 *Uhlenbruck/Uhlenbruck*, § 172 Rn. 6.

393 Vgl. Fn. 14.

394 *Wang, Shengming* (Hrsg.), S. 417.

Um die Höhe des Ausgleichs festzustellen, ist es empfehlenswert, dass der Konkursverwalter bei Beginn der Nutzung durch einen unabhängigen Sachverständigen ein Schätzgutachten erstellen lässt. Danach muss der Wertverlust aufgrund der Verwendungszeit (bis zum Verwertungstermin), der Abschreibungssatz der Sicherungsgegenstände und der Schätzungswert festgestellt werden. Die Ausgleichszahlung sollte sich auf den geschätzten Wertverlust beschränken, selbst wenn der tatsächliche Wertverlust höher ist. Damit werden einerseits die Interessen der gesicherten Gläubiger durch den Ausgleich geschützt und andererseits die Konkursmasse bzw. der Konkursgläubiger nicht so schwer wie bei einer laufenden Ausgleichszahlung beeinträchtigt.

III. Verwertungsrecht des Pfandgläubigers

Nach § 173 InsO ist der Absonderungsberechtigte in der deutschen Praxis berechtigt, außerhalb des Anwendungsbereiches des § 166 InsO die mit Absonderungsrechten belasteten Gegenstände selbst zu verwerten.[395] Für folgende Gegenstände steht dem Gläubiger ein Verwertungsrecht zu:
- Bewegliche Sachen, die der Gläubiger unmittelbar besitzt;
- gepfändete oder verpfändete Forderungen.

Ansonsten, z. B. für verpfändete Rechte wie Anwartschaftsrechte und Miteigentumsanteile an beweglichen Sachen, GmbH-Anteile, gesetzliche Pfandrechte an Rechten und Sicherungsabtretung sonstiger Rechte wird dem Gläubiger kein Verwertungsrecht zuerkannt.[396]

Hinsichtlich der chinesischen gesetzlichen Regelung und Praxis ist die Darstellung und Einführung des § 173 InsO für China nur von geringer Bedeutung.

Nach § 24 KoG a. F und § 111 Abs. 2 KoG steht ein Verwertungsrecht der Liquidationsgruppe bzw. dem Konkursverwalter zu. Dem Pfandrechtsgläubiger steht ein Pfandrecht an den gesicherten Sachen zu und derjenige, der die Sachen unmittelbar besitzt, hat keine eigene Verwertungsbefugnis im Konkursverfahren. Vielmehr hat er die gesicherten Gegenstände der Liquidationsgruppe bzw. dem Konkursverwalter zu übergeben und durch diese verwerten zu lassen.[397] Allerdings besteht in der bisherigen chinesischen Konkurspraxis kaum ein Pfandrecht an beweglichen Sachen.[398]

Die Verwertung einer mit einem Pfandrecht belasteten beweglichen Sache entspricht in China der Verwertung einer beweglichen Sache, an der eine Hypothek bestellt worden ist, so dass insofern insbesondere die Vorschläge im oberen Teil für die chinesische Praxis maßgeblich sind.

395 BT-Drucks. 12/2443, S. 183.
396 *Gottwald/Gottwald,* § 42 Rn. 150 ff.
397 *Obervolksgericht Shanghai,* S. 261.
398 Gespräch, Vgl. Fn. 14.

5. Teil: Zusammenfassung

Wer vor der Insolvenzeröffnung eine Realsicherheit hat, ist ein absonderungsberechtigter Gläubiger, der aufgrund dessen aus einem bestimmten zur Insolvenzmasse gehörenden Sicherungsgegenstand eine Vorzugsbefriedigung verlangen kann. Deswegen behandelt diese Arbeit zwei Aspekte: Zum einen geht es um eine umfangreiche Untersuchung und einen Vergleich zwischen deutschem und chinesischem Recht zu verschiedenen in der Rechtspraxis beider Länder bestehenden Realsicherheiten. Zum anderen werden einige Fragen bezüglich des Verwertungsverfahrens des Gläubigers diskutiert.

Ein Absonderungsrecht besteht in der chinesischen Praxis nur bei einer Hypothek an Bodennutzungsrechten und damit verbundenen Gebäuden, bei einer Hypothek an beweglichen Sachen, bei einem Pfandrecht an beweglichen Sachen und Rechten und bei einem Zurückbehaltungsrecht.

Durch einen Vergleich zwischen dem deutschen und dem chinesischen Recht sowie aufgrund der chinesischen gesetzlichen Vorschriften lässt sich feststellen, dass während der Bestellungsphase einer Hypothek das Trennungs- und Abstraktionsprinzip in der chinesischen Praxis gänzlich durchgesetzt werden sollte. Dass der Hypothekenvertrag nach dem Wortlaut der chinesischen Vorschrift als eine Mischung aus schuldrechtlicher Sicherungsabrede und dinglicher Einigung angesehen wird, ist keinesfalls anerkannt, weil die Grenze zwischen Schuldrecht und Sachenrecht dadurch verwischt wird. Außerdem ist auch die Schriftform für den Hypothekenvertrag erforderlich. Ohne Einhaltung der Schriftform ist der Vertrag unwirksam. Der Ansicht eines Teils der chinesischen Literatur, wonach ein formloser Hypothekenvertrag durch eine nachfolgende Korrektur wirksam wird, ist nicht zu folgen.

Bezüglich des Umfangs der durch die Hypothek gesicherten Forderung sind in der chinesischen Praxis folgende Fragen zu beachten. Weil das Eintragungserfordernis der Zinsen einer Hypothek, das dem Interesse des nachfolgenden Hypothekars dient, im chinesischen Recht nicht ausdrücklich geregelt ist, wird keine bevorzugte Befriedigung aus dem Verwertungserlös der Hypothek auf nicht eingetragene und verdeckte Zinsen eingeräumt. Obwohl die Schadensersatzbeträge nach chinesischem Recht von der Forderung gedeckt sind, steht ihre Höhe bei der Eintragung keinesfalls fest, weil sie erst nach der Verletzung durch den Richter festgelegt werden. Damit ist die eigentliche Intention der Eintragung in der Praxis nicht durchsetzbar. Anders als im deutschen Recht erstreckt sich die Haftung in der chinesischen Praxis auf die Erhaltungskosten.

Nach dem Vergleich bestehen im chinesischen und deutschen Recht keine großen Unterschiede hinsichtlich des Haftungsverbands einer Hypothek. Weil das chinesische SachenRG vom taiwanesischen Zivilgesetzbuch stark beeinflusst wurde, sind manche Fachbegriffe anders als die, die im BGB genannt werden. Trotzdem sind die Inhalte, die die verschiedenen Fachbegriffe bezeichnen, gleich. Was im chinesischen Recht verbessert werden muss, ist, dass gewisse wichtige Fachbegriffe, z. B. wesentliche Bestandteile und Zubehör, im Gesetzestext ausdrücklich definiert werden sollten.

Das Missverständnis der chinesischen Literatur bezüglich der Feststellung des Rangs der Hypothekengläubiger nach dem deutschen Recht muss korrigiert werden. Zwar ist nach deutschem Recht sowohl das Prioritätsprinzip als auch die gleitende Rangordnung maßgeblich, jedoch bestehen auch Ausnahmen (z. B. §§ 889, 1163 Abs. 1 i. V. m. 1177, 1179a BGB). Bezüglich der Rangfolge der Gläubiger weisen die Vorschriften der beiden Ländern keine großen Unterschiede auf: zunächst werden öffentliche Grundstückslasten berücksichtigt, danach kommen die dinglichen Sicherheiten. In Bezug auf die 1. und 2. Rangklasse handelt es sich einerseits um spezifisch deutsche Regelungen, die andererseits in der deutschen Praxis auch nicht so üblich sind.

Beim Erlöschen der Hypothek und des Absonderungsrechts bestehen einige Unterschiede zwischen beiden Rechtssystemen. Dabei kann einer der Unterschiede als eine Lücke des chinesischen Rechts angesehen werden. Bei der Konsolidation sollte im chinesischen Recht ausdrücklich geregelt werden, dass die dinglichen Rechte in diesem Fall nicht erlöschen, wenn sie in der Folge zugunsten des Eigentümers oder eines Dritten bestehen.

Das Pfandrecht an Rechten ist in der chinesischen Praxis wichtig, insbesondere die Verpfändung von Forderungen und von Wechsel und Scheck. Zwei Punkte sind bei der Verpfändung von Wechsel und Scheck zu diskutieren, weil sie in der chinesischen Praxis immer strittig sind. Bei dem einen geht es um das Verhältnis zwischen Pfandindossament und Entstehung des Pfandrechts. Meiner Meinung nach ist das Pfandindossament bei der Verpfändung beider, in der chinesischen Praxis häufig benutzten Orderpapiere, d. h. Wechsel und Scheck, erforderlich. Zwar kann das Orderpapier auch ohne Indossament verpfändet werden, jedoch kann das Pfandrecht dann Dritten nicht entgegengehalten werden. Bei dem anderen handelt es sich um die Verpfändung von Wechsel und Scheck mit dem Vermerk „Indossierungsverbot“ bzw. „Übertragungsverbot“. Meiner Meinung nach ist die Regelung von § 51 RegOVGWSG richtig, d. h. das Pfandrecht kann dem Aussteller, dem Bezogenen und den Vormännern des Indossatars gegenüber geltend gemacht werden, wenn an dem Wechsel mit dem Vermerk „nicht übertragbar“ ein Pfandrecht bestellt ist. Ausnahmsweise, nämlich dann, wenn der Indossant durch einen Vermerk „nicht übertragbar“ seine Haftung ausschließt, haftet er nur dem Indossatar, nicht aber denen, an die der Wechsel weiterindossiert wird.

Weil entsprechende Vorschriften wie die deutschen §§ 165 ff. InsO im chinesischen Recht fehlen, ist ein Vergleich der Verwertungsverfahren in beiden Rechtssystemen unmöglich. Jedoch wird vom deutschen Recht profitiert und es enthält einige für China praktikable Vorschläge.

Obwohl in der bisherigen chinesischen Praxis eine vom Absonderungsberechtigten betriebene Zwangsvollstreckung nicht erlaubt ist, sollte sie meiner Meinung nach zulässig sein. In diesem Fall sollte - wie in § 129 des 4. Entwurfs des chinesischen ZVG geregelt - nur der Gerichtsvollzieher berechtigt sein, die Zwangsversteigerung zu betreiben.

Die Feststellung des geringsten Gebots ist wichtig für die Versteigerung. Anders als im deutschen Recht wird in der chinesischen Praxis das geringste Gebot ausschließlich aufgrund des Schätzwertes festgestellt. Obwohl die Feststellungsweise nach dem deutschen Recht das Interesse des Gläubigers besser als in der chinesischen Praxis schützt, passt sich aber die chinesische Weise angesichts des Fehlens entsprechender Vorschriften wie z. B. der deutschen §§ 10, 44, 174, 174a ZVG den gegebenen Umständen besser an.

Ein Beitritt eines Konkursverwalters zu dem vom Gläubiger eingeleiteten Zwangsversteigerungsverfahren ist nach den gegenwärtigen chinesischen gesetzlichen Vorschriften nicht möglich. Fehlende praktische Erfahrung und Forschung lässt die Zukunft dieser Frage noch offen. Aber eine einstweilige Einstellung der Zwangsversteigerung ist in der chinesischen

Praxis möglich, wobei nach der Eröffnung des Konkursverfahrens die Zwangsversteigerung unbedingt eingestellt werden muss. Wann die Einstellung aufzuheben ist, ist im chinesischen Recht nicht ausdrücklich geregelt. Meiner Meinung nach ist die Einstellung zumindest unter gewissen Umständen aufzuheben: bei Beendigung des Konkursverfahrens, bei einem entsprechenden Antrag des Verwalters oder Schuldners und bei Zustimmung des Gerichts.

Die Verwertung der Mobiliarsicherheit ist zwar wichtig für die deutsche Praxis, jedoch für China nur von geringer Bedeutung, weil einerseits Mobiliarsicherheiten wie Sicherungsübereignung oder Sicherungszession vom chinesischen Recht nicht anerkannt werden, andererseits die Hypothek an beweglichen Sachen auch in der Praxis ungewöhnlich ist. Trotzdem ist die Einführung der deutschen Vorschriften und praktischen Erfahrung im chinesischen Recht auch in der Theorie bedeutsam. Aufgrund der deutschen Vorschriften schlage ich vor, dass eine Unterrichtungspflicht des Konkursverwalters ohne Rücksicht auf das Verlangen des Absonderungsberechtigten im chinesischen Recht eingeführt werden sollte. Wenn der Gläubiger den Konkursverwalter auf eine günstigere Verwertungsmöglichkeit hinweist, sollte dieser sie wahrnehmen. Die Erstattung der Feststellungs- und Verwertungskosten, die vom chinesischen Gesetzgeber übersehen wird, sollte im chinesischen Gesetzestext ausdrücklich geregelt werden. Ansonsten führen die Kosten zu einer schwierigen Belastung der Konkursmasse. Obwohl eine weitere Verwendung der Maschinen und Fahrzeuge, um den Betrieb weiterzuführen, in der chinesischen Praxis häufig ist, sollte der absonderungsberechtigte Gläubiger gleichzeitig vor Wertverlust geschützt werden.

Obwohl das neue KoG, das neue SachenRG sowie andere chinesische Regelungen in dieser Arbeit vielfach kritisiert werden, bedeutet dies nicht, dass die Arbeit des chinesischen Gesetzgebers erfolglos ist. Ich wollte in dieser Arbeit lediglich unter einem wissenschaftlichen Blickwinkel Lücken der chinesischen Gesetze aufzeigen und passende Lösungsansätze vorbringen. Ich glaube, dass in der zukünftigen Praxis alle diese Lücken unbedingt auf richtige Weise geschlossen werden sollten.

Abkürzungsverzeichnis

a. A.	anderer Ansicht
Abk.	Abkürzung
Abs.	Absatz
a. E.	am Ende
AGB	Allgemeine Geschäftsbedingungen
AGZR	Allgemeine Grundsätze des Zivilrechts der VR China, verabschiedet am 4. Dezember 1986 vom 4. Plenum des 6. Nationalen Volkskongresses und am 1. Januar 1987 in Kraft getreten, in: RDCWGB, 1986, Nr. 4, S. 3 ff.
AnsOVGKoG	Ansichten des Obersten Volksgerichts zu einigen Fragen bei der Umsetzung des Gesetzes der VR China über den Unternehmenskonkurs, verabschiedet und in Kraft getreten am 7. November 1991, in: Jahrbuch für chinesisches Recht, 1992, S. 538
AnsOVGZPG	Ansichten des Obersten Volksgerichts zu einigen Fragen bei der Anwendung des Gesetzes der VR China über den Zivilprozess, verabschiedet und in Kraft getreten am14. Juli 1992, in: *Ji, Ming,* Zhonghua Renmin Gongheguo Minshi Susongfa Bianzhu (Sammlung des Zivilprozessrechts der VR China), 2003, S. 1 ff.
BauGB	Baugesetzbuch
Bd.	Band
BesOVGBes	Bestimmungen des Obersten Volksgerichts zu einigen Fragen der während des vom Volksgericht betriebenen Vollstreckungsverfahrens erfolgenden Beschlagnahme, verabschiedet am 26. Oktober 2004 auf der 1330. Sitzung des Rechtsprechungsausschusses des Obersten Volksgerichts und am 1. Januar 2005 in Kraft getreten, in: *Tang, Dehua*, Zhixing Falü ji Sifajieshi Tiaowen Shiyi (Erläuterung zu verschiedenen Gesetzen und justitielle Auslegungen zur Vollstreckung), 2006, S. 777 ff.
BesOVGKoG	Bestimmungen des Obersten Volksgerichts zu einigen Fragen der Verhandlung von Konkursfällen von Unternehmen, verabschiedet am 18. Juli 2002 auf der 1232. Sitzung des Rechtsprechungsausschusses des Obersten Volksgericht und am 1. September 2003 in Kraft getreten, in: *Li, Guoguang*, S. 1 ff.
BesOVGVer	Bestimmungen des Obersten Volksgerichts zu einigen Fragen der während des vom Volksgericht betriebenen Vollstreckungsverfahrens erfolgenden Versteigerung und freihändigen Veräußerung, verabschiedet am 26. Oktober 2004 auf der 1330. Sitzung des Rechtsprechungsausschusses des Obersten Volksgerichts und am 1. Januar 2005 in Kraft getreten, in: *Tang, De-*

	hua, Zhixing Falü ji Sifajieshi Tiaowen Shiyi (Erläuterung zu verschiedenen Gesetzen und justitielle Auslegungen zur Vollstreckung), 2006, S. 784 ff.
BesOVGVoll	Bestimmungen des Obersten Volksgerichts zu einigen Fragen der vom Volksgericht betriebenen Vollstreckung (versuchsweise Durchführung), verabschiedet am 11. Juni 1998 auf der 992. Sitzung des Rechtsprechungsausschusses des Obersten Volksgerichts und am 18. Juli 1998 in Kraft getreten, in: *Tang, Dehua*, Zhixing Falü ji Sifajieshi Tiaowen Shiyi (Erläuterung zu verschieden Gesetzen und justitielle Auslegungen zur Vollstreckung), 2006, S. 746 ff.
BGB	Bürgerliches Gesetzbuch
BGH	Bundesgerichtshof
BGHZ	Entscheidungen des Bundesgerichtshofs in Zivilsachen
bzw.	beziehungsweise
BT-Drucks.	Bundestags-Drucksache
WSG	Wechsel- und Scheckgesetz der VR China, verabschiedet am 10. Mai 1995 vom 8. Plenum des 10. Nationalen Volkskongresses und am 1. Januar 1996 in Kraft getreten, letzte Änderung am 28. August 2004 vom 10. Plenum des 11. Nationalen Volkskongresses, am selben Tag in Kraft getreten, in: *Ji, Ming,* Zhonghua Renmin Gongheguo Piaojufa Bianzhu (Sammlung des Rechts des Wertpapiers der VR China), 2003, S. 1 ff.
d.	des
DDR	Deutsche Demokratische Republik
d.h.	das heißt
DJT	Deutscher Juristentag
EGInsO	Einführungsgesetz zur Insolvenzordnung
Ent.	Entwurf
ErbbauVO	Verordnung über das Erbbaurecht
ErlOVGSichG	Erläuterungen des Obersten Volksgerichts zu einigen Fragen bei der Anwendung des Gesetzes der VR China über Sicherheiten, verabschiedet am 20. September 2000 auf der 1133. Sitzung des Rechtsprechungsausschusses des Obersten Volksgerichts, am 13. Dezember 2000 in Kraft getreten, in: *Li/Qi/Jin/Cao,* S. 1 ff.
etc.	et cetera/ und so weiter
e. V.	eingetragener Verein
f., ff.	folgend(e)
Fn.	Fußnote
FS	Festschrift
GBO	Grundbuchordnung
gem.	gemäß
HGB	Handelsgesetzbuch

h. M.	herrschende Meinung
Hrsg.; hrsg	Herausgeber; herausgegeben
i.e.	id est/ das heißt
insb.	insbesondere
inkl.	inklusive
InsO	Insolvenzordung
i. S. d.	im Sinne der (des)
i. S. v.	im Sinne von
i. V. m.	in Verbindung mit
KO	Konkursordnung
KoG (a. F.)	Gesetz der VR China über den Unternehmenskonkurs (versuchsweise Durchführung), verabschiedet am 2. Dezember 1986 auf der 18. Sitzung des Ständigen Ausschusses des 6. Nationalen Volkskongresses, am selben Tag öffentlich bekannt gemacht und am 1. November 1988 in Kraft getreten, in: RDCWGB, 1986, Nr. 7, S. 9 ff.
KoG	Gesetz der VR China über den Unternehmenskonkurs, verabschiedet am 27. August 2006 auf der 23. Sitzung des Ständigen Ausschusses des 10. Nationalen Volkskongresses, am selben Tag öffentlich bekannt gemacht und am 1. Juli 2007 in Kraft getreten, in: RDCWGB, 2006, Nr. 7
LVG	Landverwaltungsgesetz der VR China, von der 16. Sitzung des Ständigen Ausschusses des 6. Nationalen Volkskongresses, verabschiedet am 25. Juni 1986, revidierte Fassung verabschiedet am 29. Dezember 1988, 2. revidierte Fassung verabschiedet am 29. August 1998, 3. revidierte Fassung verabschiedet am 28. August 2004; am selben Tag öffentlich bekannt gemacht und in Kraft getreten, in: Renmin Ribao (Volkstagszeitung) 02.09.1998
max.	maximal
min.	mindestens
NJW	Neue Juristische Wochenschrift
Nr.	Nummer
NZI	Neue Zeitschrift für Insolvenzrecht
OLG	Oberlandesgericht
OVG	Oberstes Volksgericht der VR China
Rn.	Randnummer
RDCWGB	Gazette des Ständigen Ausschusses des Nationalen Volkskongresses der VR China
RegE	Regierungsentwurf
RegOVGWSG	Regelung des Obersten Volksgerichts zu einigen Fragen bei der Verhandlung des Streits über Wechsel und Scheck, verabschiedet am 14. November 2000 auf der 1102. Sitzung des Rechtsprechungsausschusses des Obersten Volksgerichts und am 21.

	November 2000 in Kraft getreten, in: *Ji, Ming,* Zhonghua Renmin Gongheguo Piaojufa Bianzhu (Sammlung des Rechts des Wertpapiers der VR China), 2003, S. 1 ff.
RGZ	Amtliche Sammlung von Entscheidungen des Reichsgerichts in Zivilsachen
RpflG	Rechtspflegergesetz
S.	Seite/Satz
SachenRG	Sachenrechtsgesetz der VR China, verabschiedet am 16. März 2007 vom 5. Plenum des 10. Nationalen Volkskongresses, am 1. Oktober 2007 in Kraft getreten, in: www. xinhua.net
ScheckG	Scheckgesetz
SeehandelsG	Seehandelsgesetzbuch der VR China, verabschiedet am 7. November 1992 auf der 28. Sitzung des Ständigen Ausschusses des 7. Nationalen Volkskongresses und in Kraft getreten am 1. Juli 1993
SichG	Gesetz der VR China über Sicherheiten, verabschiedet am 30. Juni 1995 auf der 14. Sitzung des Ständigen Ausschusses des 8. Nationalen Volkskongresses, am 1. Oktober 1995 in Kraft getreten, in: RDCWGB, 1995 Nr. 5, S. 3 ff.
sog.	so genannt
u.	und
u.a.	unter anderem
ÜÜG	Vorläufige Bestimmungen der VR China über die Veräußerung von Bodennutzungsrechten in Städten und Gemeinden, verabschiedet am 19. Mai 1990 vom Staatsrat und am selben Tag in Kraft getreten, in: Jahrbuch für chinesisches Recht, 1991 , S. 193ff
v.	von
Verh.	Verhandlung
VG	Vertragsgesetz der VR China, verabschiedet am 15. März 1999 auf der 2. Sitzung des 9. Nationalen Volkskongresses, am 1. Oktober 1999 in Kraft getreten, in: RDCWGB, 1999, Nr. 2, S.104 ff.
VGE	Erläuterungen des Obersten Volksgerichts zu einigen Fragen des Vertragsgesetzes, Teil 1, verabschiedet am 1. Dezember 1999 auf der 1090. Sitzung des Rechtsprechungsausschusses des Obersten Volksgerichts und am 29. Dezember 1999 in Kraft getreten, in: *Ji, Ming,* Zhonghua Renmin Gongheguo Hetongfa Bianzhu (Sammlung des Vertragrechts der VR China), 2003, S. 1 ff., 2003
vgl.	vergleiche
VR	Volksrepublik
WM	Wertpapier-Mitteilungen
WG	Wechselgesetz

z. B.	zum Beispiel
ZGB	Zivilgesetzbuch der Deutschen Demokratischen Republik
ZInsO	Zeitschrift für das gesamte Insolvenzrecht
ZivilluftfahrtG	Zivilluftfahrtgesetzbuch der VR China, verabschiedet am 30. Oktober 1995 auf der 16. Sitzung des 8. Nationalen Volkskongresses und am 1. März 1996 in Kraft getreten, in: RDCWGB, 1999, Nr. 2, S. 104 ff.
ch. ZVG (Ent.)	Zwangsvollstreckungsgesetz (4. Entwurf), in: Qiangzhizhixingfa Qicao yu Lunzheng (Entwurf und Begründung des Zwangsvollstreckungsgesetzes, Bd. 2, 2004, S. 268 ff.
ZPG (a. F.)	Zivilprozessgesetz der VR China (versuchsweise Durchführung), verabschiedet am 9. April 1991 auf dem 4. Plenum des 7. Nationalen Volkskongresses, am selben Tag öffentlich bekannt gemacht und in Kraft getreten , in: RDCWGB, 1991, Nr. 3, S. 3 ff.
ZPG	Zivilprozessgesetz der VR China, verabschiedet am 28. Oktober 2007 auf dem 10. Plenum des 13. Nationalen Volkskongresses, am selben Tag öffentlich bekannt gemacht und am 1. April 2008 in Kraft getreten
ZVG	Zwangsversteigerungsgesetz

Chinesische Literatur

Cao, Shibing — Zhongguo Danbao zhu Wenti de Jiejue yu Zhanwang - Jiyu Danbaofa jiqi Sifa Jieshi (Lösungen und Perspektiven der Probleme der chinesischen Sicherheiten - aufgrund des Gesetzes über Sicherheit und seiner Erläuterungen), Beijing 2001

Cao, Shibing (2001) — Guanyu Piaoju Zhiya de Beishu (Pfandindossament) in: Jingji Shenpan Zhidao yu Cankao (Anleitung für wirtschaftliche Verhandlung und Verweisung), 2001, S. 86 ff.

Chen, Huabin — Wuquan Fa (Sachenrecht), Beijing 2004

Chen, Xiao (2002) — Zhongguo Diyaquan Zhidu de Lilun yu Shijian (Theorie und Praxis des chinesischen Hypothekensystems), Beijing 2002

Chen, Xiao (2005) — Danbaowuquan (Dingliche Kreditsicherheiten), Beijing 2005

Chen, Xiangjian — Danbao Wuquan Yanjiu (Forschung über die Realsicherheiten), Beijing 2004

Chai, Fabang (Hrsg.) — Pochanfa Jiaocheng (Lehrbuch des Konkursrechts), 1990

Dong, Cuixiang — Gliederung der Verpfändung des Kontos, in: Faxue Luntan (Zeitschrift), Bd. 21 Nr. 5, 2006, S. 89ff.

Gu, Peidong (Hrsg.) — Pochanfa Jiaocheng (Lehrbuch des Konkursrechts), 1995

Guan Tao — Woguo Budongchan Falv Wenti Zhuanlun (Lehre vo Immobilienrecht der VR China), Beijing 1999

Han, Shiyuan — Hetongfa Zonglun (Allgemeiner Teil des Vertragsrechts), Beijing 2004

Huang, Jinlong — Guanyu Renminfayuan Zhixing Guozuo Ruoganwenti de Guiding Shiyong Jiexi (Praktische Erklärung zu Bestimmungen des Obersten Volksgerichts zu einigen Fragen der vom Volksgericht betriebenen Vollstreckung), Beijing 2000

Ji, Ming, Immobilienrecht — Zhonghua Renmin Gongheguo Fangdichanfa Bianzhu (Sammlung des Immobilienrechts der VR China), Beijing 2003

Li, Hao (Hrsg.) — Qiangzhizhixingfa (Zwangsvollstreckungsrecht), Xiamen 2004

Li/Qi/Jin/Cao — *Li, Guoguang/Qi, Xiaoming/Jin, jianfeng/Cao, Shibing,* Zuigao Renmin Fayuan guanyu Shiyong Zhonghua Renmin Gongheguo Danbaofa Ruogan Wenti de Jieshi Lijie yu shiyong (Interpretation und Anwendung der „Erläuterungen des Gesetzes über Sicherheiten" vom Obersten Volksgericht), Beijing 2000

Li, Guoguang (Hrsg.) (2002) — Zuigao Renmin Fayuan guanyu Shiyong Pochanfa Sifa Jieshi de Jieshi Lijie yu shiyong (Interpretation und Anwendung der „Erläuterungen des Konkursgesetzes" vom Obersten Volksgericht), Beijing 2002

Li, Guoguang (Hrsg.) (2006) — Xin Qiye Pochanfa Lijie yu Shiyong (Interpretation und Anwendung des neuen Unternehmenskonkursgesetzes), Beijing 2006

Li, Rongsheng — Jingji Hetong Gailun (Einführung des wirtschaftlichen Vertrags), Heilongjiang 1983

Li, Shuguang (Hrsg.) — Rechtssystem und Praxis des Konkursgesetzes VR China, Beijing 2007 (Zitat aus Manuskript, keine offizielle Seitenzahl)

Li, Yongjun — Pochan Falü Zhidu (Rechtssystem des Insolvenzrechts), Beijing 2000

Liang, Huixing (Hrsg.) — Zhongguo Wuquanfa Yanjiu Caoan Jianyigao - Tiaowen, Shuoming, Liyou yu Cankao Lifali (Der vorgeschlagene Entwurf über das Sachenrecht in China - Vorschriften, Erklärungen, Begründungen und herangezogene Gesetzgebungen), Beijing 2000

Liang, Erörterung — *Liang, Huixing* (Hrsg.), Zhongguo Wuquanfa Yanjiu (Erörterung des chinesischen Sachenrechts), Beijing 1998

Liang/Chen — *Liang, Huixing/Chen, Huabin,* Wuquan Fa (Sachenrecht), Beijing 2003

Liu, Ping — Yingshou Zhangkuan Danbo yu Wuquanfa (Verpfändung von accounts receivable und Sachrechtsgesetzbuch), in: Jinrong Zongheng (Zeitschrift), Nr. 1, 2007, S. 12ff.

Long, Weiqiu — Minfa Zongze (Allgemeiner Teil des Zivilrechts), Beijing, 2001

Mei, Zhongxie — Minfa Yaoyi (Grundzüge des Zivilrechts), Beijing 2000

Qi/Bearbeiter — *Qi, Shujie* (Hrsg.), Pochanfa Yanjiu (Erforschung des Insolvenzrechts), Xiamen 2004

Obervolksgericht Shanghai — *Obervolksgericht Stadt Shanghai Senat II.,* Pochan Anjian Shenli yu Pochan Qingsuan Shiwu (Verhandeln des Konkursfalls und Praxis der Liquidation), Shanghai 2004

Shen, Guiming (Hrsg.) — Pochanfaxue (Lehre des Konkursrechts), Henan 2004

Shichuanmin — Riben Pochanfa (Konkursrecht Japans), übersetzt von *Qinhua He* etc., Beijing 1995

Sun, Peng/Xiao, Houguo — Danbao Falv Zhidu Yanjiu (Erforschung des Kreditsicherheitsrechts), Beijing 1998

Sun, Xiaozhong — Zhongguo Wuquanfa Yuanli (Prinzipien des chinesischen Sachenrechts), Beijing 2004

Tang, Weijian — Pochan Chengxu yu Pochan Lifa Yanjiu (Erforschung des Konkursverfahrens und der Konkursgesetzgebung), Beijing 2001

Tang, Weijian (Hrsg.) — Qiye Pochanfa xin jiu Zhuanti Bijiao yu Anli Yingyong (Vergleich zwischen neuem und altem Unternehmenskonkursgesetz und Fallstudie), Beijing 2006

Tang, Dehua (Hrsg.) (2000) — Hetongfa Lijie Shiyong (Interpretation und Anwendung des Vertragsgesetzes), Beijing 2000

Tang, Dehua (Hrsg.) (2006) — Zhixing Falü ji Sifajieshi Tiaowen Shiyi (Erläuterung zu verschiedenen Gesetzen und justiziellen Auslegungen der Vollstreckung), Beijing 2006

Wang, Chuang — Rangyu Danbao Falü Zhidu Yanjiu (Erörterung der Sicherungsübertragung), Beijing 2000

Wang, Liming, Vertragrecht — *Wang, Liming*, Hetongfa Janjiu (Erforschung des Vertragsrechts), Beijing 2002

Wang, Liming (Hrsg.) — Danbaofa Shiwu yu Anli Pingxi (Praxis und Kommentieren der Fälle des Sicherungsrechts), Beijing 2002

Wang, Liming, Entwurf — *Wang, Liming* (Hrsg.), Zhongguo Wuquanfa Caoan Jianyigao yu Shuoming (Entwurf und Begründung des chinesischen Sachenrechtsgesetzes), Beijing 2001

Wang, Liming — Wuquanfa Yanjiu (Erforschung des Sachenrechts), Beijing, 2003

Wang, Shengming (Hrsg.) — Zhonghua Renmin Gongheguo Wuquanfa Jiedu (Erklärung des Sachenrechtsgesetzbuchs VR China), Beijing 2007

Wang, Xinxin — Pochanfa Zhuanti Yanjiu (Erforschung der ausgewählten Fragen des Konkursrechts), Beijing 2002

Wang, Zejian — Budongchan Diyaquan he Congwu (Hypothek an Immobilien und Zubehör), in: *ders,* Minfa Xueshuo yu Panli Yanjiu (Erforschung der Lehre und Rechtssprechung des Zivilrechts), Bd. 3, Beijing 2004

Xie, Huaish, — Piaojufa (Wertpapierrecht), Beijing 1990

Xie, Zaiquan — Minfa Wuquanlun (Das zivilrechtliche Sachenrecht), Beijing 1999

Xu, Mingyue — Diyaquan Zhidu Yanjiu (Erforschung des Instituts der Hypothek), Beijing 1998

Yang, Lixin — Hetongfa Zonglun (Allgemeiner Teil des Vertragsrechts), Beijing 1999

Yang, Zhenshan /Liang, Shuwen/Huang, Chidong, — Sunhaipeichangfa ji Peitao Guiding Xinshixinjie (Erläuterung über Schadenersatzrecht und entsprechende Regelungen), Beijing 2000

Zhao, Jinshan — Qianzhizhixing Chengxu zhong de Paimai Wenti Yanjiu (Erforschung der Zwangsversteigerung), in: Qiangzhizhixingfa Qicao yu Lunzheng (Entwurf und Begründung des Zwangsvollstreckungsgesetzes, Bd. 1, 2002, S. 339 ff.

Zhao, Yiping, — Lun Zhanghu Zhiya zhong de Falv Wenti (Rechtsprobleme aus Verpfändung von Konto), in: *Wan, exiang* (Hrsg.) Wuquanfa Lilun yu Shiyong (Lehre und Anwendung des Sachenrechts), 2005, S. 203 ff.

Zheng, Yuanmin — Pochan Falü Zhidu Bijiao Yanjiu (Vergleichende Erforschung des Instituts des Konkursrechts), Hunan 2000

Zou — Pochan Chengxu he Pochafa Shiti Zhidu Bijiao Yanjiu (Vergleichende Erforschung des Konkursverfahrens und des materiellen Rechts des Konkurses), Beijing 1995

Zou/Chang — *Zou, Hailin/Chang,Min*, Zhaiquan Danbao de Lilun yu Shiwu (Theorie und Praxis des Sicherns der Forderung), 2005

Deutsche Literatur

Baur/Stürner	Lehrbuch des Sachenrechts, 17. Aufl., 1999
BT-Drucks. 12/2443	Begründung zum Regierungsentwurf der Insolvenzordnung BT-Drucks. 12/2443
Bork	*Reinhard Bork,* Einführung in das neue Insolvenzrecht, 4. Aufl., 2005
Brox/Walker	Zwangsvollstreckungsrecht, 7. Aufl., 2003
Bülow	Recht der Kreditsicherheiten, 7. Aufl., 2006
Eickmann	Zwangsversteigerungs- und Zwangverwaltungsrecht, 2. Aufl., 2004
FK/*Bearbeiter*	*Wimmer* (Hrsg.), Frankfurter Kommentar zur Insolvenzordnung, 4. Aufl., 2006
Foerste	Insolvenzrecht, 3. Aufl., 2006
Gerhardt	Grundpfandrechte im Insolvenzverfahren, 11. Aufl., 2006
Gottwald/Bearbeiter	*Peter Gottwald* (Hrsg.), Insolvenzrechts-Handbuch, 3. Aufl., 2006
Gottwald/Adolphsen	Die Rechtsstellung dinglich gesicherter Gläubiger in der Insolvenzordnung, in: Kölner Schrift, 2. Aufl., 2000, S. 1043
Gundlach/Frenzel/Schmidt	Rechtsstellung des Absonderungsberechtigten im Falle der Verwertung eines Gegenstands gemäß §§ 166 ff InsO, ZInsO 2001, 537
	Die Haftung des Insolvenzverwalters gegenüber Aus- und Absonderungsberechtigten, NZI 2001, 350
Häcker	Abgesonderte Befriedigung aus Rechten, 2001
Hahn	*Hahn, Carl* (Hrsg.), Die gesamten Materialien zu den Reichs-Justizgesetzen, Vierter Band: Materialien zu der Konkursordnung und dem Einführungsgesetz vom 10. Februar 1877, Berlin 1898
Häsemeyer	Insolvenzrecht, 3. Aufl., 2003
Hess	Kommentar zur Insolvenzordnung mit EGInsO, 2. Aufl., 2006
HK/*Bearbeiter*	Heidelberger Kommentar zur Insolvenzordnung, 4. Aufl., 2006
Hueck/Canaris	Recht der Wertpapiere, 12. Aufl., 1986
Janssen	Betriebsfortführung des Insolvenzverwalters mit Mobiliarsicherungsgut trotz Sicherungsübereignung und Eigentumsvorbehalt, 2005
jurisPK-BGB/*Bearbeiter*	Juris Praktischer Kommentar – BGB, 2. Aufl., 2004
Kilger/K. Schmidt	Insolvenzgesetze KO, VerglO, GesO, 17. Aufl., 1997
Klasmeyer/Elsner/Ringstmeier	Ausgewählte Probleme bei der Verwertung von Mobiliarsicherheiten, in Kölner Schrift, 2. Aufl., 2000, S. 1083
Kölner Schrift	Arbeitskreis für Insolvenz- und Schiedsgerichtswesen e.V., Köln (Hrsg.), Kölner Schrift zur Insolvenzordnung. Das neue

	Insolvenzrecht in der Praxis, 2. Aufl., 2000
K/P/Bearbeiter	*Kübler/Prütting* (Hrsg.), Kommentar zur Insolvenzordnung, Band I und II, Köln, Stand: Februar 2005
Kuhn/Uhlenbruck	Konkursordnung, Kommentar, 11. Aufl., 1994
Lwowski/Heyn	Die Rechtsstellung des absonderungsberechtigten Gläubigers nach der Insolvenzordnung, in: WM 1998, 473
Lwowski/Tetzlaff	Verwertung unbeweglicher Gegenstände im Insolvenzverfahren, in: WM 1999, 2336
Medicus	Allgemeiner Teil des BGB, 9. Aufl., 2006
MK-BGB/*Bearbeiter*	Münchener Kommentar zum Bürgerlichen Gesetzbuch, 4. Aufl., 2000 ff.; §§ 1- 240, 5. Aufl. 2007 ff.
MK-InsO/*Bearbeiter*	Münchener Kommentar zur Insolvenzordnung, 2001 ff.
Mönning	Verwertung und Nutzung von Gegenständen mit Absonderungsrechten, in: FS Uhlenbruck, 2000, S. 239
Mugdan	Motive zu dem Entwurfe eines Bürgerlichen Gesetzbuchs für das Deutsche Reich, Band I & III, Berlin und Leipzig, 1888
Nerlich/Kreplin	Münchener Anwalts Handbuch Sanierung und Insolvenz, München 2006
Niesert	Aus- und Absonderungsrechte in der Insolvenz, 1999
Obermüller	Verwertung von Drittsicherheiten im Insolvenzverfahren, in: NZI 2001, 225
Palandt/*Bearbeiter*	Bürgerliches Gesetzbuch, Kurz-Kommentar, 68. Aufl., 2008
Primozic/Voll	Zur Frage eines Verwertungsrechts des Insolvenzverwalters bei verpfändeten Unternehmensbeteiligungen, in: NZI 2004, 363
Richardi	Wertpapierrecht, 1987
Schwab/Prütting	Sachenrecht, 32. Aufl., 2006
Smid/Bearbeiter	Insolvenzordnung (Kommentar), 2. Aufl., 2001
Smid	Kreditsicherheiten in der Insolvenz des Sicherungsgebers, 2004
Staudinger/*Bearbeiter*	Bürgerliches Gesetzbuch, Kommentar, 13. Aufl. 1993ff., 14. Aufl.
Stöber	Zwangsversteigerungsgesetz: Kommentar zum ZVG der Bundesrepublik Deutschland mit einem Anhang einschlägiger Texte und Tabellen, 18. Aufl., 2006
Stöber	Insolvenzverfahren und Vollstreckungs-Zwangsversteigerung, in: NZI 1998, 105
Uhlenbruck/Bearbeiter	*Uhlenbruck* (Hrsg.), Insolvenzordnung, Kommentar, 12. Aufl., 2003
Hongliang Wang	Grundpfandrechte in Deutschland und China, 2005
Hj Weber	Kreditsicherheiten, 8. Aufl., 2006
Westermann	Sachenrecht, 7. Aufl., 1998
Wieling	Sachenrecht, 4. Aufl., 2001
M.Wolf	Sachenrecht, 23. Aufl., 2007
Zweigert/Kötz	Einführung in die Rechtsvergleichung, 3. Aufl., 1996
Zöllner	Wertpapierrecht, 14. Aufl., 1987

Schriften zum Verfahrensrecht

Herausgegeben von Peter Gottwald und Ulrich Haas

Band 1 Matthias Rauscher: Die neue Berufung in Zivilsachen. 2002.

Band 2 Jörn-Christian Schulze: Grenzen der objektiven Schiedsfähigkeit im Rahmen des § 1030 ZPO. Eine Betrachtung des Rechts der Schiedsfähigkeit nach der Schiedsverfahrensrechtsform. 2003.

Band 3 Roman Rodloff: Das vereinfachte Verfahren zur Festsetzung von Kindesunterhalt nach §§ 654 ff. ZPO. Zugleich ein Beitrag zur Unterhaltsannexklage nach § 653 ZPO und zum vereinfachten Abänderungsverfahren nach § 656 ZPO. 2003.

Band 4 Helia-Verena Daubach: Kammer oder Einzelrichter? Ist die Kammer ein Qualitätselement des Zivilprozesses? 2003.

Band 5 Thomas Gemmeke: Beweisverwertungsverbote im arbeitsgerichtlichen Verfahren. 2003.

Band 6 Wolfgang Kreißig: Der Sportverein in Krise und Insolvenz. 2004.

Band 7 Alexander M. Krämer: Leasingverträge in der Insolvenz. 2005.

Band 8 Timo Christian Walther: Das Verfahren bei Masseunzulänglichkeit nach den §§ 208 ff. InsO. 2005.

Band 9 Henning Müller: Die Lebensversicherung in der Zwangsvollstreckung. 2005.

Band 10 Oliver Hilsbos: Die Mitwirkungspflicht von Personenstandsbehörden in Nachlassverfahren. 2006.

Band 11 Matthias Holla: Der Einsatz von Schiedsgerichten im organisierten Sport. 2006.

Band 12 Matthias Hofmann: Die Eigenverwaltung in der Insolvenz. Darstellung eines Rechtsinstituts unter besonderer Berücksichtigung der Gesellschaftsinsolvenz. 2006.

Band 13 Christian Schindler: Rechtskraft und Innenbindung von Beschlüssen nach der ZPO-Reform. 2006.

Band 14 Carola Reimann-Dittrich: Die Finanzierungsfolgenverantwortung des Gesellschafters. 2006.

Band 15 Viktoria Kress: Internationale Zuständigkeit für elterliche Verantwortung in der Europäischen Union. Das neue europäische Familienverfahrensrecht in Fragen der elterlichen Verantwortung im Kontext der Haager Abkommen. 2006.

Band 16 Frank Martin Herget: Die internationale Zuständigkeit im Electronic Commerce in der Europäischen Union. 2006.

Band 17 Cornelia Drenckhahn: Urkundsvorlagepflichten im Zivilprozess und im arbeitsgerichtlichen Verfahren nach der ZPO-Reform unter besonderer Berücksichtigung der Neufassung des § 142 ZPO. 2007.

Band 18 Walter Boeckh: Beschwerde und Rechtsbeschwerde im Zivilverfahren. 2007.

Band 19 Gökçe Nazar Uzar: Rechtsmittel gegen Schiedssprüche nach dem neuen deutschen und türkischen Schiedsverfahrensrecht. 2007.

Band 20 Christa Kraemer: Eigenkapitalersatz und Insolvenz. Klassische und moderne Fallgruppen. 2007.

Band 21 Martin Beckmann: Statutarische Schiedsklauseln im deutschen Recht und internationalen Kontext. 2008.

Band 22 Ulf Pechartscheck: Entgeltansprüche aus Altersteilzeitarbeit in der Arbeitgeberinsolvenz. Analyse gegenwärtiger Sicherungsmodelle in Deutschland. 2008.

Band 23 Thomas Baumann: Patentstreitigkeiten vor Schiedsgerichten. Eine rechtsvergleichende Betrachtung ausgewählter Probleme nach deutschem und schweizerischem Recht. 2008.

Band 24 Désirée Cimmino: Das UNCITRAL-Modellgesetz über internationale ADR-Verfahren in Wirtschaftsstreitigkeiten. 2008.

Band 25 Ralf Burkhard: Einfluss der Schuldrechtsreform auf die Abwicklung von § 103 InsO erfasster Kaufverträge. 2009.

Band 26 Stefan Roßkopf: Die Aufrechnung im deutschen und englischen Insolvenzrecht. Eine rechtsvergleichende Untersuchung. 2008.

Band 27 Thomas Rothammer: Die insolvenzrechtliche Restschuldbefreiung – Probleme und Lösungen. 2008.

Band 28 Franziska Schmalenberg: Anerkennung von Patenten in Europa. 2009.

Band 29 Michael Schaumann: Reform des Eigenkapitalersatzrechts im System der Gesellschafterhaftung. Unter Berücksichtigung der Änderungen durch das MoMiG. 2009.

Band 30 Hengliang Shen: Das Absonderungsrecht in der Insolvenz. Erfahrungen aus Deutschland und die Praxis in China. 2009.

www.peterlang.de

Kai Spickerhoff

Aus- und Absonderung in der Insolvenz nach deutschem und französischem Recht

Frankfurt am Main, Berlin, Bern, Bruxelles, New York, Oxford, Wien, 2005.
XXVIII, 140 S.
Europäische Hochschulschriften: Reihe 2, Rechtswissenschaft. Bd. 4133
ISBN 978-3-631-53347-5 · br. € 36.20*

Diese Arbeit hat einen Vergleich zwischen dem deutschen Recht der Aussonderung und Absonderung in der Insolvenz mit den entsprechenden Regelungen des französischen Rechts zum Gegenstand. Hierfür werden die jeweiligen Vorschriften beider Rechtsordnungen sowie deren Auslegung durch die Rechtsprechung gegenübergestellt und gewürdigt. Dabei wird besonderer Wert auf eine detaillierte und der deutschen Systematik angepaßte Darstellung der französischen Regelungen gelegt. Unterschiede werden aufgezeigt und analysiert. Der Rechtsstellung der (gesicherten) Gläubiger wird jeweils besonderes Gewicht beigemessen. Dem Vergleich vorangestellt ist ein allgemeiner Überblick über das französische Insolvenzrecht und insbesondere den Ablauf des Insolvenzverfahrens. Zudem wird immer wieder auf Risiken hingewiesen, die die französischen insolvenzrechtlichen Regelungen auch für deutsche Vertragspartner französischer (insolventer) Unternehmen in sich bergen.

Aus dem Inhalt: Überblick über das französische Insolvenzrecht · Die Aussonderung im deutschen und im französischen Recht · Die Absonderung im deutschen und die Rechtsstellung dinglich gesicherter Gläubiger im französischen Recht